O ÚLTIMO RITUAL

Belas Letras.

MÚSICA CULTURA POP CINEMA

O ÚLTIMO RITUAL

AS MEMÓRIAS FINAIS DE
OZZY OSBOURNE

OZZY
OSBOURNE
com
CHRIS AYRES

TRADUÇÃO: MARCELO BARBÃO

Belas Letras

Título original: *Last Rites*

Publisher
Gustavo Guertler

Coordenador editorial
Germano Weirich

Supervisora comercial
Jéssica Ribeiro

Gerente de marketing
Jociele Muller

Supervisora de operações logísticas
Daniele Rodrigues

Supervisora de operações financeiras
Jéssica Alves

Edição
Germano Weirich

Tradução
Marcelo Barbão

Preparação
Marcelo Viegas

Revisão
Marcelo Vieira

Capa e projeto gráfico
Celso Orlandin Jr.

Fotos de capa, contracapa e p. 2: Ross Halfin
Design de capa: Hannah Wood – LBBG
Letras de músicas: página 177, "Ordinary Man", de Duff Rose McKagan, Ozzy Osbourne, Chad Gaylord Smith, Andrew Wotman e Billy Walsh. Copyright © EMI April Music Inc., Pimp Music, Avanails Publishing, Andrew Watt Music, Nyankingmusic, Wmmw Publishing; página 217, "Mama, I'm Coming Home", de Zakk Wylde e John Osbourne. Copyright © Monowise Ltd.

2026
Todos os direitos desta edição reservados à
Editora Belas Letras Ltda.
Rua Visconde de Mauá, 473/301 – Bairro São Pelegrino
CEP 95010-070 – Caxias do Sul – RS
www.belasletras.com.br

Dados Internacionais de Catalogação na Fonte (CIP)
Biblioteca Pública Municipal Dr. Demetrio Niederauer
Caxias do Sul, RS

O81u Osbourne, Ozzy, 1948-2025
O último ritual : as memórias finais de Ozzy Osbourne / Ozzy Osbourne; tradutor: Marcelo Barbão. - Caxias do Sul, RS: Belas Letras, 2026.
[368 p.]

Título original: *Last rites*
ISBN: 978-65-5537-512-1

1. Osbourne, Ozzy, 1948-2025. 2. Autobiografia. 3. Rock (Música). 4. Músicos de rock - Inglaterra - Biografia. I. Barbão, Marcelo. II. Título.

25/90 CDU 929Osbourne

Catalogação elaborada por Vanessa Pinent, CRB-10/1297

As pessoas me perguntam: se você pudesse fazer tudo de novo, sabendo o que sabe agora, você mudaria alguma coisa? Eu tipo, p★★★★, claro que não. Se eu estivesse limpo e sóbrio, eu não seria o Ozzy. Se eu tivesse feito coisas normais e sensatas, eu não seria o Ozzy.

Quero dizer, sim, foi uma m★★★★ o que aconteceu.

Mas quando você chega aos 70 anos, você não pega simplesmente um resfriado ou sofre uma torção no tornozelo, não é mesmo? Acaba sendo uma m★★★★ grande. E se você viveu o tipo de vida que eu vivi, vai ser uma m★★★★ grande ao quadrado.

Veja, se tudo isso acabar amanhã, eu não posso reclamar. Já viajei pelo mundo todo. Vi muitas coisas. Conheci algumas pessoas fenomenais – o rei Charles, a rainha Elizabeth, presidentes, atores, celebridades e alguns fãs realmente fantásticos. Fiz coisas boas. E coisas ruins.

Mas, neste momento, eu não estou pronto para ir a lugar nenhum. Perdi muitas coisas, mas minhas ideias ainda estão no lugar... Seja lá onde for esse lugar. É bom estar vivo. Eu gosto. Quero ficar aqui com minha família. E, mais do que qualquer outra coisa no mundo, estou feliz por ter voltado para onde tudo começou: Aston, Birmingham.

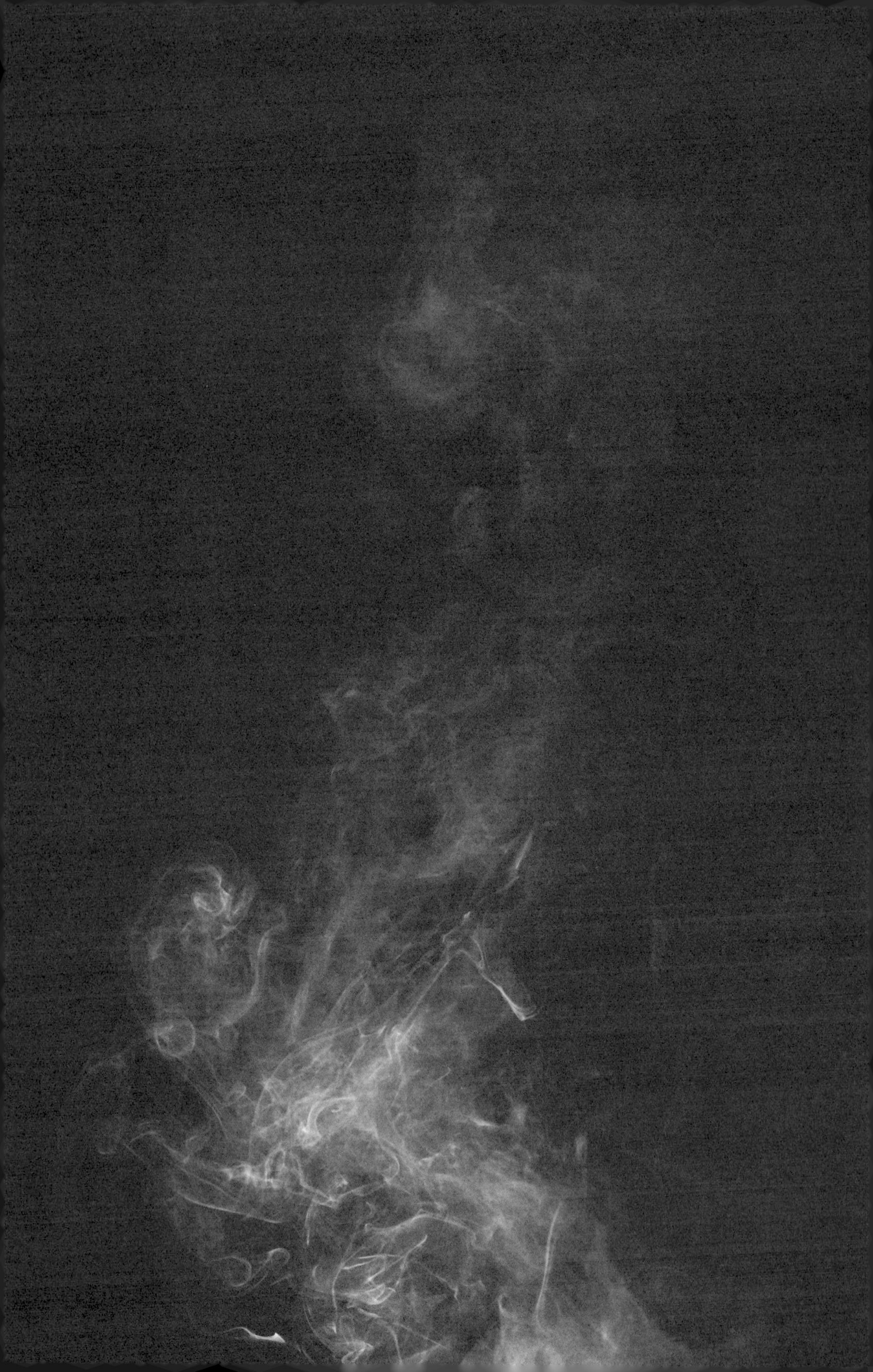

Em 2003, quando eu era mais famoso por estar na televisão do que por ser vocalista, bati meu quadriciclo no campo atrás de minha casa em Buckinghamshire, na Inglaterra.

O quadriciclo capotou e caiu em cima de mim, quebrando meu pescoço, fraturando oito costelas, perfurando um pulmão e cortando as artérias do meu braço esquerdo.

Fiquei em coma por oito dias.

Foi o bom e velho NHS (Serviço Nacional de Saúde britânico) que me consertou – transformando-me do cara que cantava "Iron Man" em um verdadeiro homem de ferro, meu ombro e coluna vertebral unidos por placas, hastes e parafusos de metal.

Nos dezesseis anos seguintes, sempre que eu fazia o detector de metais do aeroporto apitar, não podia deixar de sorrir... pensando em como eu tinha enganado a Morte mais uma vez.

Mas você nunca engana a Morte, na verdade.

Ela está sempre marcando os pontos.

E, cedo ou tarde, ela vem cobrar a dívida final.

Este livro conta a história de como ela veio cobrar a minha.

*Alerta de spoiler: eu mandei ela se f****.*

Estou ocupado.

SU
MÁ
RIO

1

O demônio desperta

Pouco antes de completar 70 anos, tive um pensamento repentino.

Quando a gente começa a se sentir velho?

Quero dizer, lá estava eu, seis anos mais velho do que meu pai quando ele deixou este mundo e, no que me diz respeito, eu ainda era basicamente jovem.

Certo, minhas mãos e pernas estavam um pouco trêmulas, graças ao Parkinson. Eu estava ficando surdo. Minha memória de curto prazo estava ruim desde 1992. Mas eu conseguia correr pelo palco em Donington Park por duas horas, disparando uma arma de espuma contra a multidão. Eu conseguia cantar "War Pigs" e "Crazy Train" sem errar uma nota. E embora uma parte de mim sentisse falta dos tempos selvagens – quando acordava no meio de uma rodovia de doze pistas ou surfava no teto de um teleférico suíço –, eu estava feliz por poder relaxar em meu quarto de hotel depois de um show com meus amigos de quatro patas: Wesley, Pickles, Elvis e Rocky (que Deus o tenha).

Em muitos aspectos, nunca estive tão bem fisicamente. Eu dava uma olhada no espelho e pensava, puta merda, estou melhor *agora* do que no clipe de "Bark at the Moon"... e isso foi há quarenta anos! Não que seja difícil parecer melhor do que um cara que tomava quatro garrafas de conhaque por dia.

A questão é que envelhecer acabou não sendo nada parecido com o que eu esperava.

Quando eu estava crescendo em Aston, você tinha sorte se chegasse à idade de se aposentar. Na maioria das vezes, você simplesmente caía morto no chão da fábrica. Quando meu pai faleceu com 60 e poucos anos, nenhum de nós, da família Osbourne, achou estranho. Para nós, ele era um *ancião*. Naquela época, quase ninguém chegava aos 70 anos. Os poucos que o faziam eram tão enrugados que faziam Gandalf, de *O Senhor dos Anéis*, se parecer com Timothée Chalamet. Parecia que pedaços deles caíam quando saíam do bar.

Mas não era meu caso, nem de perto.

Aos 69 anos de idade, eu ainda estava fazendo turnês pelo mundo. Ainda fazia programas de TV. Ainda me exibia com grandes casas em Los Angeles e Buckinghamshire. E, todas as noites, eu mergulho na cama como fazia desde que era criança e morava no número 14 da Lodge Road.

Uiiiiiiiiiiii...

BAM.

"OZZY!!!", minha esposa Sharon gritava. "Por que você não pode se *deitar* na cama como uma pessoa normal?"

"Você não gostaria de mim se eu fosse normal."

"Você vai quebrar essa maldita cama, seu idiota!"

Ha-ha-ha.

Ah, sim... foram dias maravilhosos.

Quando a morte ainda parecia ser algo que só acontecia com os outros.

Obviamente eu não sou a melhor pessoa para responder sobre datas ou qualquer outra coisa. Há buracos muito grandes em minha memória dos anos 1980 e quase todos os anos 1990 desapareceram. Mas a cadeia de eventos deste livro começou no final de 2018 – por volta de outubro, creio eu – quando estava na metade do que deveria ser a minha turnê de despedida.

A propósito, ela se chamava *No More Tours II*. A *No More Tours* original tinha acontecido nos anos 1990, até o momento em que entendi que há um prazo para usar galochas no quintal antes de ficar totalmente doido. Mas desta vez, com meu aniversário de 70 anos se aproximando, eu estava pensando seriamente em diminuir o ritmo. Sharon até falava que eu deveria fazer uma daquelas residências em Las Vegas quando eu terminasse. Não que eu gostasse da ideia de me tornar o próximo Barry Manilow.

Pensando bem, é claro que eu deveria saber que o cronograma era ambicioso demais. Veja bem, sessenta shows em quatro continentes não é brincadeira para nenhum cantor, não importa a idade dele. Mas, do meu ponto de vista, era a minha despedida dos fãs em lugares onde eu sabia que não voltaria a tocar.

Para ser sincero, antes do início da turnê eu estava preocupado se alguém iria aos shows. Fazia alguns anos que eu não caía na estrada. Até onde eu sabia, não conseguiria encher um armário de vassouras, muito menos sessenta grandes arenas. Mas, no final, a *No More Tours II* acabou se revelando um sucesso absoluto. Da Cidade do México a Moscou, Toronto e São Paulo, todos os shows tiveram ingressos esgotados. E toda a vibração da coisa, desde o design do palco até a empolgação das plateias foi absolutamente fenomenal.

Todas as noites, antes de fazer minha entrada, imagens da minha vida passavam em um telão enorme acima do palco. Uma velha fotografia em preto e branco minha quando era criança, ainda com calças curtas, com medo da própria sombra. Uma foto colorida na época do Black Sabbath, usando uma camisa de camurça com franjas e um colar que, na verdade, era uma pequena colher de cocaína. No palco com o grande Randy Rhoads – Deus o abençoe, Randy, onde quer que você esteja – para promover o *Blizzard of Ozz*. Tudo misturado com efeitos de chamas e trechos do clipe de "No More Tears", com um coro cantando a *Carmina Burana* de Carl Orff.

DUH, DUH, *DUH-DUH!!*

DUH, DUH, *DUH-DUH!!*

DUH-DUH-DUH DUUUUUUH DUUUUUH, DUH DUH!!!

Então, eu saía correndo das laterais com um longa capa roxa enquanto Zakk Wylde rasgava o riff de abertura de "Bark at the Moon", o cabelo solto, pernas abertas, parecendo um viking prestes a incendiar uma aldeia. Acredite em mim, não há nenhuma droga no mundo que se aproxime desse tipo de efeito. Eu sei bem, já tomei todas elas.

Até as *críticas* foram boas, o que me assustou um pouco. Os críticos tinham odiado tudo o que eu já havia feito, então se eles tivessem mudado de ideia agora, talvez eu estivesse fazendo algo errado. Mas eu não me importava, estava me divertindo muito.

O que a tornou ainda mais especial foi a ausência de qualquer tensão nos bastidores. Quero dizer, Zakk não é apenas um dos melhores guitarristas do mundo, também é um dos caras mais adoráveis e íntegros que já conheci. Muitas pessoas nesse negócio só querem falar com você quando está no auge. Zakk não é assim. Ele sempre me ajudou, não importava o que estava acontecendo, sem fazer perguntas. No alto do praticável da bateria, enquanto isso, Tommy Clufetos, um cara cuja ideia de diversão é ir à academia e dormir cedo. Tommy tem me mantido longe de problemas há anos. No baixo, Rob "Blasko" Nicholson, que está ao meu lado há tanto tempo quanto Tommy. E nos teclados, Adam Wakeman, cujo pai, Rick, eu conheço desde que ele tocou em "Sabbra Cadabra", do Black Sabbath – por dois *pints* de Director amarga. Não acho que vou revelar nenhum segredo nacional se disser que Rick era meio pé-de-cana na época. Por isso nos dávamos tão bem.

O que estou tentando dizer é que a *No More Tours II* era como estar com a família. E os fãs pareciam estar se divertindo tanto quanto nós. Todas as noites, eu ouvia dezenas de milhares deles, cantando todas as letras, de "Fairies Wear Boots" a "Crazy Train". Uma coisa mágica pra caralho, cara.

Mas, como sempre acontece comigo, o diabo estava a apenas alguns passos atrás.

A essa altura, eu já estava sóbrio há cerca de cinco anos. Não estou tirando esse número do rabo, tenho um aplicativo no meu celular que me diz exatamente quanto tempo se passou. As correntes tinham se quebrado, no que me diz respeito. Mas isso é o que todos os viciados dizem a si mesmos. Aí, o vício se expressa, e a voz dele é tão igual à sua que é impossível distinguir. É estranho ter uma doença que fica dizendo que você não tem uma doença. Em seguida, ela o convence a tomar um pequeno gole disso ou dar uma cheirada naquilo. Então você termina na prisão ou falido, ou morto, ou abandonado pela esposa... ou todas essas coisas ao mesmo tempo.

Ser um viciado é como carregar uma bomba que não explodiu e que você não consegue desarmar. Veja o cara de *Friends*, Matthew Perry. Ele costumava ir à nossa casa nas reuniões do AA, pelo menos é o que minha esposa me diz. Um cara muito engraçado e talentoso. E ele estava se esforçando muito para permanecer no caminho certo. Então, um dia, ele deu ouvidos ao seu vício que dizia que não havia problema em se drogar, e foi isso – fim de jogo. Fiquei muito triste quando disseram que ele havia sido encontrado em sua banheira de hidromassagem, sem reação, com cetamina no organismo. Ele tinha se esforçado muito para permanecer limpo. Mas não foi o suficiente.

Foi na época do disco *13* do Black Sabbath – 2012, acho – que perdi a linha pela última vez. Não sei dizer por que isso aconteceu, só que estava doido e meu ego comandava o show. O primeiro sinal de problemas foi quando comprei uma Ferrari 458 Italia com um acabamento que parecia um bombardeiro stealth. Depois, comprei outra, mas dessa vez um desses modelos californianos conversíveis cinza metálico. Carros fabulosos, os dois. O único problema é que eu não tinha carteira de motorista e nunca havia aprendido a dirigir. Mas com a ajuda de meu assistente na época, logo comecei a aprender... embora ache que causei um pouco de estresse pós-traumático nele durante o processo.

Não sei exatamente *quando* isso aconteceu, mas em algum momento decidi que poderia tomar um drinque. Provavelmente um *pint* de Guinness. Sonho com uma Guinness quase todas as noites. Eu adoro; é como beber um copo de pudim. O problema é o seguinte: uma é demais, mas dez não são suficientes. E a primeira coisa que eu quero depois de uma Guinness é um pouco de cocaína. A cocaína é a melhor amiga do alcoólatra, porque você pode beber o tempo todo com isso. Do contrário, a bebida o deixaria caído no chão. Mas é claro que, quando o efeito da cocaína passa, você fica pra baixo, e a única forma de enfrentar isso é com algumas pílulas. Bom... isso ou mais cocaína. Mas não dá para continuar com isso por muito tempo, logo você está tirando uma longa soneca.

Quando dei por mim, tínhamos nos mudado de volta para Buckinghamshire e eu havia comprado outro foguete sobre rodas, dessa vez um Audi R8. Naquela época, eu já podia dirigir legalmente, porque tinha sido aprovado no teste em Los Angeles, que é uma piada em comparação com o teste na Inglaterra. Tudo o que você precisa fazer é dar a volta no quarteirão em um lugar em Hollywood sem bater em nada. Eles nem sequer te obrigam a estacionar, muito menos arrancar na subida. É uma piada total. Eles nem sabem o que *é* uma partida em subida em Los Angeles, pois os carros não têm pedais de embreagem.

Então, lá estava eu, de volta à Inglaterra, com minha carteira de habilitação da Califórnia, andando com o R8, enquanto Sharon ficava em Los Angeles fazendo seu trabalho na TV. E é claro que perdi o controle, comecei a sair com outras mulheres... a coisa toda. Ficou realmente feio, muito rápido.

Sharon começou a desconfiar e ligou para meu querido amigo Billy Morrison – ele é o guitarrista da banda do Billy Idol, e meu padrinho no AA. Ele pega o voo noturno de Los Angeles para Heathrow, dirige até Buckinghamshire e encontra um bilhete de um traficante de drogas de High Wycombe dentro do R8.

Até hoje, não me lembro de ter ido a High Wycombe – embora seja um nome apropriado para um lugar onde se vai comprar cocaína. Esse é o problema de ser um viciado: você vive em dois mundos. O mundo bêbado e o mundo sóbrio. E o que acontece em um deles é como um sonho meio esquecido no outro.

Começo a suar frio e me arrepio quando penso no que fiz no mundo bêbado. É como se alguém estivesse andando sobre meu túmulo. Como fazer uma curva cega em uma estrada estreita em um Jaguar XJ12, com espaço suficiente para um carro e meio para passar. Tentar estrangular Sharon, a mulher que amo, pensando que ela era o demônio. Colocar fogo em mim mesmo mais vezes do que consigo me lembrar. Engolir comprimidos de Klonopin como se fossem balas. Acertar o rosto de um sujeito com um copo de cerveja. Parece que ele foi para o hospital, mas ficou bem no final. É muito fácil matar alguém no mundo bêbado. Se você empurra alguém, bate em alguém, você não tem ideia da merda que vai acontecer, como eles vão cair, em que vão bater ao caírem. Você está temporariamente insano. E quando está atrás do volante, só é necessário um trator, um ciclista, alguém caminhando com o cachorro para acontecer uma tragédia.

Já caí através de telhados. Caí *de* telhados. Acordei em meu Range Rover na entrada da garagem, gelo escorrendo do nariz, jeans encharcados de mijo. Eu estava em meu bar local, o Hand & Cleaver, que ficava a apenas cem metros da minha casa na época, Bullrush Cottage em Ranton Green, perto de Stafford. Certa vez, alguém teve que sair e colocar um saco de dormir sobre mim, porque não conseguiam me arrastar para fora do carro e meus lábios estavam ficando roxos.

Se um gato tem nove vidas, eu devo ter trinta e três.

Tive ótimos momentos no mundo bêbado, é claro. E meus amigos do mundo bêbado eram o grupo mais engraçado que se poderia conhecer. Dave Tangye, o soldador que virou roadie e assistente pessoal. Charlie Clapham, o cara das frutas e vegetais. Dennis McCarten, Barry Dunnery, Don McKye, Bobby Thomson, Chris Sedgwick – todos no mundo da música, de uma forma ou de outra. Você sabia que fazia parte da gangue quando acordava depois de uma noite de bebedeira e descobria que uma de suas sobrancelhas estava faltando. Aquele momento em que você se olhava no espelho e percebia que tinha uma aparência de merda, mas não conseguia entender o *motivo*... é algo que não tem preço, cara. É graças a esses caras que eu sei exatamente quanto tempo é necessário para que uma sobrancelha volte a crescer depois de ter sido raspada totalmente. Três semanas. O que parece ser mais demorado do que é, acredite em mim. O mais engraçado de todos esses caras era meu velho amigo Pete Mertons. Ele tinha o humor mais seco e afiado que já vi.

Ele morreu, que Deus o tenha. Todos eles morreram. Câncer na garganta. Insuficiência hepática. Infartos. E por aí vai.

Não sei por que ainda estou aqui.

Eu realmente achei que tinha vencido essa merda. Depois que Sharon descobriu e vendeu todos os meus carros – essa farra me custou mais de meio milhão de libras – eu fiz as "noventa reuniões em noventa dias" na cabana de madeira do AA em West Hollywood. É literalmente uma cabana de madeira que está lá desde os anos 1930. Antigamente era a casa dos escoteiros da América, pelo menos foi o que me disseram. Baden-Powell se viraria em sua tumba se soubesse que eu estive lá.

Às vezes, você consegue se divertir nas reuniões do AA. Às vezes, você ouve coisas muito ruins. Outras vezes é tudo bastante triste. O vício é astuto, poderoso e desconcertante, eles dizem. Isso me ajudou, toda essa história do AA. Me colocou no caminho de volta para a sobriedade. Se você está sozinho, a voz em sua cabeça é muito persuasiva. Mas não quero que ninguém pense que sou o santo padroeiro dos alcoólatras em recuperação. Se você quiser beber e acha que consegue lidar com isso, bom para você. Mas eu tinha que ser honesto *comigo* mesmo. Não conseguia lidar com aquilo.

Isso me aterroriza agora, o álcool, porque me transformo em outra pessoa. Um gole e o demônio acorda. Eu costumava ser um bêbado divertido, pelo menos era o que pensava. Mas agora eu apenas discuto. Menciono todos os pequenos problemas que tenho com as pessoas.

O momento em que pensei que finalmente tinha conseguido me livrar de minha personalidade viciada foi quando Sharon fez um tratamento com cetamina. Não essas coisas meio ilegais que Matthew Perry estava supostamente tomando, mas uma coisa médica controlada, com um psiquiatra envolvido. É muito eficaz contra a depressão, segundo me disseram. Toda vez que ela ia a uma sessão, voltava para casa com os olhos inchados de tanto chorar. E eu falava: "Sharon, que merda eles estão fazendo com você naquele lugar?". Ela dizia que estavam ajudando a enfrentar os demônios de seu passado, e que talvez eu devesse tentar também, porque o motivo pelo qual eu nunca tenha conseguido ficar sóbrio poderia ser alguma merda enterrada.

Então fui até lá e experimentei. Parecia uma ideia melhor do que tomar remédios psiquiátricos ou seja lá o que estivessem falando em me dar na época.

Começaram com uma pequena dose. Uma microdose, eles dizem. Mas no segundo em que senti o efeito – uma pequena, mas inconfundível alteração da mente – eu pensei, *ah, sim, eu poderia me divertir muito com isso*. É absolutamente diferente da maneira como Sharon reage às drogas. Ela pode tomá-las da maneira correta. Eu só quero continuar tomando até desmaiar babando num canto. Mas, dessa vez, eu reconheci imediatamente o que estava acontecendo, e disse: "Vão se foder com essa coisa, não, absolutamente não".

Pela primeira vez em muitos anos, pude ser realmente honesto comigo mesmo.

Dizem que o vício é algo físico e espiritual. A parte física é o desejo do cérebro. E isso rouba seu espírito. E ao ficar sóbrio, você está retomando seu espírito. Quando saí daquela clínica de cetamina, disse a mim mesmo que nunca mais deixaria o vício roubar meu espírito.

Por muito tempo, depois de ficar sóbrio, encontrei coisas inofensivas para me viciar. Chá de Yorkshire. Revistas de caça-palavras. Doces ingleses. Fazer rabiscos. Aparelhos de ginástica. Enviar mensagens de texto com coisas engraçadas para Billy Morrison e outros amigos.

Mas nada é realmente inofensivo quando a palavra "moderação" não existe em seu dicionário.

Lembro-me da época em que decidi largar o cigarro e, em vez disso, fumar um charuto ocasionalmente. Foi depois de uma turnê, e eu estava começando a ficar assustado com os danos que aquilo causava em minhas cordas vocais. A ideia era que parar de fumar permitiria que minha voz se recuperasse, enquanto os charutos possibilitariam apreciar o sabor do tabaco de vez em quando, sem inalar a fumaça.

Quando percebi, estava fumando trinta Montecristos por dia, inalando cada um deles, e havia convertido metade da minha casa em um umidor de charutos. Quando chegou a hora de voltar a cantar, minha voz estava tão áspera que até meu cu doía. Então pensei, que se dane, e voltei para os cigarros. Mas, a essa altura, eu já estava acostumado a inalar a fumaça do charuto, de modo que até mesmo um maço de Marlboro parecia uma meia punheta. Levei *anos* para me livrar daquelas coisas. A nicotina é a substância mais viciante que já coloquei em meu corpo, sem qualquer sombra de dúvida. Pessoas cujas vidas estão destruídas pelo enfisema e pelo câncer de pulmão continuam fumando. Isso diz algo sobre a natureza dessa droga.

De todas as coisas supostamente inofensivas que me deixaram viciado, no entanto, as mais perigosas foram as receitadas por médicos. Seja Vicodin ou remédio para tosse, sempre foi a ladeira mais escorregadia para mim. Então, quando fiquei sóbrio, forcei-me a ficar longe dos médicos o máximo que pude.

Mas, durante a *No More Tours II*, comecei a me sentir com um caso grave de tensão vocal. Bem, tente gritar ao máximo no palco por uma hora e meia a cada noite por meses a fio, com a umidade e a mudança de temperatura em cada local... Aos 69 anos.

Não me entenda mal, para alguns cantores isso não é nenhum problema. Veja o caso de Elton John. Eu estava conversando com ele um dia e ele me contou que tinha acabado de voltar de uma turnê. Eu perguntei quantos shows. "Quarenta e oito", disse ele. E eu respondi: "É uma porrada de shows, Elton... Quanto tempo durou a turnê?". Ele apenas deu de ombros e disse: "Quarenta e oito dias". Não conseguia acreditar naquilo. O cara é imparável. Ele fazia sua residência em Las Vegas durante a semana e, em seguida, voava para o outro lado do mundo para fazer mais alguns shows no fim de semana. Trabalha todos os dias do ano, aquele sujeito. Sua ética de trabalho é insana. Não consigo acompanhar esse ritmo. Chega um momento em que meu corpo simplesmente diz: "Não, vai se foder".

Desde que me lembro, a resposta tem sido uma droga chamada Decadron, ou dexametasona. É um tipo de esteroide, basicamente, usado para tratar inflamações. Ele dá tipo um empurrão, sabe? Uma dose e você pode cantar mais alto do que a lua. Agora, não vou mentir, abusei da sorte com Decadron no passado. Já enganei médicos para conseguir mais do que eu precisava – seja em forma de pílula, gotas ou injeções na garganta. Mas até a *No More Tours II* nunca havia me causado nenhum problema sério. Muitos cantores abusam disso. Eles gritam tanto que terminam com nódulos nas cordas vocais, que precisam ser removidos com cirurgia. Eu não.

Então, assim que senti minha voz ficando fraca, fui direto para meu médico de turnês – desta vez, não às escondidas, mas com conhecimento de Sharon – e comprei alguns frascos de Decadron líquido.

No início, era como um elixir mágico. Eu conseguia fazer um show inteiro, sem problema algum. Meu alcance e minha resistência eram tão bons que eu poderia ter acrescentado algumas músicas dos Bee Gees no setlist. Mas como acontece com a maioria das drogas, era "fique bem agora, pague depois"... e, em pouco tempo, o remédio ficou pior do que a doença.

Para ser justo, é claro, o médico havia me dito para tomar apenas duas gotas por dia, na hora do jantar. Mas essas duas gotas logo se tornaram cinco ou seis, com ou sem jantar. Depois, mais algumas antes de dormir. Depois, um complemento na manhã seguinte. Depois, voltamos à velha história: "Oi, doutor, é o Ozzy – *dá para conseguir mais um pouco, por favor?*".

"Ozzy, sua voz está ótima, você não *precisa* de esteroides", insistia Sharon.

"Mas e se parar de estar boa quando eu estiver na metade de um show?"

"É por isso que você faz aquecimentos. Assim, você pode dizer como está se sentindo."

"Mas o médico disse..."

"Você sempre enrola aquele médico. PARE. DE TOMAR. ISSO."

Mas Sharon estava ocupada com seus programas de entrevistas em Los Angeles, e eu estava viajando entre cidades do outro lado do mundo, então não havia muito que ela pudesse fazer além de me dar uma bronca sempre que ligava.

O que era muito bom até bater a velha fúria dos esteroides.

Quando me dava conta, havia terminado com um olho roxo que nem mesmo algumas camadas de maquiagem no palco conseguiam ocultar. Depois disso, a Sharon ficou mais agressiva comigo. Ela contratou um militar com um pescoço mais largo do que o Vale de Watford para cuidar de mim. Não faço ideia de onde encontrou esse cara. Ele apenas apareceu ao meu lado um dia, como uma montanha furiosa em forma humana, e nunca mais saiu. Sharon ficava me dizendo que eu estava alucinando à noite, quando estava prestes a adormecer ou na hora de acordar. Ela disse que foi assim que eu tinha batido a cabeça na mesinha da sala, ficando com o olho roxo. Eu não tinha nenhuma lembrança disso. Para ela, isso provava seu ponto de vista. Para mim, parecia que todos estavam me criticando sem motivo.

Sharon sempre quis que eu consultasse um neurologista. Meu filho Jack estava preocupado que eu pudesse ter a mesma coisa que levou o querido amigo de Sharon, Robin Williams – demência por corpos de Lewy. Quero dizer, eu não estava vendo marcianos flutuando sobre a cama ou algo do gênero. Mas já estava ruim o suficiente, a ponto de falar com pessoas que não existiam. Eu pensava que as crianças estavam dando festas no meu quarto, ou ficava bravo e os móveis acabavam quebrados e eu acordava sem ter ideia de como aquilo havia acontecido.

Minha doença de Parkinson era parte do problema. Quando a maioria das pessoas pensa no Parkinson, lembra do ator Michael J. Fox. Meu caso não é nem de longe tão grave. Na verdade, meus médicos me disseram que é bem leve. Mesmo assim, a doença enrijeceu meus músculos, o que afeta a maneira como ando e falo, e os comprimidos que tomo para mantê-la sob controle têm efeitos colaterais. Esse medicamento que eu tomava na época, o Sinemet, é conhecido por causar confusão em algumas pessoas – juntamente com agitação, pesadelos, nervosismo e várias outras merdas. E quando adicionei um frasco de esteroides por dia à mistura, fiquei mais ligado do que a Rede Nacional de Eletricidade.

Além disso, eu vinha tendo um forte medo de subir ao palco, em parte porque estava paranoico com o fato de ter problemas com a minha voz. Isso me causou uma insônia terrível, que me desanimou ainda mais. Sharon ficou tão preocupada que organizou para que as crianças se revezassem e voassem até cada show para ficarem de olho em mim.

Jack vinha em um fim de semana, Kelly no outro, Aimee depois daquele. Até pude passar um tempo com alguns dos netos. Tenho dez netos agora, acredita? Então lá estava a filha do Jack, Pearl, que tinha seis anos na época. Andy, que devia ter três. E Minnie, que era apenas um bebê na época. (A filha dele, Maple, ainda não havia nascido). Desde então, a Kelly teve seu pequeno Sid, que é um completo baderneiro. Fico exausto só de vê-lo. Meus outros netos são do meu primeiro casamento. Maia e Elijah de meu filho Louis; e Harry, Isabelle e Kitty, da minha filha Jessica.

De qualquer forma, o apoio extra funcionou bem. Quando a *No More Tours II* chegou à América do Norte, pouco antes do meu aniversário, eu me sentia muito melhor. O que foi bom, porque ainda tínhamos trinta shows para fazer.

Tudo parecia bem novamente.

Mas eu não estava bem. Estava indo direto para um muro.

Porque o Decadron estava causando danos que ninguém conseguia ver.

2

Acidente inteligente

Quando abrimos a *No More Tours II* em Jacksonville, na Flórida, já fazia cinquenta anos que eu tinha começado a cantar. Onde diabos foi parar todo esse tempo? Ninguém avisa que um dia você acordará e meio século ficou para trás.

Era um mundo totalmente diferente quando entrei na indústria musical. A TV ainda era em preto e branco. Trens a vapor ainda circulavam entre a estação Snow Hill (em Birmingham) e a Paddington (em Londres). E o futuro rei da Inglaterra ainda era um adolescente, como eu – embora essa fosse a única coisa que tínhamos em comum. Ele certamente não tinha acabado de sair da prisão depois de seis semanas por roubo.

A pergunta que sempre me faziam quando eu dava entrevistas para a *No More Tours II* foi: como você fez isso? Como foi que saiu de lá e chegou até aqui – tornando-se esse nome conhecido, mantendo uma carreira ao longo de cinco décadas?

Não tinha uma resposta. Ainda não tenho. Nada disso foi planejado. Quando você está do lado de dentro olhando para fora, simplesmente faz seu trabalho, andando na montanha-russa. Não há nenhuma boa razão para eu ainda estar aqui, ainda trabalhando – ou tentando, pelo menos –, e outros não estarem. Talvez eu tenha tido sorte. Ou talvez seja apenas minha viagem, e tudo estava destinado a ser assim.

Eu me tornei um artista na escola, suponho, nos dias em que eu ainda era John, não Ozzy. Não sabia ler direito por causa da minha dislexia, e não conseguia me concentrar em razão do meu TDAH. Sempre que precisava ler algo em voz alta na sala de aula, todos se mijavam de rir. Mas se eu chamasse a atenção, se fizesse coisas loucas para distraí-los, não me sentia tão envergonhado.

A primeira vez que cantei na frente de alguém foi em um dos shows de talentos de minhas irmãs, na Lodge Road. Cantei uma música de Cliff Richard – "Living Doll" –, por mais absurdo que pareça. Não deve ter sido tão ruim, porque ninguém vaiou, e nenhuma das janelas quebrou. Mas nunca, nem em um milhão de anos, achei que cantar poderia ser uma carreira. Em minha mente, eu tinha mais chances de me tornar o próximo primeiro-ministro da porra da Suécia.

A primeira banda de verdade da qual participei foi a Polka Tulk Blues Band. Eu tinha 19 anos na época e acabara de sair da prisão. O nome veio da marca de talco em pó que minha mãe usava. Era eu no vocal; Tony Iommi na guitarra; Geezer Butler no baixo; e Bill Ward na bateria. Também tínhamos um guitarrista de slide e um saxofonista, mas eles duraram apenas uns dois shows. Principalmente porque não sabiam tocar a guitarra slide ou o saxofone.

Após algumas semanas de shows, mudamos nosso nome para Earth. O único problema com isso é que, quando você dizia esse nome com um sotaque de Birmingham, parecia que estava vomitando. UURRRGGHHHFFF. Então trocamos nosso nome novamente, para Black Sabbath, por causa de um antigo filme de terror. Todos gostávamos dessa merda de magia negra, especialmente Geezer, que carregava sempre uma pilha de livros do Dennis Wheatley com títulos como *O Satanista* e *The Devil Rides Out*.[1]

No início, tudo girava ao redor de Tony Iommi. Ele tinha estudado um ano antes de mim na Birchfield Road Secondary Modern, que foi demolida pouco tempo depois de termos saído. Todos conheciam o Tony, porque ele tinha uma guitarra vermelha brilhante, que seus pais tinham dado de presente de Natal. Ele também era alto e bonito, e imbatível em uma briga. Depois, ele perdeu as pontas dos dedos em um acidente na fábrica de chapas metálicas em que trabalhava. Eu só ouvi falar disso mais tarde, mas me disseram que uma enorme prensa desceu sobre sua mão direita, e quando ele conseguiu tirá-la, dava para ver os ossos dos dedos para fora. Horrível pra caralho, cara. Deveria ter sido o fim da música para ele. Mas Tony é um inventor. Então ele simplesmente criou para si mesmo um conjunto de novas pontas de dedos usando uma velha garrafa de detergente líquido, e reaprendeu a tocar sozinho. Até hoje, não entendo como ele sabe que seus dedos estão apertando as cordas.

Após o acidente, Tony começou a usar cordas mais leves – como as de um banjo – porque ele sentia muita dor. Também afrouxou as cordas pelo mesmo motivo, o que baixou a afinação.

1 Inédito no Brasil. (N. P.)

Não que eu soubesse muito sobre essas coisas na época. Mas as pontas de seus dedos de plástico e a guitarra com outra afinação criaram esse som bastante sombrio e característico. Ele era tão bom que o Jethro Tull fez uma oferta de emprego no momento em que o Earth estava começando a decolar. Ficamos arrasados quando ele contou. Mas, para nossa sorte, Tony não gostou de ser empregado na banda de outra pessoa.

Ele voltou após dois shows.

Em algum momento ao longo dos anos, o Black Sabbath recebeu os créditos por inventar o heavy metal. As pessoas até me chamam de "Padrinho do heavy metal", seja lá o que isso signifique. Mas não tenho certeza de que isso seja correto.

Para mim, a primeira música "pesada" propriamente dita foi "You Really Got Me", do The Kinks, lançada no verão em que saí da escola. Quando ouvi aquele riff pela primeira vez – DUH-N-N-N-NUH! DUH-N-N-N-NUH! – aconteceu algo comigo. Era como uma droga. Escutar aquilo foi como ter a porra de um orgasmo. Tive que comprar o single cinco vezes, porque sempre terminava riscado. Pode ter sido a primeira coisa na qual me viciei. Quase deixou meu pobre pai doido. "SE EU OUVIR MAIS UMA VEZ ESSA COISA, JURO QUE VOU..."

Acabei parando de tocar, mas só porque estraguei o alto-falante do toca-discos dele. Era um daqueles de madeira polida com um rádio embutido que ocupava quase metade da sala de estar. E, é claro, eu nunca iria admitir ter feito esse tipo de estrago. Houve um súbito e muito suspeito silêncio... até que ele colocou um de seus discos do Al Jolson e tudo o que saía era um ruído de goteiras e peido. PPFFTTHHHHHH.

Foi possível ouvir o grito a um quilômetro de distância.

Anos depois, tive a sorte de conhecer Ray Davies, do The Kinks. Estávamos no show do 25º aniversário do Rock & Roll Hall of Fame, no Madison Square Garden, em Nova York. Eu estava tocando com o Metallica, pulando no palco como uma lebre. Disse a ele que para mim "You Really Got Me" era basicamente a música perfeita. Ele foi muito gentil. Até retribuiu o elogio, dizendo que gostava de "Paranoid". Era impossível tirar o sorriso do meu rosto. Eu queria telefonar para meu pai e contar o que ele havia dito, mas é claro que ele já não estava mais entre nós naquele momento.

Independentemente do que os livros de história decidirem quando se trata de heavy metal, é verdade que queríamos que o primeiro disco do Sabbath fosse mais pesado do que qualquer outro anterior. Não apenas a música, mas também as letras. Naquela época, ninguém cantava sobre Satanás, demônios e cadáveres. Quero dizer, tudo bem, o Fleetwood Mac tinha feito "Black Magic Woman", que ganhou um cover do Santana depois. Mas você não via garotas saindo correndo dos shows do Fleetwood Mac gritando porque estavam apavoradas. Você via isso em *nossos* shows. É preciso lembrar que muito mais pessoas iam à igreja naquele período. Elas achavam que o demônio era real. Então, quando ouviram aquele riff de três notas comigo uivando sobre uma figura de preto com olhos de fogo vindo para me levar embora, pensaram que ele iria atrás delas depois.

Além disso, a imagem que o primeiro álbum criou foi tão forte que, por muito tempo, as pessoas pensavam que a gente só fazia músicas sobre o diabo. É por isso que começaram a me chamar de Príncipe das Trevas, supostamente por causa de uma frase em *Paraíso Perdido*, o poema de John Milton... não que eu soubesse quem caralho era John Milton.

A verdade é a seguinte: embora o Sabbath sempre tenha tido um clima sombrio, a música "Black Sabbath" foi realmente a única "música de medo" que já fizemos. Quero dizer, ouça "Changes", uma balada de piano comovente sobre o fim de um casamento; ou "Supernaut", com aquele incrível break funk-rock; ou a viajante "Planet Caravan", que, segundo me disseram, foi tocada na cápsula Crew Dragon da SpaceX antes da acoplagem à Estação Espacial Internacional.

Ainda assim... no final, deu tudo certo. Portanto, você não vai ver nenhum de nós reclamando.

É um milagre que eu tenha tido algum tipo de carreira depois do Sabbath.

Após ter sido demitido – por estar muito detonado, segundo eles, mas essa é uma história para mais tarde – acabei morando em um pequeno apartamento com cozinha e sala de estar em um local temporário chamado Le Parc, em West Hollywood.

Não tinha a menor ideia do que ia fazer. O estresse estava me matando. Eu pedia bebidas no Gil Turner's, na Sunset Strip, mantendo as persianas fechadas o dia todo, com o ar-condicionado no máximo, o fogão a gás ligado ao mesmo tempo, porque me fazia lembrar de casa – enquanto bebia e fumava até esquecer tudo. Enquanto isso, minha esposa na época tinha voltado à Inglaterra com as crianças, esperando que eu conseguisse outro emprego, pois assim teríamos algum dinheiro.

O problema é que eu tinha acabado de fazer 31 anos, o que estava perigosamente perto de ser o limite para um astro do rock. Na minha cabeça, havia uma boa chance de eu acabar drenando o que restava de nossas economias, e não tendo outra escolha a não ser procurar um emprego em um canteiro de obras em algum lugar.

Foi a Sharon quem me salvou.

O mais louco é que eu mal a conhecia na época. Ela trabalhava para o pai, Don Arden, que na época era o manager do Sabbath. Ele se autodenominava Mr. Big e tinha jeito e modos de um gângster do East End. Supostamente uma vez pendurou o empresário dos Bee Gees, Robert Stigwood, de uma janela por tentar roubar o Small Faces, a maior banda do Don. Havia outras histórias de que ele teria queimado a testa de algumas pessoas com charutos, ou subornado DJs para tocar suas músicas no rádio. Não tinha ideia de quanto disso era verdade. Apenas não ficava no caminho dele.

Eu havia encontrado Sharon uma ou duas vezes durante os primeiros dias do Sabbath, graças aos nossos negócios com Don. Mas só depois é que me lembrei quem era ela. No início, Sharon trabalhava como recepcionista. Ela diz que se lembra de uma vez em que eu entrei no escritório de Don na Berkeley Square, em Londres, pouco depois do lançamento de *Paranoid*, sem sapatos e com uma torneira de água quente em volta do pescoço. Ela não poderia ter mais do que 18 anos na época. Tudo isso era apenas uma névoa para mim. Estava completamente chapado. Ela também foi a um de nossos shows no Marquee Club, no Soho. Estava acostumada a ver as estrelas pop americanas que seu pai representava e não conseguia acreditar na diferença. O volume. O suor escorrendo pelas paredes. Eu no palco, estendendo a mão e tocando os fãs na primeira fila. Éramos uma banda popular, o Sabbath. Quando fazíamos um show, era como se fizéssemos parte de nosso próprio público.

A primeira vez que vi a Sharon e *soube* quem era foi quando ela saiu de um hotel em Copenhague. Don a havia mandado lá para receber o dinheiro de um show da ELO ou algo assim. *Uau*, pensei, *que garota bonita*. E ela sorriu para mim. E pensei, *você não tem nenhuma chance com ela, nem pense nisso*.

Quero dizer, Sharon era uma mulher educada e de alta classe. Usava diamantes e todas as últimas tendências da moda. Seu pai era um multimilionário famoso. Além disso, eu ainda era casado com minha ex-esposa na época... não que eu pudesse ganhar um prêmio de marido do ano.

Depois que fui expulso do Sabbath, fiquei convencido de que Don continuaria a ser o manager deles e eu seria dispensado. Afinal, o Sabbath era um nome reconhecido. Quem diabos tinha ouvido falar em Ozzy?

Então, bateram na porta.

Era o momento que eu estava temendo. Mas não era o dono do apartamento ou um dos capangas do Don vindo me expulsar. Era a Sharon, vestida para matar, parada ali, olhando para mim de cueca, barba por fazer, bêbado, latas de cerveja espalhadas pelo chão. É preciso muito para chocar Sharon – sendo a filha de Don Arden, ela já viu de tudo –, mas só o cheiro já foi suficiente para fazê-la dar um passo para trás.

"Se você colocar sua vida em ordem", disse ela, "nós gostaríamos de gerenciar sua carreira."

Fiquei tão surpreso que tudo o que pude dizer foi... *"Eu?"*.

"Não, o outro Ozzy Osbourne, o que está de pé atrás de você", ela falou. "CLARO QUE É VOCÊ."

Eu estaria morto sem a Sharon – disso, tenho certeza absoluta, 100% de certeza. Mas quando falamos dos meus dois primeiros álbuns solo – *Blizzard of Ozz* e *Diary of a Madman* –, eles não poderiam ter acontecido sem Randy Rhoads. Ele foi um presente de Deus, não há outra maneira de dizer isso. Tive uma sorte tremenda de ter cruzado com ele.

Depois que Sharon chegou ao Le Parc, ela me disse que eu precisava começar a realizar testes. Foi um alerta, com certeza.

Quero dizer, o Sabbath só precisava encontrar um cara para me substituir. Tive que encontrar uma banda inteira, começando pelo guitarrista.

Então, as nuvens se abriram, um coral cantou e, do nada, Randy apareceu.

Eu não tinha a menor ideia de quem ele era na época – havia tantos guitarristas por aí, e fizemos testes com vários deles, mas depois fiquei sabendo que ele fazia parte de uma banda chamada Quiet Riot. Eles estavam passando por um momento difícil, pelo menos foi o que me contaram, e o único contrato que tinham conseguido foi no Japão. É por isso que Randy estava procurando um novo trabalho.

Tudo o que me lembro de sua audição no estúdio é que ele plugou e começou a se aquecer. Isso foi o suficiente, na minha opinião. Não é que Randy estivesse em outro nível em comparação com todos os demais... ele estava em um jogo diferente. Ele também era o *epítome* de um astro do rock. Não pesava mais de 45 quilos vestido, e media apenas 1,57 m – a mesma altura da Sharon. E tinha traços bonitos, cabelos loiros compridos e usava calça de couro e camiseta decotada. Quando o vi pela primeira vez, não soube dizer se ele era um homem ou uma mulher. Nunca havia conhecido alguém tão cuidadoso com a aparência. Se estivesse ventando ou chovendo muito, ele não queria sair, para não bagunçar o cabelo. Veja bem, ele era meticuloso assim com tudo, inclusive com a guitarra. Fazia parte do que o tornava um músico tão incrível.

O que realmente não conseguia entender era como ele era tão magro. Eu conseguia levantá-lo com um braço. Provavelmente é porque ele não bebia muito nem usava muitas drogas. *Quando* ele bebia, tomava um daqueles drinques White Russian com leite. Uma bebida de menina, ou pelo menos era naquela época. Dois ou três, no máximo. Então ele ficava todo risonho e ia dormir. E, no entanto, ele tinha uma voz realmente grave, com um sotaque quase sulista.

O que acabei percebendo é que Randy não *comia*. Ele apenas beliscava alguma coisa. A única coisa que ele gostava era de pele de frango. Só a pele, não a carne.

"Por que você come *isso*?", perguntei uma vez, quando ele estava separando uma coxa de frango.

"Eu gosto do sabor", ele deu de ombros.

Mas, apesar de magro, ele tinha o corpo de um atleta. Usava umas botas de salto alto do tamanho feminino – as únicas que serviam – e corria pelo palco com elas por horas.

Disse que ele estava contratado antes de terminar o aquecimento. Ele pareceu surpreso.

"Mas eu ainda não comecei", falou ele.

Se minha carreira após o Sabbath se resumisse a qualquer momento, esse momento seria o lançamento de *Blizzard of Ozz* nos Estados Unidos.

Quando você pensa em todos os vocalistas de grandes bandas britânicas cujos álbuns solo caíram como cocô molhado nos Estados Unidos, é inacreditável. E eu não era ninguém comparado com a maioria deles. Não havia nenhuma razão para pensar que eu me sairia melhor que eles.

A data de lançamento foi por volta de março de 1981. O álbum já havia sido lançado há alguns meses na Grã-Bretanha pelo selo Jet Records, de Don, e tinha ido bem – mais do que bem –, chegando ao sétimo lugar nas paradas. Para divulgá-lo, fizemos shows menores, mas todos lotados, criando muito burburinho. Ao mesmo tempo, porém, o single de "Crazy Train" mal havia chegado ao Top 50. Bom, isso não foi uma grande surpresa. Na época, as paradas do Reino Unido estavam cheias de artistas novos como Shakin' Stevens e Bucks Fizz, com algum hit new wave ocasional do Soft Cell ou The Human League. E o metal se baseava mais em *álbuns*, não em singles. Foi um lembrete da batalha difícil que tínhamos pela frente, em especial nos Estados Unidos.

Quando chegamos a Los Angeles para o lançamento nos EUA, a pressão era descomunal. E a única maneira que eu tinha para lidar com a pressão era beber a noite toda e depois continuar bebendo na manhã seguinte. Então, foi isso que fiz no dia de nossa grande reunião com o departamento de marketing de nossa gravadora americana, a Epic, que era de propriedade da CBS Records. Era algo que todos os novos contratados tinham que fazer no início de cada trimestre, ou algo assim.

Quando Sharon me levou até o prédio da CBS em Century City saindo da casa do pai dela em Benedict Canyon, eu já estava completamente bêbado. Durante todo o caminho até lá, ela foi falando sobre a importância da reunião, como a Epic não tinha a menor ideia do que fazer com um álbum de metal porque seus outros contratados eram The Jacksons e um monte de grupos new wave e synth-pop. "Por que diabos eles me contrataram então?", perguntei a ela.

"Porque a CBS já tem um grande acordo de distribuição com meu pai", ela respondeu.

O plano era causar uma boa impressão tirando duas pombas brancas do bolso – alguém da Jet Records tinha comprado em uma loja de animais na noite anterior –, abrir uma janela, dizer "paz" ou "rock 'n' roll", algo assim, e depois deixá-las voar.

Para ser sincero, eu não estava muito animado com a ideia. Especialmente porque os pássaros ficavam cagando no bolso da minha jaqueta.

Mas Sharon insistiu que eu tinha que fazer aquilo. "Esta é sua chance de causar uma boa impressão", disse ela. "Você precisa dar um show para eles."

A questão é que eu já estava na indústria musical há tempo suficiente para saber exatamente qual seria o acordo. Se a empresa fonográfica ia fazer uma reunião de marketing, não seria apenas *comigo*. Haveria um rapper na minha frente, um cantor folk atrás... uma porra de um tocador de didgeridoo no meio. E o pessoal de marketing com seus ternos e relógios Rolex não daria a mínima para nenhum de nós. Eles nem eram *fãs*. Seria mais um dia de trabalho para eles.

Foi só quando vi as câmeras na sala que decidi o que fazer. *Eles querem um show*, eu pensei, *vou dar um show*. Sabia exatamente qual foto eu queria: horror, apenas horror absoluto em todos os rostos. Quanto a Sharon, ela não tinha a menor ideia do que ia acontecer. Ela teria confiscado aquelas pombas em um piscar de olhos se achasse que estavam correndo algum perigo.

Então, entramos na sala da diretoria. Deveria ter pelo menos 25 executivos lá – e todos eles tinham acabado de ouvir "Crazy Train" e outras faixas de *Blizzard of Ozz*. Por alguma razão, eu me sento no chão ao lado de uma jovem mulher perto da frente. Depois de alguns minutos ouvindo todas aquelas baboseiras falsas, eu tiro uma das pombas – exatamente como combinamos – e digo "paz", "rock 'n' roll" ou algo assim.

Ohhh, falam todos na sala.

Em seguida, respirei fundo, sorri para a câmera e arranquei a cabeça da pomba.

O local ficou absolutamente louco. As pessoas gritando. Chorando. Vomitando. Chamando a segurança. Chamando a polícia. A essa altura, eu havia jogado o corpo da pomba na mesa de conferência, mas ainda tinha sua cabeça em minha boca, então, cuspi e sorri novamente para a câmera. Eu tinha sangue, bosta de pássaro e penas por toda parte, foi absolutamente horrível. Até hoje, não faço ideia do que estava pensando – quero dizer, eu não estava pensando, estava no meio de uma bebedeira de três dias. Então, uns caras grandes com fones de ouvido e armas entram correndo, me agarram e pegam a Sharon também, nos arrastam e nos jogam na rua, onde Sharon *literalmente* se mijou, de tanto rir – chocada, acho, mais do que tudo. Enquanto isso, eu tinha soltado a outra pomba, então sabíamos que ela ainda estava voando por aí em algum lugar, com cerca de meia dúzia de seguranças de grande porte correndo em círculos atrás dela.

Mais tarde naquele dia, recebemos uma ligação dos advogados da CBS dizendo que se eu fizesse mais alguma coisa desse tipo, eles enterrariam o disco e não me liberariam do meu contrato. Mas as primeiras prensagens de "Crazy Train" já haviam sido lançadas e, no final do dia, a música estava tocando em todas as estações de rádio de metal no país. Esse foi o momento em que a gravadora norte-americana percebeu que, certo, esse cara é maluco pra caralho, mas talvez consiga vender alguns discos. Afinal, isso é o que importava para eles – vender discos.

Curiosamente, também era o que eu queria.

A primeira coisa que devo dizer sobre tudo isso é que a pobre pomba não merecia isso. Agora que estou mais velho e vivendo em tempo integral no mundo sóbrio, não suporto nenhum tipo de crueldade contra os animais. Vou levar para o meu túmulo o que aconteceu com aquele pássaro. Mas não posso mudar o que fiz. E a verdade é que, por pior que tenha sido meu comportamento, isso mudou tudo para o disco *Blizzard of Ozz*.

Quando a turnê nos EUA começou, algumas semanas depois, as pessoas achavam que eu era completamente lunático. Então nos divertimos bastante, jogando baldes de tripas de porco e coisas assim na multidão. O que ninguém esperava, no entanto, era que os fãs entrariam na brincadeira, jogando coisas em *mim* no palco. Enquanto isso, as autoridades estavam *doidas* pensando nas atrocidades que achavam que estávamos cometendo, embora não fosse nada pior do que jogar alguma gororoba do açougue mais próximo um no outro.

A cada noite, as coisas ficavam cada vez mais loucas, até que finalmente, no início de janeiro – já estávamos em 1982 – a turnê chegou ao Veterans Memorial Auditorium, em Des Moines, Iowa. Foi nessa noite que alguém jogou o que eu achava que era um morcego de brinquedo no palco. E eu peguei. E não preciso te contar o que aconteceu em seguida. Basta dizer que, ao morder o seu pescoço, percebi rapidamente que não era de borracha.

Daquele dia em diante, minha reputação me precederia sempre que eu chegasse em uma nova cidade. E, é claro, sendo a natureza humana o que é, a história sobre o morcego foi exagerada sempre que passada adiante. Era como uma brincadeira de telefone sem fio. Quando começa, Johnny cortou o dedo. Mas, quando dá a volta no círculo, Johnny já terá sido decapitado.

Mas eu tive sorte, sabe? Quando você sobe no cavalo, precisa ir aonde o cavalo o levar. Precisa estar preparado para o bom e o ruim. Não pode voltar e refazer tudo. A parte mais triste para mim, a parte que ainda penso o tempo todo foi o que aconteceu naquela turnê com Randy Rhoads e Rachel Youngblood, nossa cabeleireira e figurinista. Se alguém merecia morrer, esse alguém era eu. Mas quando a tragédia aconteceu, foi tudo tão aleatório. Eu ainda não entendo como aquilo ocorreu. Mas, por enquanto, tudo o que direi é que não passa um dia sequer sem que eu me pergunte: por que ainda *estou* aqui e eles não?

O que estou tentando dizer é que não havia um plano inteligente que me levou da Polka Tulk Blues Band para a *No More Tours II*. Na verdade, tudo não passou de um acidente inteligente.

Foi a mesma história com a única coisa em minha vida que não teve nada a ver com música: o programa de TV *The Osbournes*.

Durante muito tempo, o pessoal da TV em Los Angeles queria fazer um seriado baseado em minha vida, uma espécie de *Família Addams* do rock 'n' roll, mas com um astro do rock aposentado como pai. Mas eles achavam que um programa do tipo documentário não teria um enredo suficiente. Então fizemos aquele especial do *Cribs* na MTV, no final de 2000 – mais ou menos como o antigo programa da ITV *Through the Keyhole*, mas com estrelas do rock e do rap ou algo assim –, e a coisa simplesmente explodiu. Tornou-se o episódio de maior audiência na história do canal ou algo assim.

Depois disso, o pessoal da TV falou: "Que se foda, vamos apenas colocar algumas câmeras na casa deles e ver o que acontece".

Começamos algo totalmente novo com esse programa. Como o ator Jack Black brincou na minha cerimônia de introdução ao Rock & Roll Hall of Fame, pode ter sido a coisa mais maligna que já fiz. Antes de nós, não havia reality shows sobre famílias famosas sem roteiros preestabelecidos. Agora, todo mundo e seu maldito hamster têm um.

Passamos bons momentos fazendo *The Osbournes*, olhando em retrospectiva. Bem, pelo menos por um tempo. Mas é impossível manter esse tipo de fama. Quero dizer, eu sempre fui meio famoso durante a maior parte de minha vida adulta. Mas ser uma estrela da TV era algo totalmente diferente. Era como eu imaginava ser a vida de Tom Cruise ou Meryl Streep.

Fiquei viciado na fama por um tempo, para ser honesto com você.

Em um determinado momento, Sharon deu uma festa em nossa casa e era um "quem é quem" da porra desse mundo. George Lucas estava lá. Elizabeth Taylor. Robin Williams. Sylvester Stallone. Rod Stewart. Então, saio no jardim nos fundos e Elton John está tocando piano ao lado da piscina. Todos os dias, acontecia alguma coisa maluca. Donny e Marie Osmond filmaram um anúncio comigo. Compareci ao Jantar dos Correspondentes da Casa Branca, no qual o presidente Bush brincou dizendo que sua mãe era uma grande fã do Sabbath. Eu provavelmente não deveria ter bebido três garrafas de vinho e ficado em pé na mesa naquela coisa... mas tudo bem, vivendo e aprendendo.

No final das contas, porém, sou um cantor, não uma personalidade da TV. Quero dizer, eu gostava de estar no *The Osbournes*, mas odiava trabalhar na TV. É um ninho de víboras, a TV, realmente é. Não é como estar na música. Você não tem amigos na TV. A rivalidade é absurda. Todos querem apenas o que você tem, é tão falso o tempo todo.

Quando chegamos à quarta temporada de *The Osbournes*, eu sabia que tinha que acabar, como tudo acaba. Não sei como diabos as Kardashians duraram tanto tempo com o programa delas. Já devem estar na temporada sessenta.

Nós, no final, ficamos desesperados para recuperar nossas vidas. Jack estava usando drogas. Kelly estava usando drogas. Eu fugia para o meu quarto para fumar maconha a cada oportunidade. Depois, Sharon teve câncer. O estrago foi grande, cara. Minha pobre esposa ficou tão doente que levou muito tempo para superar isso. Levou muito tempo para nos recuperarmos da doideira do programa, do estresse de... sair de um reality show para a realidade de fato novamente.

Cara, senti um grande alívio quando o último operador de câmera foi embora.

Dar uma cagada sem um microfone na cabeça.

Dar uma rapidinha com sua senhora sem três produtores fazendo anotações.

E o melhor de tudo... sair de casa e voltar para a estrada.

3

Mão da desgraça

O último show da *No More Tours II* antes do Decadron me pegar foi em West Valley City, Utah.

Estávamos quase terminando a etapa norte-americana da turnê naquele momento. Só tínhamos Mountain View, San Diego e Las Vegas, além de uma grande noite no Hollywood Bowl. Deveria ter sido tudo tranquilo. Os shows eram tão perto da minha casa em Los Angeles que eu poderia dormir em minha própria cama à noite.

Mas a vida nunca é tão fácil, não é mesmo? Até o oceano mais calmo e azul tem um cocô boiando em algum lugar. E havia um enorme vindo direto na minha direção.

O primeiro sinal de problema foram minhas unhas, por mais absurdo que possa parecer. Eu ficava mordendo minhas cutículas como um louco, porque o Decadron me deixava muito tenso.

Então, um dia, notei que a cutícula do meu polegar direito estava toda vermelha e inchada. Mas, em vez de fazer o que eu deveria fazer – passar um pouco de creme antibiótico e deixá-la em paz –, eu comecei a arrancar mais. Estava tão agitado o tempo todo que parecia um tique nervoso. Daí, de alguma forma, bati o dedo contra uma porta, fazendo com que começasse a sangrar. Enquanto isso, a cutícula do meu dedo médio começava a seguir o mesmo caminho. Eu não ia me preocupar, mas a dor era muito forte, um tipo de dorzinha constante e latejante, que dificultava a concentração em qualquer outra coisa.

O que não sabia era que tinha infecções bacterianas em ambas as unhas. E, embora esse tipo de infecção possa se curar sozinha, a maneira como o Decadron funciona é suprimindo seu sistema imunológico – é assim que ele reduz o inchaço, que é o que faz com que sua voz pareça muito melhor. Mas se tomar muito Decadron, seu sistema imunológico passa de suprimido a totalmente desligado. E foi isso que aconteceu, o que poderia não ter sido um problema se eu não estivesse me expondo a todos os tipos de novos vírus e bactérias nos eventos que estávamos realizando todos os dias.

Eles eram chamados de *meet-and-greets*.

Um *meet-and-greet* funciona da seguinte maneira: se um fã pagar mais, ele tem os melhores assentos da casa, algum merchandising autografado e uns minutos para conversar e tirar uma selfie antes do show. Antigamente, eles ficavam na saída do local, na esperança de conseguir um autógrafo quando estivéssemos indo embora. Não é mais assim. Como tudo na indústria musical de hoje, esse lado da turnê se tornou uma espécie de mini-indústria separada.

Não vou mentir – parte de mim acha que isso de se reunir com as pessoas por dinheiro é algo assustador. Além disso, os ingressos já são bem caros. Os burocratas tiraram tantas taxas da bunda ao longo dos anos, que é espantoso que eles não cobrem para que as pessoas *saiam* quando o show termina. Dito isso, se os *meet-and-greets* fossem grátis, só os fãs mais insistentes conseguiriam ficar na frente da fila... e provavelmente sairiam e venderiam o que você tivesse assinado no eBay. Além do mais, quanto mais velho eu fico, mais gosto de conhecer os fãs e me divertir um pouco com eles, especialmente quando famílias inteiras de metalheads apareceram, desde as crianças até os avós. Não que a vovó ou o vovô se lembrem muito sobre os velhos tempos – eles estavam tão doidos quanto eu.

Sinceramente, a única preocupação que eu tinha com os *meet-and-greets* durante a *No More Tours II* era que algum louco pudesse entrar. Quero dizer, é difícil esquecer o que aconteceu com Dimebag Darrell, um dos maiores guitarristas do metal. Do nada, um cara subiu no palco e o matou a tiros, junto com outras três pessoas. Deve ter sido há uns vinte anos, mas ainda fico abalado sempre que penso naquilo. O mais assustador é que tudo aconteceu em 8 de dezembro, o mesmo dia em que John Lennon foi morto. Provavelmente não foi coincidência, mas nunca saberemos, pois o atirador foi abatido por um policial antes que alguém pudesse perguntar por que diabos ele fez aquilo.

Não faltaram lunáticos me seguindo nesses anos. Havia um cara que ficava aparecendo nos meus shows com uma presa de mamute de cinco milhões de anos. Por quê? Não tenho a menor ideia. Outro cara pintou meu nome em todas as coisas de sua casa – as paredes, o sofá, tudo – e depois me enviou um vídeo caseiro para provar. Muitos dos malucos saíram da toca depois que a coisa do morcego aconteceu. Mas a coisa realmente saiu de controle quando os evangélicos disseram que eu estava colocando mensagens satânicas em minhas músicas. Quero dizer, quando você alcança esse tipo de fama nos Estados Unidos, sempre há alguém por aí que vai dizer: *"Vou parar com esse joguinho que você está fazendo, bang-bang, você está morto."*

Mas o fato é que as pessoas loucas estão *em toda parte*. Se você ficasse pensando nisso, nunca sairia de casa. Então pensei, que se foda, o objetivo dessa turnê é me despedir dos fãs, então por que não conhecer o maior número possível deles? É por isso que, todas as tardes antes de um show, eu comparecia ao local do evento, com minhas cutículas ferradas e cheias de infecções, apertando muitas mãos... antes de voltar ao hotel para tomar mais Decadron.

Tudo isso enquanto eu ficava cada vez mais doente.

Uiiiiiiiiiiii...

BAM.

"Gaagh! *Merda!*"

"O que você tiver quebrado", disse Sharon por baixo das cobertas, "é bem feito para você."

Eu tinha acabado de mergulhar na cama novamente, como fazia todas as noites. "Acho que tem algo errado comigo", gemi, olhando para o dedo sobre o qual tinha acabado de aterrissar.

"Você demorou todo esse tempo para perceber isso?"

"Estou falando sério, Sharon... Tem algo estranho acontecendo com a minha mão."

Ela suspirou, e ouvi um ruído de *BZZZZZZZZZZZZ* quando o lado da cama dela começou a se levantar. Essa é uma das melhores coisas de ser um astro do rock – ter todos os brinquedos mais modernos. Nossa cama tem um cérebro maior que o do ChatGPT. Eu e Sharon temos um pequeno controle remoto, um pra cada um, e com um botão podemos ajustar nosso lado da cama para a altura que quisermos, sem afetar a outra pessoa. E todos os motores, os fios, as rodas de engrenagem e todo o resto está oculto debaixo do colchão em uma plataforma de metal.

"É melhor que seja algo sério", disse Sharon quando estava totalmente na vertical.

"Veja", mostrei meu polegar. "Essa porra está me *matando*. E meu dedo médio também."

Ela deu uma olhada mais de perto. "Você está com as cutículas inchadas", ela falou. "Basta passar um pouco de creme. E pare de *comê-las* o tempo todo, é nojento."

"Mas..."

BZZZZZZZZZZZ.

Ela se deitou de novo.

Devo ter colocado alguns tubos de antibiótico em meus dedos naquela noite. Mas quando acordei no dia seguinte meu polegar estava latejando tão forte que parecia estar conectado a um gerador a diesel. Ao levantar para dar uma olhada, quase caguei na cama. Durante a noite, ele havia aumentado pelo menos dez vezes seu tamanho normal. Parecia uma daquelas gigantescas mãos de espuma que você vê em jogos de beisebol. Meu dedo médio também estava enorme. Eu mal conseguia mexer minha mão, de tão severo que era o inchaço. E a dor – a dor estava em outro nível.

"Sharon...", minha voz estava trêmula. "Acho que preciso ir para o hospital."

"Pelo amor de Deus, Ozzy. Deixe de ser um maldito dramáti... OH, MEU DEUS!!! SUA MÃO!!!"

Ela não conseguia acreditar. Meu polegar ficou do tamanho de uma lâmpada de cem watts e brilhava quase com a mesma intensidade. A gente não conseguia parar de olhar para ele. Era como se fosse algo do circo. Poderíamos ter vendido ingressos.

Não tivemos outra escolha a não ser mandar examiná-lo, embora o próximo show da turnê fosse naquela noite em Mountain View, a uma hora de voo do aeroporto de Van Nuys, no Vale de San Fernando. Então, Sharon ligou para o gerente da turnê e ele apareceu, nada satisfeito – e fomos todos para o Cedars-Sinai Urgent Care, na Wilshire Boulevard, em Beverly Hills. É um prédio separado do pronto-socorro principal do Cedars, porque é para casos sem risco de vida. Você não entraria lá com um machado na cabeça, digamos assim. Mas para um polegar inchado, era o lugar certo.

Tudo o que realmente queria era algo para a dor. Por pior que estivesse minha mão, eu ainda achava que ela iria melhorar sozinha. Quero dizer, minha irmã Jean tinha as cutículas inchadas o tempo todo quando éramos crianças, e ela não fazia nada. Se ela pedisse para não ir à escola, receberia um puxão de orelha.

Mas quando o médico deu uma olhada em minha mão, seu rosto ficou pálido.

"Como isso aconteceu?", ele perguntou, dando-me um olhar muito severo.

"Não sei. Simplesmente acordei com ele assim."

"Você apertou a mão de alguém recentemente?"

"Você está me zoando?", perguntei. "Aperto a mão de milhares de pessoas por noite."

"Entendo", disse o médico. "E você tem se sentido mal ultimamente, por qualquer motivo – digamos, por causa de um resfriado?"

Neguei com a cabeça e fiz a melhor cara de "Não fui eu, policial" para ele.

Sharon me deu um chute. "Conte para ele, Ozzy", disse ela.

"Certo", tossi, "talvez eu possa estar tomando... uma ou outra gota de Decadron."

"Esteroides?"

"É. Para a minha voz."

"Entendo. E apenas uma gota, ocasionalmente?"

"É. Ai!", Sharon tinha me chutado novamente, com mais força.

"Certo... Algumas gotas."

"Quer dizer algumas gotas por semana?"

"É mais tipo uma... coisa diária."

Ele ficou muito quieto por um momento. "Sr. Osbourne, *quantas gotas por dia exatamente*?"

"Quantas cabem em uma dessas garrafinhas?"

O médico esfregou as têmporas e murmurou algo que soava muito parecido com "puta que o pariu". Eu estava esperando uma bronca adequada. Mas quando você chega a uma certa idade, os médicos param de dar conselhos. Eles acham que você é uma causa perdida. O que, para ser justo, não estava muito longe da verdade no meu caso. Ele também parecia ter coisas mais importantes para se preocupar. "Sr. Osbourne", disse ele, "o senhor parece ter uma infecção avançada por estafilococos em seu polegar e outra em seu dedo médio. E elas estão se espalhando rapidamente, porque seu sistema imunológico foi completamente arruinado por todos os esteroides que está tomando... ou melhor, abusando."

"Então... pode me dar alguns comprimidos para isso?"

"Não, não. Comprimidos não serão suficientes. Precisamos levá-lo para a emergência."

"O quê?!! Mas tenho um..."

"Vão colocar antibióticos intravenosos para tentar manter a infecção sob controle. Depois será preciso operar. O relógio está correndo."

Quase caí da cadeira.

"É apenas um polegar dolorido!"

"Sr. Osbourne", disse o médico, olhando diretamente para mim, "isso é muito sério".

Se há uma coisa que aprendi ao longo dos anos, é que a pior coisa que você pode fazer depois de receber a notícia de que tem alguma merda médica pesada é procurar na internet. Veja bem, metade do que está ali é inventado – e a outra metade geralmente está errada. Então você só vai ficar muito assustado.

Foi por isso que pedi para a Sharon olhar quando estávamos indo para o pronto-socorro.

"Certo, aqui está – infecção por estafilococos", disse ela enquanto navegava pelos resultados da pesquisa em seu telefone. "Tem uma página inteira da Wikipédia sobre... oh..."

"O que foi?"

"Nada."

"Sharon, fala logo, porra..."

"Oooh, veja, o sol está saindo. Talvez não chova esta tarde afinal..."

Peguei o telefone e arregalei os olhos ao ver a tela.

A página da Wikipédia, ao que parece, era uma lista de pessoas famosas que estavam totalmente bem até contraírem uma infecção por estafilococos. Então, elas ficaram bem mortas. Um deles foi o Secretário de Estado do presidente Reagan, Alexander Haig. Outro foi o grande astro do cinema Roy Scheider, de *Tubarão* e *Operação França*. Até um presidente do Banco Mundial havia batido as botas após sofrer do mesmo mal.

Digamos que, a essa altura, eu estava começando a ficar um pouco preocupado.

Quando dei por mim, estava vestindo um desses roupões de hospital feitos de papel, do tipo que deixa seu traseiro à mostra. Em seguida, fui para a sala de cirurgia.

Já era óbvio que o show em Mountain View não ia acontecer. Sharon e o gerente da turnê já estavam em seus telefones, tentando mover o inferno e a terra para remarcar, que é sempre a última coisa que você quer fazer. A *No More Tours II* empregava milhares de pessoas, desde a banda até a equipe e todos os trabalhadores em cada local. Ao cancelar um show, cada um deles perde algo. Quando eu era mais jovem e fazia merda o tempo todo, não pensava muito sobre esse lado das coisas. Mas agora sentia uma enorme responsabilidade pesando sobre mim.

Pior do que isso era a sensação de decepcionar os cerca de vinte mil fãs que tinham comprado ingressos. Eles haviam contratado babás ou tirado folga do trabalho ou sei lá o que tinham feito para ir ao show. Se tivéssemos cancelado com mais antecedência, isso teria sido uma coisa. Mas foi de última hora, o que me pareceu um golpe baixo. Mas não tínhamos escolha. Como o médico havia dito, o tempo estava passando.

O choque de tudo isso estava apenas começando a me atingir quando eles colocaram o antibiótico em meu braço. Em seguida, veio uma enfermeira e começou a anestesiar meu polegar.

O estranho é que, seja lá o que houvesse naquela anestesia, de repente fiquei muito emotivo. Não sabia o porquê. Num minuto estava observando-a trabalhar, no instante seguinte estava chorando. Estava totalmente quebrado. Foi uma loucura. Olhando agora, suponho que tenha sido a rapidez de tudo. Quando uma infecção toma um rumo ruim, isso acontece muito rapidamente. E tudo isso por causa de uma coisa tão mundana e estúpida – uma unha infectada.

Certo, *duas* unhas infectadas.

No fundo de minha mente, havia também a preocupação de que a bactéria se transformaria em uma dessas coisas mutantes comedoras de carne que os antibióticos não podem controlar.

E se penetrasse em meus ossos?

Meus pulmões?

Meu coração?

Quando o cirurgião chegou com seu bisturi, pensei: "Talvez seja isso, talvez seja assim que tudo vá terminar... talvez amanhã eles estejam imprimindo o meu...".

"GAAAAGGGGHHH! Achei que você tinha *anestesiado* essa porra!!!"

"É mesmo? Você está conseguindo sentir?", o cirurgião parecia muito surpreso. Ele tinha acabado de abrir meu polegar.

"Você nem me avisou! O que aconteceu com o antigo 'Isso pode doer um pouco', hein?"

"Sr. Osbourne, sua mão foi completamente *anestesiada*. Somente uma pessoa com uma tolerância realmente *incrível* a..." Nesse ponto, ele pareceu se lembrar com quem estava falando. "Oh... Hã... entendo", ele disse. "Desculpe por isso."

"Bom, continue então!"

O engraçado é que vê-lo trabalhar na verdade me acalmou. Adoro um pouco de sangue.

Com meu polegar agora bem aberto, ele começou a limpar toda essa merda da ferida. Era como pus, mas... pior do que isso. Explicou que estava tentando impedir que a bactéria entrasse em minha corrente sanguínea. Então ele *realmente* trabalhou muito, cortando o tecido morto, reduzindo o osso por baixo, passando por baixo de minha unha e raspando mais pedaços infectados. Depois disso, ele passou para o meu dedo médio, fazendo a mesma coisa novamente. Foi a coisa mais fascinante que assisti desde minha primeira colonoscopia. Então, de repente, tudo terminou. Meu polegar e meu dedo foram enfaixados como se eu fosse um boxeador me preparando para uma luta pelo título. Ele nem sequer borrou meu esmalte preto.

Fiquei tão aliviado que quase comecei a chorar novamente. Então, alguém me trouxe um sorvete em um desses cones de waffles com cobertura de chocolate, e eu engoli tudo de tão faminto que estava. Mas é claro que isso só me fez querer outro sorvete, porque se algo é bom, não consigo parar até passar mal. Na verdade, tive um vício total em sorvete por um tempo. Sempre Häagen-Dazs ou Ben & Jerry's. Baunilha ou café. Certo, *às vezes* morango – mas somente se não tivessem os outros dois sabores. Chegou ao ponto de eu estar comendo tanto, que decidi economizar dinheiro contratando uma chef de cozinha que fazia sorvete. Um grande erro. O sorvete que ela fazia era bom pra caralho. Não precisava nem de casquinha: eu comeria o sorvete dela mesmo se estivesse no chão. Porém, depois de algumas semanas, eu me tornei pré-diabético e tive que parar.

Mais uma coisa para acrescentar à lista de coisas divertidas que não posso mais fazer.

De qualquer forma... depois de terminar o sorvete, as coisas ficaram um pouco confusas. Kelly e Jack passaram por lá em algum momento. E é claro que tivemos que colocar algo no Instagram, pois tínhamos cancelado o show. Se você for famoso e coçar a bunda hoje em dia, tem que colocar nas mídias sociais. Quero dizer, se você não fizer isso, outra pessoa vai colocar. Antes dos smartphones, era preciso estar *bem* na merda para que os paparazzi aparecessem. Em algumas ocasiões, já os vi pulando do meio dos arbustos e saltando de paraquedas no quintal da minha casa para conseguir a melhor foto. Acho que é um pouco de liberdade, realmente. Mas agora *todo mundo* é paparazzi. Não dá para andar pela rua sem que alguém coloque um telefone na sua cara. Mas não me queixo mais disso. Penso, foda-se, se você não pode vencê-los, junte-se a eles. Portanto, agora cada arroto e peido é transmitido para meus seis milhões de seguidores.

"Mal posso esperar para sair daqui amanhã", escrevi na postagem, debaixo de uma foto minha com a mão enfaixada. Também fiz questão de agradecer aos médicos e enfermeiros.

Enquanto isso, Sharon havia feito um milagre com o show. Eles concordaram em adiar as apresentações por alguns dias, para que a etapa norte-americana pudesse ser concluída até o final do ano – exatamente como havíamos planejado. Eu terminaria 2018 sendo a atração principal do Ozzfest na véspera de Ano Novo, em Los Angeles.

Não podia acreditar que tinha sido por pouco. Por alguns momentos, fiquei convencido de que estava prestes a ter uma conversa com São Pedro em frente à porta de entrada. "Osbourne", ele diria, sem nem mesmo olhar para sua prancheta dourada. "Você não está na porra da lista."

CLANK. Buaaaaaaaaaaa...

Mas tudo isso parecia tão bobo agora. Até comecei a rir. Pelo menos até o cirurgião voltar com uma expressão de más notícias no rosto.

"Os resultados dos seus exames já chegaram", disse ele. "As infecções são mais teimosas do que temíamos. Precisamos mantê-lo no soro por pelo menos mais cinco dias."

Era como se o ar tivesse sido sugado para fora da sala. Eu não conseguia dizer nenhuma palavra.

Essa nem era a pior parte. "E vamos precisar operar sua mão novamente porque o exame mostrou que ainda há tecido morto lá dentro", continuou. "Se não retirarmos tudo, pode haver risco de morte."

Olhei para Sharon, achando que ainda havia uma chance de fazermos os shows. Ela estava segurando a cabeça com as mãos. Cinco dias no hospital era muita coisa. Isso ferraria totalmente as datas remarcadas. O malabarismo que ela tinha acabado de fazer havia sido em vão. Era fim de jogo – pelo menos em 2018. Teríamos que juntar os cacos no ano seguinte.

Supondo que as infecções não me pegassem primeiro.

4

Contagem regressiva

Eles me mantiveram no hospital pelo resto da semana. Eu quis tentar sair antes, mas isso é mais fácil de falar do que de fazer com um soro intravenoso conectado ao seu braço e médicos e enfermeiras entrando e saindo do seu quarto o tempo todo. E não sou a pessoa de aparência mais discreta, com meu nome tatuado nos nós dos dedos e carinhas sorridentes em ambos os joelhos. Além disso, o médico afirmou que eu tive *três* infecções por estafilococos no total – e não duas, como eles pensavam originalmente –, então provavelmente era uma boa ideia deixar o medicamento fazer seu trabalho.

Mesmo depois de chegar em casa, parecia que o inchaço nunca diminuiria. Por um tempo, fiquei preocupado em ter um polegar gigante para sempre... mas, para ser justo, isso teria facilitado muito na hora de pedir carona.

Mas em 3 de dezembro – meu aniversário – tudo tinha voltado ao tamanho normal. Eu estava quase começando a me sentir o velho Ozzy de novo.

Como eu ia fazer 70 anos – uma idade que eu simplesmente *não* conseguia assimilar –, Sharon queria dar uma festa na nossa casa em Los Angeles. É uma daquelas grandes e antigas mansões espanholas. Fica nas planícies, perto dos estúdios da Paramount, e foi construída nos anos 1920 para um magnata qualquer. Nós a compramos quando eu estava me sentindo rico após a última turnê do Sabbath. O que mais gosto ali é a placa no portão: "Não ligue para o cachorro, cuidado com o dono".

O problema é que, depois de todos os shows cancelados, eu não estava com disposição para comemorar. "Não quero nenhuma festa", falei para a Sharon. "Só quero voltar para a estrada."

"Ah, não seja tão estraga-prazeres", ela me disse. "Setenta é um número importante – temos que marcar a ocasião de alguma forma. Afinal de contas, é incrível que você ainda esteja aqui."

"Acredite em mim", eu respondi, "ninguém está mais surpreso do que eu."

A verdade, obviamente, é que havia outro motivo para não querer uma grande festa para os meus 70 anos. Como sou viciado, uma festa não é só uma festa para mim. Se eu não estiver enchendo a cara, não quero estar lá. Você acaba apenas sentado na ponta da mesa, entediado, enquanto sente o clima do ambiente esquentando. E você começa a pensar: "Será que é minha imaginação ou todos estão ficando mais amigáveis uns com os outros?". Então você se lembra que é porque eles estão ficando alegres; e você, não.

Às vezes, até a Sharon se esquece de que não posso nem dar um gole de shandy em uma ocasião especial.

"Oooh, experimente isso", ela dirá quando alguém lhe entregar um novo coquetel que tem gosto de chocolate ou morango ou algo assim. E perguntarei: "*Você tem certeza?* Um gole disso e você voltará para sua cama hoje à noite e eu ainda estarei aqui pela manhã! Em seguida, você sabe, estará jogando panelas e frigideiras nos meus traficantes, e eu volto para a reabilitação, vomitando em um balde". Toda a minha vida, sempre a mesma coisa.

O que não entendo é o *motivo*. Por que algumas pessoas são boas companhias quando bebem? Mas quando bebo, eu me divirto muito, mas ninguém mais se diverte. Nada esvazia uma sala mais rápido do que: oh merda, Ozzy está bebendo.

Do meu ponto de vista, quando você é um viciado, seu problema básico é que não consegue lidar com a realidade. Seu casamento está com problemas: você enche a cara. Está falindo: você enche a cara. Foi enganado ou traído por alguém: você enche a cara. Esse é o problema das drogas, elas proporcionam uma fuga daquilo que o está incomodando no mundo sóbrio. Ou aumentam sua confiança quando você precisa. Ou ajudam a enterrar alguma coisa obscura em seu passado.

No meu caso, é tudo isso.

Devido à minha dislexia, passei toda a infância vivendo com medo. Parece besteira agora, mas ter que se levantar e ler em sala de aula quando não conseguia entender as palavras parecia um destino pior do que a morte. Isso me deixou com uma sensação de desgraça iminente, que me seguia aonde quer que eu fosse. Andava por aí com uma nuvem negra sobre minha cabeça, esperando que o mundo acabasse. Então, depois que eu gaguejava e misturava as palavras e todos riam, o medo era substituído por uma vergonha avassaladora.

Além disso, havia a vergonha de não termos dinheiro para fazer o que outras famílias faziam. Quero dizer, meus pais se esforçavam ao máximo, cada um do seu jeito, mas sempre tivemos menos. Éramos seis filhos – eu, minhas irmãs mais velhas, Jean, Iris e Gillian, e meus irmãos mais novos, Paul e Tony –, todos amontoados em uma pequena casa geminada sem banheiro interno. Nunca tivemos um carro. Nunca saímos de férias. Você via outras crianças viajando no verão com suas mães e seus pais, e queria fazer o mesmo. E quando o caminhão de sorvete aparecia, você era a única criança cujos pais não tinham um centavo sobrando para comprar uma casquinha. É provável que isso só tenha acontecido algumas vezes, mas foi muito ruim, cara. Tudo parecia um anticlímax, até o Natal. Eu ficava todo animado com a data por semanas e, de repente, tudo acabava e você percebia que seus pais mal podiam se dar ao luxo de alimentar e vestir seis filhos, que dirá encher sua meia com presentes. Mesmo depois que comecei a ganhar dinheiro, a sensação de insegurança financeira – o medo de não conseguir pagar o aluguel, de esperar pela ordem de despejo – nunca foi embora.

Durante minha infância, a maneira como eu evitava a realidade era viver em um mundo de fantasia. Se encontrasse um pedaço de pau na rua, eu poderia desaparecer em meu mundinho pelo resto do dia. No momento em que pegava aquilo, não era um pedaço de pau, era uma arma, uma lança, tudo que eu quisesse que fosse. Sinto pena das crianças que não podem fazer isso hoje. O iPad é uma coisa incrível, mas não ajuda em nada a imaginação de uma criança.

Até onde sei, o vício não era algo que existia na minha família. Não que as pessoas da classe trabalhadora soubessem como conversar sobre esse tipo de coisa naquela época.

Meu pai bebia, mas nada fora do normal. Ele gostava da Mackeson Stout. Era uma cerveja milk stout, mais doce do que a amarga habitual. De vez em quando, ele pegava a garrafa na prateleira, tomava um uísque, se divertia um pouco, jogava sinuca. Mas eu só o vi ficar bêbado algumas poucas vezes.

Quando comecei a beber, a primeira coisa que percebi foi que isso fazia todos os sentimentos ruins desaparecerem. O mesmo com cocaína ou pílulas. Mas ninguém me alertou sobre os perigos. Não houve nenhuma conversa com minha mãe e meu pai: isso você deve fazer, isso não deve fazer. Mesmo se tivessem tentado, eu não teria ouvido. Então, aprendi nas ruas, que é uma maneira suja de aprender. Isso que me preocupa com a maconha. Agora que é legal em muitos lugares, parece ser um desastre esperando para acontecer, pois quando você começa com ela, logo quer algo mais forte. É uma droga de entrada. Ou, pelo menos, para pessoas como eu. Se bem que *qualquer coisa* é uma droga de entrada para mim.

O que não entendo é o seguinte: depois de ser bem-sucedido, quando minha vergonha e minhas preocupações desapareceram, por que bebia e me drogava cada vez mais?

Se não sei a resposta até agora, suponho que provavelmente nunca saberei.

No fim das contas, passei a maior parte de minha festa de aniversário na cozinha, dando uma olhada pela porta de vez em quando para cumprimentar os convidados. Alguns dos caras do Metallica e do Faith No More passaram por lá. Assim como meus velhos amigos Billy Idol, Slash e Marilyn Manson – e, claro, Billy Morrison, o cara que me deixou sóbrio, a quem sempre serei grato. Gostei que estivessem lá, mesmo que eu desejasse que ainda estivéssemos em outro lugar destruindo tudo.

O engraçado é que acabei conhecendo a maioria desses caras no mesmo local, o hotel Sunset Marquis, em West Hollywood. Foi estranho vê-los juntos na minha casa tantos anos depois. O

Marquis foi o centro do universo do rock 'n' roll por um tempo. De acordo com Sharon, ficamos hospedados lá uma vez quando Kelly era pequena, e ela fugiu, e quando a encontramos, estava na banheira de hidromassagem com Cyndi Lauper. Todas as crianças adoravam a Cyndi e, muitos anos depois, ela se tornou uma grande amiga da Sharon.

Esse tipo de merda acontecia o tempo todo no Marquis. Você via Keith Richards enchendo a cara no bar. Bruce Springsteen tomando café da manhã. E, de vez em quando, alguém totalmente cheirado, pulando do telhado para a piscina. Não que *eu* tenha feito isso. Flea, dos Chili Peppers, fez isso uma vez, segundo me disseram. Mas eu não estava lá para ver.

Conheci o Slash no Marquis.

Sharon havia organizado uma festa de aniversário à tarde para a Aimee – ela estava fazendo cinco anos, eu acho – e eu me lembro que Zakk Wylde estava lá. Isso foi na época em que o Zakk começou a tocar comigo, durante a turnê *No Rest For the Wicked*. Era aquele momento no qual você não podia ir a lugar algum sem ouvir "Sweet Child O' Mine" ou "Paradise City". Elas tocavam o tempo todo.

Não posso falar pelo Zakk, mas devo ter começado a beber *cedo* naquele dia – ou mesmo na noite anterior, sei lá – e continuei bebendo. E, em algum momento, ouvi dizer que Slash também estava hospedado no hotel, e coloquei na cabeça que deveríamos ir procurá-lo.

Então fomos procurar o quarto do Slash e acabamos entrando e o encontramos na cama com uma garota. Ele estava todo grogue e disse que precisava dormir um pouco mais, mas prometeu que iria nos encontrar mais tarde para um drinque. Eu não entendi. Achava que todo mundo era como eu, e passava cada hora acordada se embebedando ou se drogando, ou ambos.

Slash acabou aparecendo. Mas nesse momento, eu já tinha desmaiado e sido arrastado pelos seguranças... ou pelo menos foi o que me disseram. Quando perguntei ao Slash quando eu tinha sido levado embora, pensei que deveria ter sido bem tarde – ele disse que eram umas três horas da tarde. Eu sempre me divertia tanto com os preparativos, que acabava perdendo a porra da festa. Mas era assim que funcionava naquela época. Eu ia a um bar e voltava dois ou três dias depois. Deixava a Sharon louca.

Depois disso, nossos caminhos continuaram a se cruzar e, aos poucos, Slash se tornou um grande amigo, uma das pessoas mais gentis que já conheci. O que é estranho é que até muito recentemente, eu nunca havia encontrado Axl Rose, embora o admirasse a distância. Quando Axl canta, é impossível confundi-lo com outra pessoa.

Também convivi muito com o Metallica no Marquis. Conheci os caras durante a turnê *The Ultimate Sin*, pois Sharon os contratou como banda de abertura. Deve ter sido logo após o lançamento do *Master of Puppets*. Já naquela época era óbvio que eles eram diferenciados. O exército de seguidores que arrastavam todas as noites era inacreditável. Eles simplesmente detonavam todos os locais onde tocamos. Ao mesmo tempo, eram muito simpáticos e realistas – grandes fãs do Sabbath também, o que era muito importante para mim. O único problema é que era muito difícil tocar depois deles. Bem, isso e o fato de que James Hetfield estava sempre caindo do skate e quebrando alguma coisa, dia sim e dia não. Não que isso o tenha impedido de tocar. Ele subia lá engessado mesmo e mandava ver.

Por outro lado, nunca vi o Marilyn Manson no Marquis, provavelmente porque ele é um pouco mais jovem e eu havia voltado para a Inglaterra quando ele realmente começou a fazer sucesso. Mas devo tê-lo visto em centenas de shows ao longo dos anos.

A primeira vez que nos encontramos foi quando ele se juntou à turnê Ozzfest no final dos anos 1990. A coisa toda foi uma merda absoluta. Recebemos ameaças de bomba. Pessoas rezando do lado de fora dos locais para salvar as almas de todos que estavam dentro. Tivemos até que processar o New Jersey Sports And Exposition Authority para que um dos shows pudesse acontecer. As pessoas ficavam apavoradas com o Marilyn na época. Pensavam que ele transformaria seus filhos em serial killers. O que ele *realmente* estava fazendo era dar a eles uma fuga, uma maneira de extravasar. Isso é saudável. É *para isso* que serve o rock 'n' roll. Mas ninguém se importava com isso. Eles só queriam alguém para culpar por tudo o que achavam que estava errado no mundo.

Na época, Marilyn tinha um grande ego, o que não ajudava. Mas ele logo superou isso. Todos já passamos por isso. Qualquer um que toca tem um ego – é algo necessário, ou você não poderia subir no palco. Mas nessa indústria, você logo percebe que *não* caga cheiroso, mesmo que seus milhões de fãs digam o contrário.

Não tenho ideia do que levou Marilyn à lista dos indesejáveis nos últimos anos, porque não leio nenhuma merda publicada nos tabloides. Mas ele levou isso de *shock rock* muito mais longe do que eu jamais fiz. As coisas começaram a esquentar para ele depois do tiroteio na escola de Columbine, o que foi muito injusto. Depois veio o 11 de setembro, que fez com que o *shock rock* parecesse muito menos chocante do que antes, então explodiu a questão do MeToo. O humor do planeta tinha mudado. As pessoas se voltaram contra ele. Sinto pena dele, porque não é um cara ruim. Também descobri que ele é um pintor muito talentoso. Jack possui alguns dos seus quadros. Ele poderia ganhar a vida com isso se não fosse músico.

A questão é que nós dois andamos em uma linha tênue, e quando você se torna conhecido por fazer coisas malucas, é muito fácil ir longe demais. Ou simplesmente ficar do lado errado quando a sociedade muda. Toda geração tem alguém que desempenha esse papel.

O fato de eu e Marilyn ainda estarmos aqui para contar a história é bastante surpreendente.

Para ser justo com Sharon, ela se esforçou ao máximo para me divertir na minha festa de aniversário: contratou um grupo de circo, um anão vestido de Donald Trump que entregava bebidas e um imitador de Britney Spears chamado Derrick.

Houve momentos em que me perguntei se poderia pegar escondido alguns coquetéis da bandeja do Pequeno Trump. Mas depois do susto que meu sistema imunológico me deu e das três infecções por estafilococos, não havia como correr o risco de sair do trilho logo antes do retorno da turnê. Por isso, continuei totalmente sóbrio naquela noite.

A festa terminou com um coral cantando “Mama, I’m Coming Home” enquanto alguém trazia um bolo com meu retrato sentado em uma poltrona com fogos de artifício saindo da minha bunda. No geral, considerando o quanto eu estava ansioso com a coisa toda, foi uma noite boa. Mas mesmo durante a festa, eu continuava ansioso para voltar para a estrada e terminar o que havia começado, antes que qualquer outra coisa pudesse dar errado.

Sharon e o gerente da turnê estavam fazendo todos os tipos de negociações nos bastidores.

O próximo show da *No More Tours II* seria em Dublin, no final de janeiro, seguido por mais meia dúzia de datas em todo o Reino Unido, incluindo uma grande noite na O2, em Londres.

Depois, faríamos mais nove shows na Europa, dois na Austrália, dois na Nova Zelândia e um no Download Festival, no Japão.

Depois disso, eu terminaria a etapa norte-americana – 27 shows no total, incluindo o Madison Square Garden – e encerraria com os quatro shows que havíamos cancelado.

Só pensar em tudo isso – os voos, os quartos de hotel, os *meet-and-greet*, o medo do palco, a exaustão – era suficiente para me fazer querer dormir por um ano. Mas, ao mesmo tempo, era para fazer isso que eu tinha sido colocado neste planeta, sabe? Portanto, a verdade é que, por mais que eu provavelmente ficasse reclamando e preocupado por não conseguir lidar com tudo aquilo, não gostaria que fosse de outra forma.

Devido a todos os meus problemas de saúde, só conseguimos realizar um show antes do final de 2018: o Ozzfest no Ano Novo. Como o Ozzfest era uma coisa separada da *No More Tours II*, eu o encarei como uma espécie de teste, uma maneira de ter certeza de que ainda poderíamos detonar antes do retorno *de verdade* para a estrada. Também havia muita culpa por decepcionar as pessoas com as datas canceladas. Foi incrivelmente empolgante tocar ao vivo de novo.

Muitas pessoas não gostam de trabalhar durante o Natal e o Ano Novo. É o oposto para mim. Quando você é alcoólatra, as festas de fim de ano são, sem dúvida, as semanas mais difíceis do ano. Quero dizer, se você é um alcoólatra que ainda está bebendo, elas são incríveis, porque é uma desculpa para ficar ainda mais bêbado, sem ficarem cobrando nada de você. Antigamente, eu não esperava nem mesmo até dezembro para fazer o pedido dos barris de cerveja. Hoje em dia, tenho que passar um mês inteiro enquanto todos os outros estão tomando drinques quentes e se divertindo sob a árvore de Natal, enquanto sou torturado por "Jingle Bells" que fica tocando *sem parar*.

Era o 22º ano do Ozzfest, o que já era surpreendente – e tudo isso porque o Lollapalooza se recusou a me chamar ou qualquer outra banda de metal na programação dos anos 1990, o que deixou a Sharon tão puta que ela decidiu criar seu próprio festival. Desde então, fizemos Ozzfests em todos os lugares, do Japão ao Texas. Dessa vez, o local era mais próximo de casa, graças a Deus – o Forum, perto do aeroporto de Los Angeles.

Foi logo depois da hora do almoço que começaram a deixar os fãs entrarem. Em geral, as pessoas passam a tarde ao ar livre nos palcos menores, comendo hambúrgueres e bebendo cerveja ou qualquer outra coisa dos food trucks, depois vão assistir as atrações principais. Sharon disse que havia cerca de 15 mil pessoas presentes, o que significava ingressos esgotados.

O que sempre me impressiona quando fazemos um Ozzfest é como o "metal" tem um amplo espectro. Algumas das coisas que tocam nesses palcos ao ar livre parecem com o som de pessoas sendo *torturadas*. É demais para *mim*. Eu sinto vontade de pedir desculpas aos jovens na multidão. Mas cada um tem a sua opinião, sabe? Se você gosta de ouvir um barulho como o de alguém tendo os globos oculares removidos com uma furadeira pneumática, vá em frente, divirta-se.

A mesma coisa acontece com a moda. Especialmente tatuagens. Simplesmente não entendo mais. A grande novidade dos anos 1980 foi ter o braço todo tatuado, então parecia que você estava usando uma manga. Naquela época, isso fazia com que você parecesse meio perigoso, meio maluco. E se você fosse ainda *mais louco*, como eu, também teria um pouco de tinta no peito ou nas pernas, ou nos nós dos dedos.

Hoje em dia, ninguém se incomoda com isso. As pessoas estão tatuando o *rosto inteiro* – e depois fazem cirurgias para remover os lábios e as orelhas, para que se pareçam com alienígenas. Sempre que vejo esses caras, fico tipo... você tem merda na cabeça? Como você vai conseguir trabalho num dia que não seja Halloween? E como seu filho vai se sentir quando você estiver lendo para ele *Thomas e Seus Amigos* com uma tatuagem de caveira no rosto inteiro e sem nariz?

Isso faz com que eu me pergunte o que acontecerá quando a engenharia genética decolar. As pessoas vão andar por aí com duas cabeças e três pintos. Parecer uma aberração será tão normal que os normais se destacarão.

Sinceramente, mal posso esperar.

Dizer que eu estava nervoso antes do show da véspera de Ano Novo seria subestimar o que eu realmente sentia, para dizer o mínimo. Pra piorar, estava ficando emotivo novamente.

Então, finalmente, pouco antes da meia-noite, foi minha vez de entrar.

Bom, depois de cinquenta anos de turnês e provavelmente uns mil shows ou mais, tive bastante tempo para pensar o que faz a diferença entre um show bom e um ruim.

A primeira regra que aprendi é: nunca suba em um palco bêbado. Mesmo quando eu era um grande manguaceiro, era bastante rigoroso com relação a isso. O dia de um show era o único dia em que eu *precisava* ficar absolutamente sóbrio. O resto do tempo era meu e, durante as turnês, sempre me certificava de ter um dia de recuperação após cada show. Nas poucas vezes em que subi ao palco bêbado ou drogado, fiquei realmente desapontado comigo mesmo. Essa era a única coisa que poderia me dar um choque e me obrigar a parar com tudo por um tempo.

Uma das coisas mais tristes que já vi foi Amy Winehouse chapada no palco. Foi de partir o coração. Ela era tão talentosa, tão bonita e estava no palco gaguejando e tropeçando. Kelly era amiga dela. Ela me disse que estava usando heroína. Aqueles namorados que ficavam dando isso a ela precisavam levar uma coça. Que tragédia.

A única outra vez que vi alguém estragar um show dessa forma foi quando o Van Halen tocou no US Festival. Foi um evento de três dias em San Bernardino, na região do deserto perto de Los Angeles, organizado pelo cara da Apple, Steve Wozniak e o promotor Bill Graham, que faleceu alguns anos depois, em um acidente de helicóptero. Deve ter sido 1983. O que eu ouvi foi que o manager do Van Halen tinha negociado uma cláusula em seu contrato de que ninguém poderia ganhar mais dinheiro do que eles. Então, quando David Bowie recebeu meio milhão de dólares para ser a atração principal do evento, eles receberam o mesmo.

Pareciam crianças que tinham roubado uma loja de doces. Foi como uma grande comemoração. Eles tinham trailers, dançarinas, traficantes, o que você quiser – uma enorme festa nos bastidores. E isso durou *dias*. Quando chegou a hora dos caras tocarem, estavam totalmente fodidos. David Lee Roth estava fora de si. É uma sacanagem, na minha opinião. Nada contra o Van Halen, eles eram uma grande banda, e humilharam o Black Sabbath quando fizemos uma turnê pela Europa com eles logo antes da minha expulsão. Mas você está decepcionando os fãs se mal consegue ficar de pé.

Algumas pessoas conseguem fazer isso, é claro.

Nunca me esquecerei de ver Steve Marriott em ação no Rubber Bowl, em Akron. Não me pergunte o ano, mas estamos falando de algo que aconteceu há muito tempo. Ele tocava no

Humble Pie na época, não no Small Faces. E tinha cheirado cocaína no backstage com os caras da banda como se não houvesse amanhã. Eu fiquei ali parado, olhando para ele, pensando, certo, não é possível que esse cara cante uma nota sequer depois de colocar tanta merda no nariz. Quero dizer, para mim, uma carreira de cocaína e minhas cordas vocais ficam inutilizadas pelo resto do dia. Não conseguiria terminar o primeiro verso, quanto mais o show inteiro.

Então, fico observando Steve da lateral enquanto ele entra no palco, pega a guitarra, ajusta o microfone... Então começa a cantar como se tivesse tomado apenas um gole de chá de limão quente. O cara não desafinou nada... durante todo o show! Não conseguia acreditar naquilo. Em seguida, ele sai do palco antes do bis, caminha até o local onde um roadie montou uma mesinha com um Quaalude e outra pilha de cocaína, cheira tudo, toma o Quaalude e volta para o palco e toca não uma, mas *três* outras músicas.

Não conseguia acreditar no que tinha visto. Até hoje, nunca presenciei nada igual. O cara deveria ter algum tipo de superpoder da cocaína.

No outro extremo do espectro, existem bandas que querem tratar um show como um experimento científico. Eu conheço bandas americanas que saem do palco e vão para o fundo do ônibus de turnê e colocam uma fita do show que acabaram de fazer. Em seguida, eles ouvem tudo novamente, analisando cada nota. Eu não faria isso de jeito nenhum. Quando o show acabou, acabou. Qual é o objetivo de ficar sentado discutindo quem errou e quando? Para mim, tudo se resume a uma pergunta: *você se divertiu?* Porque se você estava se divertindo no palco, os fãs provavelmente também estavam. Mas, às vezes, acho que estou fazendo um ótimo show e me dizem depois que foi uma merda... e às vezes acho que está uma merda, e todo mundo diz que foi ótimo. Portanto, nem *sempre* é o caso. Mas em geral é verdade.

O melhor show que já fiz – na minha opinião, pelo menos – foi no festival Monsters of Rock em Castle Donington, 1984. Eu nem era a atração principal. Estava em terceiro lugar na lista, atrás do Van Halen e do AC/DC.

Na noite anterior, no hotel, eu fiquei absolutamente fora de órbita, doidaço. Estamos falando dos dias em que eu era um desastre ambulante. E um cara alemão se aproximou de mim – pode ter sido Wolf Hoffmann, do Accept, ou outro integrante da banda – e ele disse: "Ozzy, por que você fica tão louco antes do show? Você tem responsabilidade! Não quer se preparar?!".

Eu respondi: "O que você acha que estou fazendo?".

Ele só balançou a cabeça e foi embora.

Mas o fato é que tocar de ressaca depois de ter tido uma ótima noite é muito diferente de subir no palco bêbado. No dia seguinte, eu me levantei à tarde, tomei uma injeção de Decadron, subi ao palco e foi absolutamente destruidor. É a lei de Murphy. Se você se preparar demais, vai dar merda. Você improvisa – sobe ao palco com uma tremenda ressaca – e é tudo incrível.

Por falar em shows de ressaca, outro ótimo show foi o Rock in Rio um ano depois. Eu tinha acabado de sair da clínica Betty Ford, em Palm Springs, e achei que o voo para o Rio seria de apenas algumas horas. Mas depois de três horas, percebi que seriam mais ou menos nove ou dez. E, na minha cabeça, passar por isso sem beber era impossível. Na hora de aterrissar, eu estava desmaiado no corredor e Sharon ficou tão irritada comigo que estava me espetando com um garfo.

Você pode ver por si mesmo como foi o show, porque alguém colocou no YouTube. Para mim, foi quase tão bom quanto Donington. A única coisa que tirou toda a diversão foi o cheiro do lugar. Os organizadores não tinham colocado quase nenhum banheiro, então as pessoas simplesmente urinavam e cagavam onde estivessem, com aquele calor de 30 graus. E elas estavam lá há quase uma *semana*. Em algum momento, alguém jogou um frango cru em mim – como todos faziam naquela época, por algum motivo – e, quando me abaixei para pegá-lo, o fedor quase me fez desmaiar. Em condições normais, eu teria brincado um pouco com a coisa, dado uma mordida ou algo assim, mas mesmo com meu cérebro totalmente tomado pela bebida, eu pensei, porra, não, não é uma boa ideia. Um morcego vivo era uma coisa. Um frango cru sujo de merda era outra.

O Queen tocou depois de nós, e eles deviam estar com uma ressaca daquelas também.

Não que eu tenha ido a uma festa com Freddie Mercury ou algo assim. Mas ele estava hospedado na suíte logo acima da nossa, e sempre que subíamos para o nosso quarto, de dia ou de noite, o elevador estava lotado de jovens que iam até sua cobertura. O tumulto à noite era inacreditável. Quero dizer, na noite em que chegamos, eu estava completamente bêbado por causa de todas as garrafinhas que tinha bebido no avião e *ainda assim* ele me acordou. Fiquei pensando: o que ele está *fazendo* lá em cima? Batendo nas pessoas com varas? O prédio inteiro tremia.

Mas tenho que reconhecer que Freddie e os caras do Queen estavam com tudo naquela noite. Então, alguns meses depois, eles roubaram a cena no Live Aid. Não há nada igual quando essas coisas acontecem. Os deuses estavam com eles. Eles detonaram completamente com o mundo inteiro assistindo. Não tinham se preparado demais. Não estavam fodidos. Eles simplesmente subiram no palco e se divertiram muito.

Por alguma razão, o medo do palco que senti antes do Ozzfest da véspera de Ano Novo foi um dos piores da minha vida. Mas, no final, tudo acaba sendo meio automático.

Minha vida ficou passando diante de meus olhos no telão gigante acima do palco.

Carmina Burana começou a tocar.

DUH, DUH, DUH-DUH!!

DUH, DUH, DUH-DUH!!

DUH-DUH-DUDH DUUUUUUH DUUUUUH, DUH DUH!!!

E depois eu entrei, correndo de um lado para o outro do palco enquanto cantava "Bark at the Moon" como se toda a infecção por estafilococos nunca tivesse acontecido. Melhor ainda, minha velha arma de espuma tinha sido melhorada para um canhão de *neve*. Estou falando daquela coisa fria e úmida, não do pó branco que fez Geezer escrever uma letra sobre escalar montanhas na lua.

Eu me diverti muito atirando aquela coisa no público. E é claro que me sujei de neve enquanto fazia isso. Tudo derreteu sob as luzes e minha camiseta ficou encharcada com toda aquela água gelada.

Mas eu quase não notei. Estava me divertindo muito.

No entanto, houve um momento, durante o solo de bateria de Tommy, quando pensei, puta merda... que tipo de acordo devo ter feito com o demônio para ainda estar aqui fazendo isso? Quer dizer, eu era o último homem que deveria estar de pé, em vários sentidos. David Bowie se foi. George Michael se foi. Prince se foi. Tom Petty se foi. Michael Jackson se foi. Todos esses ícones, esses grandes nomes dos anos 1970 e 1980, e *eu* era o único que ainda estava fazendo turnê. Não fazia sentido para mim. Passei um tempo na prisão. Meu ônibus de turnê foi atingido pela porra de um avião. *Enquanto eu ainda estava dentro dele.* E meu guitarrista havia sido morto tragicamente. Fui acusado de tentativa de homicídio. Quebrei o pescoço e passei oito dias em coma químico, tecnicamente morto, após cair de um quadriciclo. Fui um viciado em drogas incurável e um dos maiores alcoólatras por mais de meio século.

Para mim, o maior choque foi a morte de David Bowie. Achei que ele viveria décadas a mais do que eu, ele parecia tão jovem e saudável. Fiquei arrasado quando recebi a notícia. Lembrei da ocasião em que ele gritou para mim do outro lado da rua em West Hollywood: "OZZZZYY!!!" – mas eu era tão deslumbrado que mal consegui acenar para ele. Eu estava entrando no Hugo's, para tomar café da manhã na Santa Monica Boulevard. Bowie entrou logo depois e se sentou a algumas mesas de distância. Mas, naquele momento, a coisa ficou estranha, porque não havíamos conversado nem nada. Ele ficou lendo seu jornal.

Durante anos, achei que tinha perdido minha única chance de apertar a mão dele e dizer o quanto ele era importante para mim. Mas acabamos nos cruzando novamente na cabana de madeira do AA muitos anos depois. Ele até ligou para minha casa em Los Angeles algumas vezes para falar sobre recuperação. Não faço ideia de qual foi a última coisa que disse a ele. Esse é o problema quando se é mais jovem: você jamais pensa que talvez nunca mais consiga ver ou conversar com alguém novamente.

Você apenas age como se todos fôssemos viver para sempre.

Na metade do show, paramos de tocar para assistir ao relógio no telão fazendo a contagem regressiva para a meia-noite.

DEZ... NOVE...

Enquanto eu gritava os números com a multidão, pensei que fazia a contagem regressiva para um novo começo.

... OITO... SETE...

Para o restante da minha turnê de despedida.

... SEIS... CINCO...

Para aquela residência confortável em Las Vegas de que Sharon ficava falando.

... QUATRO... TRÊS...

Mas os deuses do rock 'n' roll tinham outros planos.

... DOIS... UM.

A contagem era realmente para o...

FELIZ ANO NOVO!!!!

Fim de tudo.

5

Luzes apagadas

A gripe.

É claro que peguei a maldita gripe.

E bronquite, para completar. Com um pouco de pneumonia também.

O médico da UTI não pareceu muito feliz em me ver mais uma vez. "Sr. Osbourne, realmente *precisa* se lembrar que já está com 70 anos", disse ele. "O senhor tem certeza de que está bem agasalhado neste frio?"

"É claro que sim, doutor", falei baixinho. "Não posso me dar ao luxo de ficar doente. Voltarei à turnê em algumas semanas."

"Então o senhor está me dizendo que não ficou exposto de forma prolongada a temperaturas baixas, de jeito nenhum?", ele perguntou com um olhar cético no rosto.

"Não que eu me lembre."

O médico suspirou e coçou a cabeça. "Bem, é um mistério como sua gripe ficou tão forte."

"Oh, espere."

O médico me olhou como se quisesse fazer um buraco na parede. "Sim?", disse ele.

"Eu me molhei com o canhão de neve."

Mistério resolvido, aparentemente. Acontece que correr por um palco com uma camiseta encharcada de água fria, na véspera de Ano Novo, não é uma boa ideia, tendo 70 ou 17 anos. Mas o médico afirmou que se eu repousasse e bebesse bastante líquido, deveria estar melhor em uma semana ou dez dias, bem a tempo para a turnê. Então, voltei para casa, preparei alguns litros de chá de limão para beber, joguei uma pilha de toras no fogo e me sentei para assistir a todos os documentários sobre a Guerra do Vietnã e serial killers na Netflix até que o vírus fosse embora.

Eu estava muito puto, cara. Sempre parecia ter alguma coisa. E 2019 havia começado tão bem. Depois do Ozzfest – que tinha sido um show absolutamente incrível –, Sharon e eu tivemos alguns dias para rever velhos amigos e lembrar histórias.

Mas a coisa mais impressionante que fiz antes da gripe foi ir para a DreamWorks, em Glendale, para gravar a voz do Rei Thrash para a animação *Trolls World Tour*. Quero dizer, tudo bem, não era exatamente necessário ser o Daniel Day-Lewis para ler as duas falas que me deram. Mas o fato de um estúdio de Hollywood querer *me* escalar para esse grande sucesso foi algo que nunca imaginei. Para mim, ainda parece que foi ontem que as mesmas pessoas pensavam que eu era Satanás ou o maior inimigo da civilização ocidental, ou ambos.

Mas vamos nessa, é o que eu digo.

Se a Disney precisar de uma nova Branca de Neve, já sabe onde me encontrar.

Não importava o quanto eu descansasse ou quão bem hidratado estivesse, a gripe não ia embora. Enquanto isso, eu tomava antibióticos para tentar eliminar a bronquite e a pneumonia. Cheguei a ir para o hospital uma noite para uma consulta.

Eu estava perdendo a cabeça.

Cada dia que eu passava tremendo no sofá me aproximava da data em que a *No More Tours II* deveria reiniciar em Dublin. Eu não tocava na Irlanda desde a *The End Tour* com o Black Sabbath em 2017, e mal podia esperar para voltar lá. Se fechasse os olhos, quase poderia sentir o *gosto* de uma Guinness. Eu também estava animado para sair com meus velhos amigos do Judas Priest, que fariam a abertura do show. Entre "Diary of a Madman" e "You've Got Another Thing Comin'", seria como voltar a 1982. Nós íamos nos divertir muito.

Porém, com a contagem regressiva dos dias – e o vírus simplesmente não se tocava e dava o fora – ficou impossível ignorar a gravidade da situação. Não apenas teríamos que cancelar o show de Dublin, mas também todos os shows no Reino Unido que viriam depois.

Numa situação normal, eu teria pelo menos tentado dar as caras para os fãs. Mas entre a fadiga e a névoa cerebral da gripe, o custo dos cancelamentos, a decepção e a culpa de desapontar todo mundo – *novamente* –, eu não poderia fazer isso. "Parece que, desde outubro, tudo o que eu toco vira merda", escrevi em um comunicado que divulgamos nas redes sociais.

Fiquei tão deprimido, cara. Quando eu era mais jovem e ficava esgotado pela turnê, eu tentava *escapar* dos shows. Raspava o cabelo. Desaparecia em uma farra de dez dias. Dava entrada em uma ala psiquiátrica em algum lugar. Mas, por mais piegas que pareça, agora que eu tinha 70 anos percebi que cada show era como um presente.

A pior parte era a sensação de que o universo estava tentando me dizer algo.

Talvez eu não devesse mais fazer isso.

Talvez eu não consiga mais vivenciar algo parecido com o show de Ano Novo.

Talvez meus dias de turnê tenham acabado, e eu simplesmente ainda não saiba.

Sharon fez o possível para me convencer a sair da beira do precipício. *Qualquer pessoa* pode pegar uma gripe, disse ela. *Qualquer pessoa* pode pegar uma infecção. Apenas tive azar – duas vezes seguidas. Além do mais, ela falou, centenas de milhares de fãs já tinham comprado ingressos. Eu precisava terminar o que havia começado. Então poderia decidir o que aconteceria depois.

Mais alguns dias de ligações telefônicas frenéticas e havia um plano. Começaríamos a turnê novamente em março, o que me daria tempo suficiente para me recuperar. Em vez de tentar remarcar os shows que havíamos perdido, pulávamos direto para a Austrália, a Nova Zelândia e o Japão, seguidos pelas cerca de 27 datas restantes da etapa norte-americana, a maior parte delas no verão, diminuindo a probabilidade de eu contrair alguma coisa. Enquanto isso, Sharon encontraria uma maneira de remarcar os shows de Dublin e do Reino Unido.

Deveria ter sido tudo tranquilo.

Mas algo ainda não parecia certo.

Disse a mim mesmo que era apenas aquela sensação pesada e horrível de quando você está todo empanturrado.

Afirmar que eu não tinha grandes esperanças para fevereiro seria atenuar minhas expectativas. A essa altura, eu já tinha aprendido a esperar pelo pior. O que foi algo bom, porque foi exatamente o que fevereiro estava prestes a me dar.

Bom... por onde devo começar?

Certo.

É isso que me lembro.

Era um sábado à noite, tenho certeza. O primeiro fim de semana do mês.

Não tenho a menor ideia do que estava fazendo naquele dia, mas não deve ter sido grande coisa, porque ainda estava me sentindo bem cagado. É provável que tenha tomado um pouco de sopa no almoço, se é que comi alguma coisa. Tomei um remédio para gripe. Comecei a assistir a um documentário de guerra. Mais um pouco de remédio para gripe. Terminei o documentário de guerra. Terminei o remédio para gripe. Então, por volta da meia-noite, desliguei a televisão, peguei meu pequeno grupo de amigos de quatro patas, entrei no meu elevador particular – isso não é uma piada, minha casa *realmente* tem um elevador particular – e fui para a cama.

Sharon já estava debaixo das cobertas, se revirando, tentando dormir, com o rosto iluminado pelo telefone de vez em quando, nos momentos em que ela verificava suas mensagens de texto.

Existe uma regra para um cara de 70 anos: você nunca vai para a cama e fica lá. A cada dois minutos, seu cérebro recebe uma mensagem urgente de sua bexiga dizendo que se você não se levantar e mijar *agora mesmo*, você vai explodir. Mas é um pé no saco se levantar, então você acaba segurando mais tempo do que deveria, até que, de repente, precisa correr como o Usain Bolt até a privada.

Foi exatamente isso que aconteceu naquela noite. Eu precisava mijar, mas estava escuro como breu no quarto e minha cabeça parecia flutuar em um oceano de ranho. Então esperei... e esperei... *e esperei...* até que finalmente – *oh, puta que pariu!* – levantei da cama e cambaleei para dar aquela sacudida na velha cobra.

Ahhhhhhhhh...

Muito melhor.

Então voltei, batendo nas paredes, tateando meu caminho no escuro.

Eu poderia ter acendido as luzes, acho. Mas não queria acordar a Sharon, que a essa altura já dormia. E a menos que eu encontrasse meus óculos de leitura – uma operação complicada, já que nunca consigo me lembrar onde caralho os coloquei – eu nunca ia encontrar a lanterna do meu celular.

Mas não importa.

Encontrei meu caminho, resmungando e xingando.

Então, quando estava a alguns passos da cama, fiz o que sempre fazia.

Uiiiiiiiiiiii...

BLA-*BANG*!

"Ozzy?"

"Ozzy?? *Ozzy!!?* Que porra acabou de acontecer?"

Eu só conseguia murmurar.

A primeira coisa que senti foi uma dor incrivelmente aguda nos meus olhos.

Era Sharon, acendendo todas as luzes.

Ela estava confusa, com o cérebro ainda inicializando. Ela não conseguia me ver em lugar algum.

"Ozzy?! Ozzy, onde você está? Que cacete..."

Ela me viu.

"Oh meu Deus!"

Eu estava no chão. Nem um pouco perto de nada que se parecesse com uma cama. Até hoje não entendo como diabos fiz isso. A coisa é enorme. É como ter um tanque Sherman estacionado no meio do quarto.

Havia tanta coisa que eu queria dizer.

Como o fato de não conseguir sentir nada.

Como o fato de não conseguir me levantar.

Como o fato de não conseguir me lembrar do que havia acontecido há alguns segundos.

Como a dor ser pior do que qualquer outra coisa que já havia sentido antes.

Mas quando terminei de murmurar, eu só conseguia falar cinco palavras.

"A porra do meu pescoço!"

No momento em que caí no chão, minha mente voltou ao anos 1990, logo após a turnê *No More Tours* original.

Aos 45 anos de idade, eu tinha acabado de comprar um presente de "aposentadoria": um quadriciclo Yamaha Banshee 350. Tinha para-lamas vermelhos e aros dourados.

Eu adorava aquela coisa, cara. Era como uma bala sobre rodas. Eu poderia passar dias correndo com ele pelos 120 hectares atrás da Welders House, o antigo lar de oficiais convalescentes da Segunda Guerra Mundial que tínhamos acabado de comprar em Buckinghamshire. Passei *muitos* anos desfrutando daquele quadriciclo, a ponto de ter praticamente esquecido como era poderoso.

Então, em 8 de dezembro de 2003, eu dei uma volta enquanto filmávamos *The Osbournes*. A equipe estava reclamando sobre uma coisa ou outra, então saí correndo na frente deles, deslizando por um aterro lamacento, e na parte inferior, minhas rodas dianteiras bateram em um buraco. Mais tarde, descobri que era uma das crateras deixadas pelos pilotos da Luftwaffe que não queriam destruir Londres. Eles simplesmente esvaziavam seus compartimentos de bombas sobre os campos, faziam a volta e iam para casa.

De qualquer forma, a cratera não foi um problema. O Banshee foi construído para enfrentar esse tipo de coisa. Mas o quadriciclo tinha um design realmente estúpido para o acelerador. Não se acelerava girando o guidão. Era uma alavanca que você podia empurrar acidentalmente se a mão escorregasse. E foi exatamente o que aconteceu.

O motor fez WAAAAAAAHHH, o quadriciclo disparou por baixo de mim e me fez dar uma cambalhota no ar, enquanto eu era jogado para trás e caía de bunda na lama.

Além de me sentir um pouco tonto, eu estava bem.

Em seguida, o quadriciclo caiu em cima de mim.

Agora eu não estava mais bem.

Para encurtar a história, quando acordei, depois de oito dias em coma, tinha mais porcas e parafusos dentro de mim do que uma superloja B&Q. Os médicos do Hospital Wexham Park, em Berkshire (para onde eu havia sido transferido por via aérea), tinham feito um trabalho incrível. De alguma forma, eles consertaram meu pulmão perfurado. Salvaram um de meus braços de ser amputado depois que a artéria principal foi cortada. E reconstruíram minha clavícula com hastes, placas e parafusos.

Então, voltei para os EUA.

Alguns meses depois, um de meus médicos em Beverly Hills deu uma olhada no trabalho e assobiou entre os dentes. "Quanto custou tudo isso, na época?"

"Não foi nada."

"Haha. Tá, falando sério, quanto?"

"Bem, tivemos que pagar 50 libras pelo estacionamento", eu disse. "O que foi um pouco exagerado."

Ele não acreditou quando eu expliquei que se o trabalho é feito no NHS – até mesmo a cirurgia mais complicada, usando as mais recentes tecnologias – é o governo de Sua Majestade (como era na época) que paga.

"Vocês britânicos têm sorte", ele me disse. "Aqui, você estaria recebendo contas até o dia da sua morte."

Sharon disse que eu ainda estava com as mãos ao meu lado quando me viu todo amassado no chão. Desde o momento em que comecei a mergulhar no que achava que era a cama, até quando caí no chão, eu mantive a posição que uso para pular na cama. Eu tinha certeza que havia um colchão com travesseiros embaixo de mim. O que eu estava pensando? Por que minhas mãos estavam *ao meu lado*? Será que pensei que era o Batman ou algo assim? Sharon acha que devo ter escorregado na borda do tapete quando pulei, batendo minha cabeça na estrutura da cama ou na mesinha, indo parar no meio do chão. Não tenho ideia.

Nada disso fazia sentido. Ainda não faz.

Assim que Sharon me tocou, consegui recuperar minha voz. "Não me mova!", gritei. "Chame uma ambulância! É o meu pescoço, *eu quebrei a porra do meu pescoço!*"

Sharon não queria acreditar nisso. Mas ela conhecia meu histórico médico melhor do que ninguém. Eu estava unido por parafusos. Ou pelo menos tinha sido assim até a queda. Não precisava mais de um médico, agora era melhor um mecânico.

Os bombeiros chegaram em poucos minutos. Eram uns homens grandes. Mais de dez. Eles colocaram um daqueles aparelhos enormes em mim, do tipo que parece que você está usando o colarinho do Drácula. Então eles se reuniram ao meu redor e fizeram uma contagem regressiva a partir de três, me levantaram e me carregaram escada abaixo até uma ambulância com as luzes piscando.

Os bombeiros de Los Angeles não brincam em serviço. Eles também não dão a mínima para isso de celebridades. Se eles sabiam quem eu era, ou se importavam, não deixaram transparecer. Não que eu estivesse em condições de autografar cópias de *Paranoid*.

Então a ambulância partiu – sirene tocando, o motorista passando por todos os sinais vermelhos na Beverly Boulevard – de volta ao Cedars-Sinai, o mesmo lugar para onde eu tinha ido para operar minha mão infectada.

Mas não imaginava como aquilo ficava movimentado em um sábado à noite. Fazia sentido, eu acho. É de longe o maior hospital de Los Angeles, e Los Angeles é uma das maiores cidades do mundo. E sábado à noite é quando a merda bate no ventilador. Todos os acidentes em autoestradas. Todos os tiroteios entre gangues. Toda briga de bar. Todo acidente doméstico. Se ainda tiver pulso, vai acabar no pronto-socorro. O local era meio açougue, meio zoológico.

Agora, em minha imaginação, vi todos esses médicos de jaleco branco correndo para atender minha ambulância no momento em que ela parasse em frente ao hospital. Verificando meus sinais vitais. Fazendo perguntas. Injetando morfina.

Não quero decepcionar ninguém, mas não é assim que funciona na vida real.

Se você não estiver sangrando pelos olhos e entre a vida e a morte, você não é uma prioridade. Tudo que fizeram foi levar minha maca para um corredor e me deixar lá. Em seguida, um rapaz falou para a Sharon ir até a área da recepção, receber um tíquete com uma senha e se acomodar para uma longa espera. Enquanto isso, continuavam a entrar muitos caras cambaleando com ferimentos a bala e membros amputados, o que faz com que um pescoço quebrado pareça um pequeno inconveniente.

Não me entenda mal, não estou reclamando. Eu já tive alguns empregos difíceis antes, desde trabalhar em uma linha de montagem de buzinas de carro a matar vacas com um revólver, mas se você não é médico nem enfermeiro, não tem a menor ideia do que é fazer um turno de 12 horas em um pronto-socorro, onde cada decisão é de vida ou morte. Tenho o maior respeito por qualquer pessoa que consiga lidar com esse tipo de pressão.

Percebi pela expressão no rosto de Sharon que até *ela* tinha certeza que não conseguiria nenhum favor na emergência do Cedars. Não que isso a tenha impedido de tentar. Eu podia ouvi-la falando na área da recepção. "VOCÊ SABE QUEM É O MEU MARIDO?"

"Não, senhora", foi a resposta cansada.

"Ele é a *porra* do Ozzy Osbourne!"

"Ele poderia ser o Papai Noel, senhora. Ainda precisa esperar a vez dele."

"Ele quebrou a porra do pescoço!"

"Senhora, este é um centro de trauma de nível um. Todo mundo aqui quebrou alguma coisa."

O engraçado é que uma calma estranha tomou conta de mim enquanto esperava ali no corredor. Sou fascinado por hospitais, esses portais para o outro lado, pelos quais passamos todos os dias sem pensar. Quando era mais jovem, costumava visitar muito os hospitais durante as turnês, onde geralmente me encontrava com as tropas feridas.

Nunca me esquecerei de ter ido ao hospital militar Walter Reed em Maryland, onde eles fizeram a autópsia de John F. Kennedy. Estava cheio de jovens com olhos brilhantes e pedaços faltando, saltando pelas paredes. Era uma loucura. Se você quiser ver o que uma guerra realmente faz com as pessoas, não assista a um filme de Hollywood, dê uma olhada naquele lugar.

Lembro-me de abrir a porta de um quarto e notar que estava escuro como breu, mas eu podia ver a silhueta de um cara na cama. Eles me disseram: "Senhor, talvez seja melhor não entrar aí". Isso, é claro, me fez querer ainda mais entrar.

Eu me arrependi assim que dei uma boa olhada no cara. Metade de sua cabeça havia desaparecido, como se tivesse sido esvaziada e o orifício costurado novamente. Morte cerebral total. O pior é que ele devia ter saído do colégio há não mais do que um ou dois anos. Quando você é pai, isso o atinge em cheio. Foi muito triste, cara. Os ferimentos que algumas pessoas recebem enquanto servem seu país são um destino pior do que a morte.

Enquanto isso, na Inglaterra, quando ia visitar os soldados no hospital, eles geralmente não ficavam em um prédio especial, mas sim misturados com os pacientes comuns. Certa vez, lembro-me de ter conversado com um soldado com ferimentos horríveis causados por uma bomba na beira da estrada. Depois, passei para a cama ao lado, e o cara estava em uma situação ainda pior. Os dois braços quebrados. A perna levantada por uma dessas coisas de arame e polia. O rosto dele estava fodido de uma forma inacreditável. Fiquei preocupado que ele pudesse ter Transtorno do Estresse Pós-Traumático, mas não pude deixar de perguntar em que tipo de missão ele estava quando aquilo aconteceu.

Ele parecia confuso. "Missão?", ele perguntou.

"Sim", respondi. "Quero dizer... tudo bem se você não quiser falar sobre isso. Ou se for confidencial ou qualquer outra coisa. Só fiquei curioso."

"Oh", disse ele, parecendo atordoado por causa de todos os analgésicos. "Bem... eu caí da escada."

"Da escada?", perguntei. "O que você estava fazendo em uma escada numa zona de guerra?"

Nesse momento, um dos médicos me chamou de lado. "Sr. Osbourne, esse paciente não é soldado", ele sussurrou. "Ele caiu de uma escada enquanto pintava o galpão."

Sharon tentou mais algumas vezes o famoso "você sabe quem é meu marido?". Mas ela acabou desistindo. A essa altura, já deviam ser duas ou três da manhã. Nós dois estávamos exaustos. Para a equipe do hospital, eu era apenas uma pessoa de 70 anos com longos cabelos grisalhos, ainda de pijama, que tinha sofrido uma queda grave, mas estava em condição estável.

Em algum momento, Kelly e Aimee chegaram. Elas não conseguiam entender como uma ida ao banheiro no meio da noite me levou ao hospital... e eu não conseguia explicar, porque não tinha a menor ideia também.

Finalmente, sabe-se lá a que horas, eles encontraram um quarto para mim. Mas o médico não tinha ideia do que fazer comigo. O prontuário médico mostrando todas as cirurgias anteriores no meu pescoço estava em Wexham Park, então ele não tinha nada com o que trabalhar. Pode ter certeza que um manual completo esquemático com tamanhos de parafusos e instruções de montagem não teria feito nenhuma diferença. Quando ele me examinou na máquina de raios X, tudo o que podia ver era uma enorme massa inchada. Qualquer dano que eu tivesse sofrido estava escondido por trás daquilo.

Ao final de todo o processo, fomos informados de que o principal problema eram os hematomas e que estava tudo bem. Então me mandaram para casa com dois comprimidos de paracetamol e o número de um cirurgião de pescoço para ligar logo na segunda-feira de manhã.

Entrei lá à meia-noite em uma maca. Saí ao amanhecer em uma cadeira de rodas... embora tenha conseguido ficar de pé e ir mancando os últimos passos até o carro.

Ainda estava usando meu colar cervical de Conde Drácula. Os hematomas começavam a aparecer em meu rosto. E levava um cobertor do hospital em volta dos ombros para me manter aquecido, porque a temperatura tinha caído durante a noite e ventava muito.

Era uma cena *muito* triste.

Ainda assim, disse a mim mesmo, pelo menos eu poderia parar de me perguntar quando começaria a me sentir velho.

A resposta era mais ou menos agora.

6

Sem escolha

As enfermeiras devem ter se perguntado que merda estava acontecendo quando passavam pelo meu quarto. "Electric Avenue", de Eddy Grant, tocava no alto-falante do laptop do Jack. Sharon dançava como uma louca, cantando muito alto o refrão. Jack estava rindo, segurando o celular, gravando tudo. E eu estava apoiado em uma maca, usando o colar cervical na cabeça como se fosse um chapéu, balançando para trás e para a frente seguindo a batida... o que, acredite, é mais fácil falar do que fazer com o pescoço quebrado.

Isso ocorreu seis dias após o acidente. Sexta-feira, 8 de fevereiro, pelo menos foi o que me disseram.

Quando cheguei em casa do pronto-socorro do Cedars, eu estava muito cansado e quase não percebi o estado ruim em que me encontrava. Meu braço direito estava ficando dormente. Havia algo estranho com minhas pernas. Não conseguia ficar totalmente ereto. Quando andava, ficava todo curvado e menos estável do que o normal. Nesse ínterim, recebi ordens para não tirar o colar cervical até que um especialista desse uma boa olhada.

Sharon mandou alguém comprar um andador para que eu pudesse me mover pela casa com segurança, mas eu não estava gostando nada disso. Disse a ela que andaria com meus próprios pés nem que isso me matasse. Ela não conseguia olhar para mim. Parecia apavorada com a possibilidade de eu cair e acabar paralisado do pescoço para baixo, como Christopher Reeve.

Eu não queria acreditar que fosse tão grave. Não conseguia enfrentar a realidade.

Uma das poucas pessoas de fora da família a quem contamos sobre o acidente foi o Zakk. Afinal, ele é parte da família. Ele ficava dizendo que eu deveria ligar para um cara, o Dr. Conserta Tudo ou algo do gênero. E eu pensava: "O Zakk é um dos meus amigos mais próximos e queridos, e a primeira pessoa que eu sempre procuro quando tenho alguma dúvida sobre guitarra. Mas que merda ele *poderia* saber sobre cirurgia no pescoço?". Além disso, o Dr. Conserta Tudo parecia um daqueles caras desonestos que colocam anúncios na parte de trás dos ônibus de Los Angeles. "MACHUCADO? LIGUE PARA O DR. CONSERTA TUDO!"

"Agradeço a indicação", disse a ele, "mas vou ligar para o cara que o médico do pronto-socorro recomendou."

"Me prometa apenas uma coisa", pediu Zakk, "seja o que for que eles disserem, busque uma segunda opinião."

O problema é que eu estava tão assustado com toda essa coisa que não estava realmente ouvindo. Não queria acreditar que precisaria de outra cirurgia, para ser honesto. Em minha mente, eu ainda iria voltar para a turnê em algumas semanas.

Quando chegou a manhã de segunda-feira, Sharon ligou para o número que tinham dado no Cedars. Não sei com quem ela falou, mas disseram que precisavam me revisar imediatamente. Aparentemente, eu teria consulta com dois médicos. O primeiro era um cirurgião especializado em problemas no pescoço. O outro era especialista em doença de Parkinson. Neste ponto, devo mencionar que não achava que tinha a doença de Parkinson. Tudo o que eu sabia era que tinha essa coisa hereditária chamada síndrome parkinsoniana, que me dá tremores e rigidez muscular. Eu tomava pílulas para gerenciar esses sintomas fazia anos. Quero dizer, no fundo suponho que sabia que era uma forma de Parkinson. Mas era tão leve, que não gostava de chamá-la assim.

De qualquer forma... Lá fomos nós dirigindo até esse enorme centro médico. Era como uma minicidade de edifícios hospitalares conectados por pontes suspensas, dispostos em um quarteirão cercado por um gramado, com todos esses caminhos para os visitantes andarem.

Chuviscava quando chegamos lá – e fazia muito frio para os padrões de Los Angeles – e estava crescendo aquela horrível sensação que temos quando vamos a um lugar desconhecido para fazer alguma merda médica. De repente, não importa quem você é, quem você conhece, quanto dinheiro você tem no banco. Você se sente como um número marcado em uma pulseira.

Enquanto subíamos no elevador, me peguei lembrando de quando era criança e ia ao consultório do Dr. Rosenfield, em Aston. Ficava na esquina da Fentham Road, em frente a um açougue, bem perto do estádio do Villa. Eu odiava aquele lugar, cara. Era sombrio e escuro, e o Dr. Rosenfield cheirava a couro velho. Você só ia lá quando estava realmente fodido. A última coisa que seus pais queriam era levá-lo ao médico. Eles tentavam todo o resto primeiro – geralmente o Vick VapoRub ou aquela merda de pomada de extração tipo "pomada preta", que provavelmente é ilegal agora.

O Dr. Rosenfield também fazia visitas domiciliares. Mas se isso acontecesse, você estava basicamente morto. A única vez que ele veio a nossa casa foi quando peguei uma tosse convulsiva. Acho que tinha uns seis anos. Não havia vacina naquela época. Sempre que uma criança começava a tossir como se fosse expelir um pulmão, não dava para saber o que era. Comecei a tossir na mesma semana em que a sede da Halfords pegou fogo, o que foi um grande desastre, pois estava cheia de produtos químicos. Queimou por uma semana inteira. Todos os bombeiros das Midlands foram chamados. Meu pai disse que foi o pior incêndio que ele viu desde o fim da Blitz de Birmingham.

Minha tosse era tão forte que tive de ser mandado para um hospital especial para uma quarentena. A única coisa que me lembro é que ficava ao lado de um campo de golfe. Quando olhava pelo parapeito da janela, conseguia ver todas aquelas bolas brancas voando. Eu devia estar muito doente, pois não me lembro de ter chorado por sentir saudades da minha mãe e do meu pai. O que me lembro é de quando meu pai veio me buscar, e o cheiro dele, o alívio, foi muito bom. Depois pegamos o ônibus juntos de volta para casa, a melhor viagem de ônibus da minha vida. Fui o primeiro filho homem do meu pai, então tínhamos um vínculo especial, sabe? Ele também deve ter ficado bastante aliviado. Afinal, vinha de uma época em que *era normal* perder um ou dois filhos. Esse é um dos motivos pelos quais meus pais tiveram seis. Bem, isso e o fato de minha mãe ser católica, não que ela fosse à igreja ou nos fizesse estudar para a crisma ou algo assim.

A atitude de meu pai em relação aos médicos era que ele não queria saber deles. Não importa o que sentia, ele simplesmente sorria e aguentava. Ou pelo menos foi assim até o câncer se espalhar tanto que minha mãe teve de chamar uma ambulância. Ele sentia o mesmo em relação aos padres. Atravessava a rua se visse algum se aproximando. Na visão dele, se você se encontrasse na companhia de um padre ou de um médico, estava a um metro e meio do túmulo.

E, no final, para ele, isso acabou se tornando verdade.

Os médicos que vi eram uma dupla estranha. O cirurgião de pescoço parecia um vendedor de Range Rover com um terno brilhante, mocassins com franjas, um lenço no bolso e mãos com as unhas bem feitas. O "Dr. Sem Meias", como Sharon o chamava, porque ele nunca usava nenhuma. Enquanto isso, o cara do Parkinson parecia que tinha acabado de sair de um cruzeiro em Margaritaville. Acho que por ter crescido na Inglaterra, eu esperava ternos de tweed e sotaques elegantes. Mas em Los Angeles, vale tudo. O cara que está prestes a fazer um buraco em seu crânio pode entrar de chinelos e camiseta tie-dye do Jimmy Buffett, e ninguém dá a mínima.

Ainda assim, eles obviamente sabiam do que estavam falando.

Contei a eles sobre o acidente com o quadriciclo em 2003, como eu era metade homem, metade rebite. Contei que havia mergulhado na cama com as luzes apagadas e errado. Contei sobre minha noite inteira na emergência do Cedars.

Depois de muitos "hums" e "hãs", cada um perguntou se poderia dar uma olhada. Então, tirei meu colar cervical e eles tocaram bastante a área do pescoço e dos ombros para ver se conseguiam dizer que tipo de dano havia acontecido. Doeu muito em alguns lugares quando eles cutucaram, mas, fora isso, não foi tão ruim... embora meu vício já estivesse sussurrando em meu ouvido, dizendo que esse seria um ótimo momento para conseguir algumas pílulas deliciosas.

"Bem", disse o Dr. Sem Meias, "parece que você deslocou alguns dos parafusos de metal que foram colocados na sua clavícula há 15 anos. Podemos cuidar disso imediatamente. É um procedimento ambulatorial. Muito simples. Mas ainda está muito inchado para saber o que está acontecendo com seu pescoço. E precisamos ser *extremamente* cautelosos com uma lesão como esta."

Sharon me lançou um de seus olhares de "eu te disse".

"Como assim?", perguntei.

"Bem, para começar, precisamos colocá-lo na UTI *agora mesmo*", disse ele. "Com uma lesão dessa natureza, o maior risco é piorar a situação. Quando você estiver na UTI, podemos monitorar o inchaço com segurança até que ele desapareça o suficiente para fazer um exame de ressonância magnética. Depois disso, podemos nos reunir, ver o que está acontecendo e avaliar que tipo de cirurgia na coluna que você precisará."

"*Cirurgia na coluna*?!", eu gaguejei. "Quem falou em *cirurgia na coluna*?"

"Bem, como tenho certeza de que o senhor já sabe, Sr. Osbourne, seu pescoço é composto pelas sete vértebras superiores de sua coluna vertebral – nós as chamamos de C1 a C7", explicou. "E é muito provável que o senhor tenha danificado mais de uma."

Não queria ouvir aquilo. Quero dizer, eu sabia que a queda tinha sido séria. Mas tinha conseguido me convencer de que não era tão ruim assim. Certamente não era ruim o suficiente para uma cirurgia na coluna. "Não posso simplesmente ir para casa? Ver como me sentirei em alguns dias?", perguntei.

Houve um silêncio constrangedor enquanto o médico fazia uma careta e olhava para o chão. Sharon não estava me ajudando. Caralho, pensei, não tem como sair dessa. Vou passar os próximos dias, sabe Deus quanto tempo, na cama com um tubo enfiado na bunda, comendo comida de hospital, até que eles me digam que estou pronto para o exame.

E depois disso?

Sinceramente, eu nem queria saber.

Além de ter ficado bastante entediado, não me lembro de muita coisa sobre o resto da semana. A cirurgia na clavícula foi feita no mesmo dia em que fui ao hospital. Um ou dois dias depois, as crianças vieram nos visitar, o que foi uma boa distração. Zakk também apareceu com sua adorável esposa Barbaranne. Ele me disse novamente para buscar uma segunda opinião, e eu pensei, *segunda opinião sobre o quê*? Os médicos não me disseram nada, só me mandaram ficar na cama.

Na sexta-feira, já me sentia muito melhor. Os hematomas em meus ombros estavam sumindo. Meu braço direito estava um pouco menos dormente, embora eu ainda tivesse uma capacidade muito limitada de movimento. Eu estava desesperado para sair da cama e começar a andar novamente. Mas os médicos disseram que era preciso fazer o exame de ressonância magnética primeiro. A boa notícia é que eu estava finalmente pronto para isso.

As ressonâncias magnéticas são coisas estranhas. Você se deita sobre uma cama de bronzeamento, que rola para dentro de um tubo brilhante com um enorme ímã ao redor. Muitas pessoas se assustam pela claustrofobia, então eles dão um botão de pânico para apertar caso fique insuportável. Mas se você apertar, bagunça tudo, o que significa que eles precisam começar de novo. Portanto, é melhor ficar ali quieto. Para mim, a maior preocupação era todo o metal em meu ombro. Se algum dos parafusos fosse feito de aço, o ímã o arrancaria de mim. Eu entraria lá inteiro e sairia em um balde. Mas o técnico da ressonância magnética garantiu que os implantes são feitos de titânio, que não é magnético exatamente por isso. Até mesmo os que foram instalados há 15 anos pelo NHS.

Ainda assim, prendi a respiração – e todo o resto – quando ele pressionou o grande botão de ligar.

Fiquei no tubo por tanto tempo que comecei a achar que eles deviam ter saído para almoçar. Mas então alguém veio, me tirou e me levou de volta para meu quarto para esperar que o Dr. Sem Meias me dissesse o que estava acontecendo.

Como me sentia muito melhor, meio que esperava que ele dissesse, na verdade, "seu pescoço está se recuperando muito bem, Sr. Osbourne, tudo o que você precisa é de um pouco de fisioterapia, então pode voltar à turnê. Ah, e aqui está um frasco de Vicodin..."

Mas não. Não tive essa sorte aquele dia.

Ou semana.

Ou ano.

"Gostaria de ter notícias melhores", afirmou o médico, com uma expressão de pesar no rosto.

Oh, Deus, pensei. *Lá vamos nós...*

"É com isso que estou mais preocupado", disse ele, me entregando uma imagem em preto e branco do que devia ser a parte de trás da minha cabeça. Parecia apenas um monte de borrões para mim. Então ele apontou para uma área e me disse que eu não tinha fluido espinhal entre cinco de minhas vértebras logo abaixo de meu crânio. "Deveria estar fluindo livremente entre elas", disse. Mas o impacto da queda comprimiu minha coluna ou a fodeu de alguma forma – eu não faço ideia de qual é o termo técnico exato para isso –, e havia bloqueado. Sem o fluido, explicou ele, minha medula espinhal e o cérebro não tinham proteção. O que era uma notícia muito ruim, de acordo com ele.

"Então, qual é o plano?", perguntou Sharon. "Como podemos fazer para que isso volte a fluir?"

"Bem, hã... há algumas opções", falou o médico, que, aos meus ouvidos, soou suspeitosamente como "não tenho nenhuma ideia". Então ele disse que a única maneira de saber *exatamente* o que ele precisava fazer era "entrar lá e dar uma olhada".

"Entrar lá... *como*?", indagou Sharon. Percebi que ela estava começando a ficar irritada.

"Bem, fazemos uma incisão na garganta..."

"GARGANTA?! Ele é um *cantor*, porra! E se você acertar uma das cordas vocais dele? Ele nunca mais cant..."

"Sra. Osbourne", interrompeu o médico com uma voz firme, "não existe cirurgia isenta de riscos. Mas sem o fluido espinhal entre essas cinco vértebras no pescoço de seu marido, ele está a apenas um tropeção de ficar paralisado do pescoço para baixo."

Tudo aconteceu muito rapidamente.

A pior parte da reunião com o médico foi olhar para Sharon e ver o medo em seu rosto. Ela nunca demonstra medo facilmente. É uma guerreira, a minha Sharon. Quero dizer, nós dois sabíamos o quanto uma lesão no pescoço poderia ser perigosa. Mas ninguém tinha mencionado nada sobre nunca mais andar, ou uma cirurgia que pudesse afetar a minha voz. Eram coisas demais para absorver. No momento em que o cara disse isso, eu me senti como se estivesse em uma daquelas cenas de filme em que o som é cortado e tudo o que você ouve é um gemido agudo.

Quando me dei conta, o médico estava explicando que havia *outra* maneira de fazer a cirurgia, mas que envolvia todos os tipos de outras possíveis complicações. Em vez de fazer a incisão em minha garganta, eles poderiam ir pela parte de trás do pescoço. Quanto às complicações, não entendi nenhuma delas, porque minha mente estava muito acelerada. Tudo que me lembro é da Sharon perguntando quando ele gostaria de fazer a operação, e o cara olhando para o relógio. "Podemos ter o centro cirúrgico pronto em uma hora", disse ele.

Nem me lembro se conversamos sobre isso depois que ele saiu do quarto. Afinal, o que há para dizer? Não tinha como eu me dar alta e sair andando por aí sem fluido espinhal no pescoço. Seria como dirigir um carro com rodas de madeira, com meu cérebro no maldito assento do passageiro. Se eu tropeçasse ou escorregasse, jantaria por meio de um canudo e cagaria em um saco pelo resto da vida. Em comparação com isso, o risco de lesões na cirurgia da coluna parecia não ser nada. Especialmente porque eles poderiam entrar pela parte de trás do meu pescoço em vez de abrir um buraco na minha garganta.

Embora o médico tenha dito que não sabia *exatamente* o que ele precisaria fazer depois de me abrir, tinha uma ideia geral. O principal era ampliar a área ao redor da minha coluna vertebral, disse ele – aparentemente havia uma ferramenta especial para isso –, o que permitiria que o líquido espinhal voltasse a fluir. O procedimento levaria cerca de duas horas, com uma semana no hospital para me recuperar.

Veja, não é algo tão difícil assim, disse a mim mesmo. *Além disso, ele provavelmente faz isso o tempo todo.*

No fundo da minha mente, suponho, eu também estava pensando que a cirurgia dificilmente poderia ser pior do que a realizada após meu acidente de quadriciclo. Quero dizer, eu fiquei tecnicamente morto – ou em um coma químico – por oito dias. Tive oito costelas fraturadas. Um pulmão perfurado. Minha clavícula quebrou tão feio que havia rompido a artéria principal do meu braço, cortando o suprimento de sangue até o ponto em que eu quase perdi o braço.

Mas o NHS havia me curado, sem nenhum problema. E quando acordei do coma, eles me deram um pouco de um suco feliz para ajudar a aliviar a dor e eu estava pronto. Até saí antes, embora eles quisessem que eu ficasse.

Tudo bem, fiquei dolorido por um tempo. E tive que ser cuidadoso por alguns meses para não quebrar nada novamente. Mas a recuperação foi algo temporário. Portanto, em minha mente, eu poderia facilmente lidar com uma cirurgia na coluna, mesmo que agora tivesse 70 anos. Na verdade, eu estava me sentindo tão confiante que quase chamei o Dr. Sem Meias de volta e disse para se apressar e fazer logo a coisa.

Enquanto as enfermeiras preparavam a sala de cirurgia, Jack foi até o hospital para tentar nos animar. Ele é um cara legal, o Jack. Nós nos divertimos muito juntos nesses anos, inclusive viajando pelo mundo por três temporadas de nosso programa de TV, *Ozzy & Jack's World Detour*. Kelly é muito parecida comigo, mas Jack parece mais com a mãe. Ele teve problemas com drogas quando tinha 17 anos, mas está sóbrio desde então. Eu o admiro muito por isso. Gostaria de ser tão forte. Ele é bom nos negócios também. Acima de tudo, porém, é simplesmente uma ótima companhia, e sempre me faz rir. Que foi exatamente o que ele começou a fazer, carregando um aplicativo de música no seu laptop e começando uma festa.

Os olhares que recebemos através da porta aberta não tinham preço, cara.

É engraçado, as pessoas pensam que, por ser o Príncipe das Trevas, devo ouvir só música de órgão enquanto estou pendurado de cabeça para baixo no teto ou algo assim. Mas adoro todo tipo de música. Quando jovem, era louco pelos Beatles. Descobrir a música deles foi como se eu tivesse ido para a cama em um mundo preto e branco e acordado em outro colorido. Nada voltou a ser como antes. Eu costumava carregar minha cópia de *Please Please Me* para onde quer que eu fosse. Até fantasiei que uma de minhas irmãs se casaria com Paul McCartney. Quando se trata de melodias, ninguém nunca chegou nem *perto* dos Beatles. Isso inclui as linhas de baixo de McCartney. São tão divertidas e inteligentes que são como uma segunda melodia escondida em cada música.

Mais tarde, logo após terminarmos o primeiro álbum do Sabbath, fiquei obcecado com o Elton John. Eu voltava para casa depois de cantar sobre Satanás e bruxas, e ficava ouvindo "Your Song" com os olhos cheios de lágrimas. Adorei o disco inteiro, cara.

Nos anos 1980, o álbum que não conseguia parar de ouvir era *So*, de Peter Gabriel. Não há uma única faixa ruim. "In Your Eyes". "Red Rain". "Mercy Street". Elas soam tão inovadoras hoje quanto naquela época. Durante um ano inteiro após o lançamento, eu o tocava em todos os lugares que ia. Tornou-se um problema, na verdade, porque foi na época em que eu estava lutando contra todos esses processos judiciais sobre mensagens subliminares, e eu tinha um segurança ao meu lado a cada segundo do dia. Ele não gostava nem um pouco de Peter Gabriel. Simplesmente não era a praia dele, sabe? Mas ele não tinha como escapar. Quando minha fita cassete se desgastou, o pobre coitado teve que ir comigo comprar o CD. Eu ouvia o dia inteiro no ônibus de turnê. Ouvia a noite toda no hotel em que estivéssemos hospedados. Se estivesse perto de uma piscina, colocava minha caixa de som no máximo. E em todos os outros momentos – exceto quando estava no palco – eu ficava cantando uma das músicas o mais alto possível. Chegou a um ponto em que o cara não conseguia aguentar mais. Esse disco o quebrou.

Ele teve que tirar uma folga, só para poder passar um dia sem ouvir "Sledgehammer".

E, por acaso, no dia do seu retorno – depois do tempo que ele levou para fazer um detox de Peter Gabriel e tirar o álbum da cabeça – eu estava hospedado em um hotel em Midtown Manhattan. Então, naquela manhã, ele me encontra em minha suíte, entra no elevador comigo e eu aperto o botão para o térreo. E quando começa a descer, vejo que ele soltou um enorme suspiro de alívio, porque não estou cantando ou tocando nada do *So*. Ele está tipo, obrigado Deus, o feitiço foi quebrado.

Então, o elevador para no nível do mezanino. As portas se abrem. E um cara entra.

É a porra do Peter Gabriel.

Não conseguia acreditar na minha sorte. Eu digo: "Ah, tenho que falar, Peter, eu amo muito seu álbum, ele realmente é uma obra-prima absoluta, só o fato de vê-lo aqui em pessoa já me dá vontade de ouvi-lo mais mil vezes".

Ele foi muito gentil. Antes de sair, perguntei quanto tempo havia demorado para fazer o disco, e ele disse: "Oh, muito tempo... pelo menos uns três meses". E eu falei: "Porra, se eu tentasse fazer esse álbum assim, ele me levaria trinta anos". Então nos despedimos e ele foi embora. Quando olhei em volta, o segurança estava no canto, tremendo e suando. Acho que o cara não aguentou o resto do dia.

Eu também adorava Phil Collins, é claro. Ainda adoro. Sempre que ouço "In the Air Tonight", sinto um arrepio pela espinha. Aquela virada de bateria... puta merda, cara. Deve ser um dos melhores momentos de qualquer música. Também conheci o Phil, mas não em um elevador. Ele era o baterista da banda montada para a Festa no Palácio para celebrar o Jubileu de Ouro da Rainha. Eu estava muito nervoso, porque pensei que minha voz fosse falhar – e Sua Majestade não acharia graça se eu falhasse no meio de "Paranoid". Mas Phil me colocou em contato com o cara que cuidava de sua voz, e ele me ajudou. Fiquei tão grato a Phil que enviei um grande agradecimento a ele. Então, quando o encontrei mais tarde em Las Vegas para um programa da VH1, um dos caras do tapete vermelho pediu uma foto de nós dois. Eu disse: "Pergunte ao Phil". Quando ele viu que era eu, disse: "Pode tirar", e me deu um grande abraço. Eu adoro essa foto.

É engraçado – quando olho para trás e vejo todos os discos em que me viciei ao longo dos anos, muitos deles são pop ou eletrônicos. Eu adorava todos os álbuns do Kraftwerk. "Rock Me Amadeus" de Falco – incrível. O *1999* de Prince é outro disco excelente. E, claro, Eddy Grant arrasou com "Electric Avenue".

O único tipo de música que não me anima muito é o hip-hop. Quero dizer, é música... ou é poesia? Nunca consegui saber. Depois de ouvir uma música, você já ouviu todas, na minha opinião. Mas *tentei* entender. Na verdade, em 2001, recebi uma ligação de Busta Rhymes dizendo que queria fazer um cover de "Iron Man" e pedindo para que eu cantasse. Fiquei feliz em tentar. Se isso significasse apresentar o Black Sabbath a mais pessoas, estava tudo bem para mim – e o rap e o metal sempre andaram juntos de uma forma estranha. Então ele me dá um endereço em Manhattan, me diz para ir lá no dia tal e tal, e diz que faremos os vocais juntos.

Quando cheguei lá, não consegui entrar pela porta. Havia uma barricada por dentro ou algo assim. Então, liguei para a Sharon e ela disse: "Sim, Busta diz que você tem que bater muito forte". Assim, lá estou eu numa calçada em Nova York, batendo nessa porta até que alguém abre um daqueles buraquinhos e uma voz do outro lado pergunta: "Quem está aí?". E eu respondo: "É o Ozzy".

"Que Ozzy?"

"Ozzy Osbourne, porra. Quem caralhos você acha que seria?"

"Ah. Certo." A porta se abre e um cara está de pé lá, armado. Enquanto isso, há dois caras atrás dele, e eles também estão armados. E eu penso: puta merda, eu deveria ter sido um pouco mais educado. De qualquer forma... era um daqueles prédios só com escadas, sem elevador, e o estúdio ficava no último andar. Quando cheguei lá em cima, parecia que tinha corrido dez maratonas.

No início, éramos apenas eu, Busta e um engenheiro de som. Eles foram muito simpáticos e respeitosos. Mas antes de rodar a fita para o primeiro *take*, eles me dão uma cópia impressa da letra. Eu disse, pessoal, canto "Iron Man" desde antes do nascimento de qualquer um de vocês, acho que conheço a letra.

"Ah, eu reescrevi", diz Busta.

"Certo", falo, um pouco confuso. Ninguém havia me falado sobre isso. "Então, qual é o tema agora?"

"Lealdade... e vingança."

"Mas as pessoas não vão achar que uma música chamada 'Iron Man' fale de um cara feito de ferro?"

"Sim. É por isso que vou mudar o título também."

"*O quê?*"

"Vou chamá-la de 'This Means War'."

"Então, para que você precisa de mim, caralho?"

"Para cantar o refrão. Mesma melodia, letra diferente. Confie em mim, cara, vai ficar legal."

Não demorou muito para terminar. Após a última versão, eu me lembro de olhar pela janela da sala de controle e não conseguia acreditar em meus olhos. O estúdio estava vazio quando entrei. Agora havia umas trezentas pessoas lá dentro, todas com uns baseados enormes. Eu pensei em ficar por ali e fumar um pouco, mas havia armas suficientes na sala para iniciar a Terceira Guerra Mundial, e isso estava me deixando nervoso. Então, desci os quinhentos lances de escada e voltei para meu quarto de hotel.

Quanto à música, ela acabou se chamando "Iron Man: This Means War (feat. Ozzy Osbourne)".

É uma das poucas faixas de hip-hop que gosto, na verdade.

Mas não tem nada a ver com a versão original.

Nossa festa terminou logo com Sharon e Jack sendo expulsos do quarto. Então chegou a hora de outro tipo de festa começar: as enfermeiras colocando propofol no intravenoso para me deixar inconsciente para a cirurgia.

Estaria mentindo se dissesse que não estava esperando por essa parte.

É uma coisa incrível, o propofol. No auge de meus dias de alcoólatra, eu tomei uma vez para uma cirurgia no dedo do pé. É como estar morto. Em um momento, você está pensando, eu queria saber quando eles vão me dar o... então ZONK, você desmaia.

Mas tenho que dizer que o propofol é uma das poucas drogas que *nunca* tomei por prazer. Há algumas coisas com que não se pode simplesmente brincar. O fato de que Michael Jackson costumava tomar todas as noites para dormir é absolutamente insano para mim. Ele chamava de seu "leite", aparentemente. Disseram que ele tomou isso todas as noites por dez anos até que finalmente o matou. O médico que dava a droga foi pouco punido, em minha opinião. Quero dizer, tudo bem, ele era um cardiologista ou algo assim, mas não era anestesista. Estava totalmente fora de sua área. Seria como se você ou eu tivéssemos dado a coisa para ele. Só que se eu tivesse matado o Rei do Pop, eu teria ido em cana para sempre.

De qualquer forma... enquanto esperava que a coisa entrasse em ação, eles destravaram as rodas da minha maca e começaram a me tirar do quarto para irmos à sala de cirurgia.

Sharon e Jack estavam me esperando do lado de fora. Jack filmava com seu telefone.

"Vejo vocês em algumas horas", eu disse, mostrando o polegar para cima e um grande sorriso para a câmera.

"O Zakk ligou", disse Sharon, dando um beijo na minha testa. "Eu falei que você ligaria para ele depois."

"Estamos prontos", disse uma voz vinda de algum lugar.

Um pensamento surgiu em minha cabeça sobre Zakk. Ele não disse que eu deveria buscar uma...

ZONK.

Duas horas depois...

Dois dias depois...

Duas semanas depois…

Mais uma semana depois…

7

Mantendo a cabeça erguida

Acordei desesperado para mijar.

Não tinha ideia de que hora do dia era. Nem quanto tempo fiquei anestesiado. Tampouco sabia se conseguiram consertar meu pescoço ou não. Não vi Sharon ou Jack em lugar algum, mas imaginei que ainda estavam me esperando do lado de fora, no corredor.

Tudo o que me lembro é de tentar chamar a atenção da enfermeira do outro lado da sala. Ela estava inclinada sobre uma pequena pia com água corrente. Mas eu tinha dificuldades para falar. Minha boca estava seca. Os músculos da minha garganta não estavam funcionando direito. Meu cérebro estava todo confuso. Deve ter sido o "leite" do Jackson, pensei. Enquanto isso, meu braço direito estava tão dormente que quase não o sentia. Também não conseguia me sentar corretamente, por mais que me esforçasse. E o novo colar do Conde Drácula que eles colocaram estava tão apertado que parecia que meu pescoço estava preso em um bloco de concreto.

Eu teria entrado em pânico, mas não tinha energia para isso. Nunca me senti tão exausto em minha vida.

Por fim, consegui gemer alto o suficiente para a enfermeira se virar.

"Oh, Sr. Osbourne, está acordado", disse ela, antes de vir até mim, molhando meus lábios e me dando um copo de água. "Como se sente hoje?"

"Onde está a latrina?", perguntei.

"Latrina?"

Esqueci que estava nos Estados Unidos. "O toalete", eu disse. "Banheiro."

"Está sentindo vontade de ir?", ela perguntou. "Ah, isso é *ótimo*. Gostaria que eu trouxesse um urinol ou prefere o cateter? Ele está sendo limpo no momento, mas posso colocar um novo imediatamente."

"Eu só quero mijar!", disse a ela. Não sabia por que era tão difícil entender.

"Vou pegar um urinol."

Naquele momento, fiquei tão frustrado que tentei levantar da cama. O que foi um problema... porque minhas pernas não funcionavam. Estavam quase tão dormentes quanto meu braço.

Foi então que o pânico começou. Eu me lembro apenas de estar deitado ali, paralisado, com o coração subitamente acelerado, pensando: *que merda aconteceu comigo?*

Na época eu não sabia, mas fiquei em situação crítica por algumas semanas. Depois de deixar a sala de cirurgia, eles me levaram para a UTI, mas minha condição ia piorando cada vez mais.

A cirurgia havia se prolongado por muito mais tempo do que o previsto, Sharon me contou mais tarde. Cinco horas, disse ela, não as duas esperadas. O médico havia entrado pela nuca, como ele explicou que faria, para não correr o risco de danificar minhas cordas vocais. Mas o que eu não percebi é que, para chegar à minha coluna vertebral, ele tinha que passar pelos músculos do pescoço – aqueles que sustentam a cabeça e permitem que você a mova de um lado para o outro. São como um aglomerado de elásticos, esses músculos, ou foi assim que me explicaram. Alguns ele podia simplesmente deixar de lado enquanto trabalhava. Outros ele teve que cortar. Isso significava que teria que costurá-los e reuni-los no final.

A boa notícia, aparentemente, é que o Dr. Sem Meias conseguiu que meu fluido espinhal voltasse a fluir – esculpindo minha coluna vertebral para criar um pouco mais de espaço. Mas então ele deu um passo adiante e colocou duas placas de metal na minha coluna, mantendo-as no lugar com parafusos em ambos os lados. E isso além de todas as hastes, as placas e os parafusos que o NHS já havia colocado lá. Eu tinha tanto metal dentro de mim, pensei, que não precisaria ser enterrado quando morresse – o agente funerário poderia simplesmente me mandar para a reciclagem.

O que o médico fez... meu corpo não aguentou. Após a cirurgia, eu deveria começar minha recuperação. Em vez disso, acabei num respirador. E, é claro, ficar na UTI por tanto tempo causou todos os tipos de outros problemas. Depois de algumas semanas, meus músculos começaram a se atrofiar. É por isso que minhas pernas não estavam funcionando quando acordei. Eu também desenvolvi coágulos sanguíneos, que podem ser fatais se forem parar nos pulmões. Então, eles me deram pílulas para os coágulos sanguíneos. Mas os comprimidos fizeram com que meus pulmões se enchessem de líquido. Portanto, isso significava diuréticos e terapia com oxigênio. Em um determinado momento, eu estava tomando 64 medicamentos diferentes todos os dias. Nunca havia tomado tantas drogas em minha vida, o que é algo fodido de dizer. E, é claro, os medicamentos acabavam interagindo uns com os outros, causando outros problemas, então esses outros problemas precisavam ser tratados.

Foi um efeito dominó. Uma coisa após a outra e depois outra. Enquanto isso, meu pescoço estava tão inchado que o médico não conseguia nem ver se a cirurgia havia funcionado.

De acordo com Sharon, uma das únicas coisas que eu disse a ela nos primeiros dias após a operação era que tinha recebido a visita do Elvis. Ela não deu muita bola. Achou que eu estava me referindo ao meu cachorro Elvis. Fazia sentido que Jack o tivesse trazido para cá. Quero dizer, amo meus amigos de quatro patas – Elvis, Pickles, Wesley e, é claro, meu favorito, Rocky, que Deus o tenha. Mas, depois que mencionei mais algumas vezes, ela começou a desconfiar.

"Ozzy, por que você fica falando do Elvis?", ela perguntou.

"Ele veio me ver."

"Está dizendo que Jack o trouxe?"

"Não, não... ele veio sozinho", eu disse. "Como o Jack conheceria o Elvis?"

"Estamos falando do *cachorro*... não é?"

"Que cachorro?"

"Oh, Deus!"

"Foi muito gentil da parte dele me visitar", eu falei.

"Sim, foi. *Muito* gentil da parte dele. Especialmente porque ele está morto há 42 anos."

Por que eu estava pensando em Elvis, não faço ideia. Eu nem tinha sido um grande fã ou algo parecido. Quando ele fez sucesso com "Heartbreak Hotel", eu era jovem demais para curtir. Os garotos que eram cinco ou seis anos mais velhos do que eu ficaram loucos por ele. Dito isso, lembro-me de minha mãe me levando para ver *Jailhouse Rock* no cinema Orient quando tinha nove ou dez anos. Depois, na primeira turnê do Sabbath pelos EUA – no final de novembro de 1970 – tocamos quatro noites no Whisky a Go Go, em Los Angeles, ao mesmo tempo em que ele fez seu show de retorno no Forum. Seria a primeira apresentação dele em Los Angeles em 13 anos, a imprensa estava dizendo, porque ele passou os anos 1960 fazendo filmes. Portanto, eu, Tony, Geezer e Bill não resistimos a conseguir ingressos e ir até lá para dar uma olhada, é claro.

Depois das atrações de abertura, eu me lembro que a banda começou a tocar.

Primeiro a guitarra.

Depois, a bateria.

Em seguida, as backing vocals entraram dançando.

E isso continuou, e continuou... *e continuou*...

Estávamos todos olhando uns para os outros, pensando, certo, então quando...

YYYYEEEEEEAAAAAAAAAAEEAARAAAAAGGGGGGGGGGGGGHHHHHHHHHHHHHHH!!!!!!

A multidão quase arrebentou o teto do local quando essa figura distante apareceu usando um macacão branco com franjas.

Estávamos sentados tão atrás que ele poderia ter sido um imitador que não íamos saber. Mal conseguíamos enxergar suas costeletas. No entanto, ele sabia todos os movimentos. O giro do quadril. A tremida da perna. Aquele golpe de karatê que ele fazia, terminando em um joelho. Em um momento ele caiu e se deitou de costas no meio do palco como se estivesse exausto demais para continuar, então pulou de volta, a orquestra entrou e ele cantou "Love Me Tender".

Parecia que tinha acabado de começar quando deu o fora de novo. Não deve ter ficado no palco por muito mais do que 45 minutos. Foi inacreditável. Claro que a banda continuou tocando mesmo depois que ele foi embora. Então alguns minutos depois, pelo sistema de som, ouvimos "Senhoras e senhores... *Elvis deixou o prédio*" e todo mundo foi à loucura novamente.

O que fez tudo valer a pena, honestamente, foi o baterista. Disseram-me que o nome dele era Ronnie Tutt. Ele deveria ter trinta e poucos anos na época, portanto, uns bons dez anos mais velho do que nós. Incrível pra caralho. Se ele não estivesse tocando "Polk Salad Annie", poderia estar detonando em uma banda de metal.

Assim que parei de ter alucinações na UTI, passei a ficar incrivelmente paranoico. Embora eu conseguisse sentir um pouco das minhas pernas, elas ficavam frias do nada – como se estivessem *congelando* –, o que estava me assustando muito. Além disso, meu braço direito estava tão dormente que quase não conseguia usá-lo. Eu tinha certeza de que o Dr. Sem Meias havia errado alguma coisa na sala de cirurgia, e eu estava em meu leito de morte.

"Se a cirurgia foi tão bem-sucedida, por que não consigo sentir minhas pernas?", eu ficava perguntando para a Sharon.

"Porque você está na cama há muito tempo", ela respondia. "Você precisa dar tempo ao tempo. O médico disse..."

"Eles fizeram merda, não foi? *Apenas me diga!* O que aconteceu? *O que eles fizeram?*"

"Ozzy! Este é um longo caminho, você não pode apenas..."

"Estou morrendo, não estou? Por que simplesmente não *me conta*? Se vou ficar preso nesta cama pelo resto de minha vida, quero que desligue a porra da máquina!"

"Ozzy, pare! *Apenas pare.*"

O problema é que não havia nada que Sharon ou qualquer outra pessoa pudesse dizer que me faria acreditar neles. Eu pressionei tanto a Sharon que algumas vezes nós dois acabamos chorando, até que finalmente percebi que precisava relaxar.

Enquanto isso, havia um elefante na sala sobre o qual ninguém queria falar. Além da família e dos amigos íntimos – incluindo Zakk e os outros caras da minha banda – ninguém sabia sobre minha queda ou a cirurgia na coluna. A única coisa que dissemos publicamente foi que eu tinha pegado uma gripe. Talvez tivéssemos mencionado também a bronquite e a pneumonia, não me lembro. Mas isso tinha sido em janeiro. Agora era março, e a *No More Tours II* deveria estar recomeçando. Mas isso não ia acontecer nem fodendo. Nem agora nem no próximo mês, talvez nem naquele ano. Talvez *nunca*, se eu fosse honesto comigo mesmo.

"As pessoas querem saber", disse Sharon. "Elas não estão acreditando que você está apenas gripado. Se você entrar no Reddit, já foi encontrado morto pelo menos seis vezes até agora. Precisamos fazer um comunicado. Não precisamos entrar em detalhes, mas devemos deixar claro que a turnê foi cancelada."

"Não vamos cancelar nada", afirmei.

"Ozzy..."

"Vou terminar essa maldita turnê nem que isso me mate!!!" Eu não pretendia gritar. Mas, de repente, senti muita raiva, cara. Desde que superei a estúpida infecção na unha, tinha sido um passo à frente, oito passos para trás. Eu não queria estar em uma cama hospitalar. Queria poder mijar sozinho. Queria minha vida de volta.

"A turnê quase *te matou*", lembrou-me Sharon.

"Bem, ainda estou aqui, não estou?", disse, e não tenho vergonha de dizer que tive que enxugar uma lágrima.

Estar doente mexe com você, cara. Você acha que é forte até o momento em que se quebra.

Foi então que me lembrei do que eu queria dizer antes de entrar na sala de cirurgia.

"Por que não ouvimos o Zakk?", perguntei. "Por que não procuramos uma segunda opinião?"

Agora Sharon também tinha lágrimas escorrendo pelo rosto. "Eu devo ter feito essa pergunta para mim mesma milhares de vezes", ela falou. "Eu fiquei com medo, Ozzy. Pensei que você fosse escorregar e acabar como o Christopher Reeve! Nunca pensei que poderíamos trazer outra pessoa para dar uma olhada no seu pescoço."

"Eu também não", admiti.

"Entramos em pânico", resmungou Sharon. "Não acredito que *entramos em pânico*."

Por um momento, ficamos sentados ali, sentindo muita pena de nós mesmos. Então, olhei bem nos olhos da Sharon... e não pude evitar um sorriso. Quero dizer, o que mais havia para fazer? Tudo isso foi muito ridículo.

Quando dei por mim, estava rindo.

O que foi doloroso. Muito.

Sharon demorou um pouco para ver o lado engraçado. Mas no final, consegui arrancar um sorriso dela. E por mais piegas que seja, eu estava muito grato por ela estar lá, sabe? Quase quarenta anos depois de nos conhecermos e nos apaixonarmos, ainda éramos nós dois contra o mundo. E sabe de uma coisa?

Nós tivemos todos os tipos de acidentes, confusões e tragédias antes. Poderíamos fazer tudo novamente.

"Está bem", disse a Sharon, recompondo-se. "Se não vamos cancelar a turnê, precisamos pelo menos avisar os fãs sobre o que está acontecendo. O que devemos dizer?"

Entre nós, combinamos que os shows no Reino Unido e na Europa seriam adiados para janeiro do ano seguinte, 2020 – enquanto os shows americanos deveriam ser remarcados para meados do ano.

Alguns dias depois, publiquei esta mensagem no Instagram:

> Não acredito que terei que remarcar mais datas da turnê. Não há palavras para expressar o quanto estou frustrado, irritado e deprimido por não conseguir fazer uma turnê no momento. Sou grato pelo amor e o apoio que estou recebendo de minha família, minha banda, meus amigos e fãs, é realmente o que me faz continuar. Apenas saibam que estou melhorando a cada dia, que vou me recuperar totalmente, que terminarei minha turnê... Eu voltarei!

Nunca tinha falado algo tão sério em minha vida.

Quando finalmente chegou a hora de começar a fisioterapia, o Dr. Sem Meias apareceu para fazer um discurso de incentivo. Neste ponto, devo dizer que o cara estava realmente começando a me irritar.

"Vou ser bem direto, Sr. Osbourne", disse ele, "isso não vai ser fácil. Mas você vai receber o que investir. Se estiver determinado, verá resultados. Mas você precisa trabalhar e deve se dedicar."

Pensei comigo mesmo: "Vou mostrar o que é ser determinado".

"Quanto tempo?", perguntou Sharon.

"O quê?", indagou o médico.

"Antes de sabermos quanto movimento ele vai recuperar?"

"Ah, eu diria que... hã... bem... três ou quatro meses?" Para mim, isso pareceu mais com um "não tenho a mínima ideia". O que eu estava finalmente começando a perceber era que médicos não são deuses. Quero dizer, não me entenda mal, tenho muito respeito por tudo que eles fazem. Mas eles não têm todas as respostas.

Dito isso, quando ouvi o médico dizer de três a quatro meses, pensei: "Vai se foder, vou conseguir em dois". Eu era tão arrogante que até disse a Sharon para encomendar alguns equipamentos novos para nossa academia em casa e doar os antigos para o hospital.

Então, começaram as sessões de tortura.

Começamos com exercícios para o pescoço.

Quando o colar foi retirado, toda vez que tentava apenas manter a cabeça firme parecia que alguém estava arrancando minha coluna vertebral. Era a agonia mais diabólica que já senti na vida. Eu quase vomitei, foi muito ruim. Eu sabia que não era possível, mas parecia estar me machucando de novo, apenas por tentar levantar meu queixo alguns centímetros. Quanto a mover minha cabeça de um lado para o outro, não fazia sentido nem mesmo tentar. Sem o colar, ela simplesmente balançava como se eu fosse uma boneca de pano.

Quando você corta um músculo, a fisioterapeuta disse, ele danifica os nervos. E sem os nervos, seu cérebro não consegue dizer ao músculo o que fazer. Mas com o tempo e os exercícios, ela garantiu que os nervos começariam a crescer novamente.

"Mas em *quanto* tempo eles crescerão novamente?", perguntei a ela. "Eu não posso usar um colar cervical pelo resto da vida. Sinto que estou andando por aí com um traje antibomba."

"Não sabemos ainda", ela respondeu.

Caralho, pensei, *ninguém sabe nada.*

Tentar andar era um tipo diferente de inferno. Não havia como sair da cama sozinho, então eles me colocavam em uma cadeira de rodas e me levavam até o final do corredor. Em seguida, as enfermeiras seguravam meus braços, me colocavam de pé e me davam um andador como apoio. "Basta colocar um pé na frente do outro", elas diziam. "Não tenha pressa, você está indo muito bem."

Estou indo muito bem?, pensava. *Ainda nem comecei...*

Quando finalmente comecei a andar, era como tentar empurrar uma pedra colina acima. Usando botas de mergulho. Com tijolos amarrados nas pernas. Eu nunca esperei que fosse fácil. Mas isso... isso foi péssimo, cara. Pela primeira vez, eu me peguei pensando: "Talvez eu deva voltar para a cama". Mas em minha cabeça, ouvia o Dr. Sem Meias repetindo: "*Você vai receber o que investir*".

Por fim, cheguei ao final do corredor. Demorou quase uma tarde inteira. Havia placas tectônicas se movendo mais rápido do que eu. Então, no dia seguinte, eles abriram a porta corta-fogo e me deixaram sair para o pátio.

Depois de sabe-se lá quanto tempo, com a ajuda de um andador, eu consegui chegar até o fim do corredor e sair pela porta, cruzar o pátio e, em seguida, voltar através de uma entrada do outro lado. Quando terminei, sentia como se tivesse sido atropelado por um trem e depois por um caminhão, mas pelo menos foi uma pequena vitória.

Alguns dias depois, eles disseram que eu poderia ir para casa e continuar meu tratamento lá.

No dia em que saí, eles queriam me colocar em uma cadeira de rodas. Eu disse: "Não, porra, não vou a lugar nenhum nisso". Então, trouxeram um andador. Quando disse a eles que também não queria aquilo, começaram a surtar, dizendo que eu poderia cair e causar mais danos. Mas, em minha mente, eu precisava romper a barreira da dor, continuar ganhando força. "Eu consigo, eu consigo!", ficava repetindo.

Tudo o que me lembro é de ter cambaleado pelo corredor com uns dez médicos correndo atrás de mim, com seus jalecos voando, prontos para me agarrar caso eu caísse.

Eu estava tão cansado disso tudo, cara.

Cheguei aqui com o pescoço dolorido, lembro-me de ter pensado, e estou saindo aleijado.

Que monte de merda.

Eu era um prisioneiro quando cheguei em casa.

Tinha enfermeiras comigo 24 horas por dia, até mesmo sentadas no meu quarto à noite. Eu não podia coçar o saco sem que alguém entrasse em pânico. Foi demais. O que eles achavam que eu ia fazer? Eu mal conseguia segurar meu próprio pinto, quanto mais tentar mergulhar de novo na cama.

A única coisa que eu me forçava a fazer todos os dias, independentemente de como estivesse me sentindo, era dar uma volta no quarteirão. Uma das enfermeiras me acompanhava, mas, além de uma bengala, eu não queria nenhuma ajuda. No início, eu mal conseguia dar uma volta. Depois foram duas, três, cinco... até que finalmente cheguei a oito.

Ficava tão cansado que literalmente engatinhava pela porta dos fundos de joelhos. Mas continuei insistindo, cada vez mais, enquanto as palavras do Dr. Sem Meias ficavam ressoando na minha cabeça: "*Você vai receber o que investir*".

Fortalecer meu pescoço era outra parte de minha rotina diária. Vinha um fisioterapeuta e colocava um elástico na minha cabeça. A ideia era que, se eu movesse a cabeça para cima e para baixo usando o elástico, a resistência fortaleceria meus músculos. Doía tanto que não consigo nem descrever. Mas eu queria muito me livrar daquele colar, cara. Eu teria aguentado qualquer coisa.

Também tive que colocar minhas cordas vocais em forma novamente. Antes do acidente, eu costumava ter aulas de canto para impedir que o Parkinson enfraquecesse os músculos da garganta. Mas durante meu período na UTI, tudo isso tinha ido por água abaixo. Quando saí, foi chocante como tinha retrocedido. Senti como se estivesse balbuciando e murmurando cada palavra. Portanto, além do meu treinador vocal habitual, um fonoaudiólogo também veio trabalhar comigo.

A dor constante era meu maior problema. E não era como qualquer outro tipo de dor que eu já tinha experimentado antes. Lembro de perguntar ao Dr. Sem Meias sobre isso quando fui vê-lo com Sharon para uma consulta de acompanhamento.

"Certo, você está sentindo alguma dormência?", ele perguntou.

"É isso que estou tentando dizer!", respondi. "Não consigo sentir meu braço direito!"

"Humm. Alguma queimação ou formigamento?"

"Sim e sim."

"Dor intensa?"

"Sim, toda essa porra... *Arrgh!* Tá doendo de novo."

"E isso piora à noite ou quando você se movimenta?"

"Sim e sim."

"Alguma hipersensibilidade ao toque ou a mudanças de temperatura?"

"Sim e sim."

Por fim, ele pergunta: "Algum espasmo, tremores ou fraqueza em seus músculos?".

"Você está *mesmo* me perguntando isso?", respondi.

"Sr. Osbourne", disse ele, "o que o senhor está experimentando é quase certamente dor nos nervos, ou neuralgia. É dos danos aos nervos durante a cirurgia. Já estamos dando vários medicamentos para isso. Tudo o que posso dizer é que continue com a fisioterapia. Sabe, o que eu sempre digo aos meus pacientes é: você..."

"Vou receber o que eu investir", eu disse. "Eu sei disso, doutor. Você já me disse isso milhares de vezes. Mas preciso de algo mais forte para a dor. É demais. Não pode me dar mais um pouco do que eu estava tomando na UTI?"

O médico hesitou por um momento e depois olhou para Sharon.

Reconheço um muro de tijolos quando vejo um.

"Ozzy", disse Sharon, "ele não pode te dar nada mais forte. É perigoso. Desculpe. Mas você já sabe... Ninguém mais acredita em você."

O mais triste é que eu sabia que ela estava certa.

Para um viciado, cada lesão é uma oportunidade. O que você aprende rapidamente é que, se começar a se queixar de certos tipos de dor, somente um leitor de mentes poderia saber se você está tentando enganar ou não. Os viciados são alguns dos melhores mentirosos que existem, cara. Somos tão bons nisso que *nos* convencemos de que estamos dizendo a pura verdade.

Durante muito tempo, as dores de dente eram minha forma de conseguir algumas pílulas safadas.

Cinco minutos após conhecer um dentista, eu sabia se ele ia abrir seu bloco de receitas. Alguns deles conseguiam farejar um viciado a um quilômetro de distância. Outros estavam pouco se fodendo se você ia viver ou morrer, era apenas um negócio para eles.

Quando o OxyContin foi lançado no final dos anos 1990, foi uma loucura a quantidade de "dentistas da dor" que surgiram de repente na Flórida. Sempre que eu fazia um show no estado, marcava uma consulta atrás da outra. Era como fazer uma maratona de compras. Como eles conseguiram se safar, não tenho ideia.

Antes do Oxy, a melhor aposta era fazer algum tratamento de canal e ficar amigo do anestesista. Em um determinado momento, eu tinha mais amigos anestesistas do que os próprios anestesistas. Um cara me dava Vicodin, Percocet, Demerol, morfina, a merda que eu quisesse. Ele simplesmente enviava para mim pelo correio... ou pelo menos foi assim até Sharon perceber.

"Descobri o que está causando todas as suas dores de dente", ela anunciou um dia.

"Ah, é?", falei, todo inocente, esperando que ela estivesse se referindo ao meu saco secreto de doces ingleses.

"Sim", ela falou. "Eu o conheci no dentista. Tivemos uma boa conversa sobre a licença médica dele, e o cara me tranquilizou garantindo que seus dentes não vão doer mais."

Foi o fim desse pequeno esquema.

As dores nas costas eram a segunda melhor coisa, mas era mais difícil enganar os cirurgiões de coluna, e a última coisa que você queria era acabar na mesa de operação por causa de uma dor inexistente da qual você vinha se queixando. No entanto, uma vez tirei a sorte grande. Eu tinha um Learjet na época, e estava voando para... um certo lugar... vamos chamar de Milwaukee, Wisconsin, para que eu não coloque ninguém em problemas. E no caminho para lá, comecei a conversar com a comissária de bordo, e descobri que seu pai era o cirurgião de coluna mais conhecido de Milwaukee. Portanto, é claro que assim que ouço isso, começo a contar tudo sobre meus problemas nas costas, como sinto uma dor insuportável o tempo todo, como vou ter que cancelar shows por causa disso. E é claro que ela diz: "Ah, você deveria ir ver meu pai".

Eu estava no consultório daquele cara quase antes de aterrissarmos.

Depois de me examinar, ele diz: "Então, quanto tempo mais vai durar a turnê, Sr. Osbourne?".

"Seis meses?", respondi. A resposta real era três, mas achei melhor dobrar o tempo, caso ele fosse mesquinho com o que ia me dar.

"Certo", diz ele, rabiscando em seu pequeno bloco, "isso deve ajudá-lo a continuar".

Ao olhar para o que ele havia escrito, mal conseguia acreditar. Ele tinha me dado *quinhentos* Vicodin de potência máxima. Era um daqueles momentos em que você pensa: "Cuidado com o que você deseja, talvez você consiga".

Quando fui à farmácia, a mulher atrás do balcão deu uma olhada na receita e ficou muito pálida, e me chamou para uma conversa particular. Ela disse: "Senhor, isto é... *uma quantidade enorme de comprimidos*. Não sei como conseguiu essa receita, ou para que serve, mas se você for tomar esses medicamentos, posso sugerir que leve apenas o narcótico, não o misturado?". O misturado tinha Tylenol, explicou ela. Nessa quantidade, ele apodreceria meu fígado em uns dois segundos. Supondo que eu não tivesse tido uma overdose de Vicodin antes.

Tomei 250 deles antes de me assustar. Joguei o resto no vaso sanitário. Mas é claro que, alguns dias depois, eu estava querendo mais.

O truque que eu usava era guardar um frasco velho de comprimidos do ano anterior com quatro ou cinco pílulas ainda no fundo. Assim, quando eu fazia um show, podia dizer ao médico naquela cidade: "Olha, está acabando e estou na estrada, você poderia me reabastecer?". O frasco teria uma data da farmácia, o que, em teoria, significava que você não estava se comportando mal. Na realidade, é claro, eu teria pelo menos dez outros frascos. Médicos de turnê não são estúpidos. Eles conhecem todos os truques dos astros do rock. Mas, às vezes, se você ajudá-los o suficiente, eles ficam felizes e retribuem.

Meu único golpe de sorte em relação ao vício foi que nunca, *jamais*, quis me injetar. O que significa que a heroína estava fora do cardápio. Agulhas me assustam, cara. Todo mundo tem seu limite. Esse é o meu. Quando preciso injetar algo, peço a um médico para fazer isso por mim. Eles ficam sentados lá comigo o tempo todo, caso algo aconteça. Como gosto muito de opioides, provavelmente é a única razão pela qual ainda estou aqui.

Agora que estou sóbrio, aprendi a pensar que uma consulta médica é como entrar em um bar. A primeira coisa que digo é que sou um viciado, não importa o que eu fale, não me dê nenhum tipo de substância controlada. Melhor ainda, eu levo Sharon comigo, e ela coloca o temor de Deus no coração deles. É claro que há momentos, como na UTI depois da cirurgia, em que eles precisam me medicar com *alguma coisa*. Mas é uma piada, porque desenvolvi uma tolerância tão grande que preciso de cerca de oito vezes mais do que a média das pessoas. E esse é só o início dos meus problemas. Na subida, é apenas sol e rosas. Mas a queda não é tão divertida. A abstinência. A fissura. Entender que você tem que matar o dragão novamente.

Minha natureza viciada me assusta muito mais agora do que antes, para ser honesto com você. Estou mais velho. Não tão forte como costumava ser. Se algum dia eu tiver outra recaída, tenho quase certeza de que será uma viagem só de ida.

Quando a primavera chegou, aconteceu algo que eu nunca tinha esperado: perdi a esperança. Eu me arrastava pela casa na época, suando e xingando, e só pensava... *quem estou enganando? Isso não vai dar em nada.*

A essa altura, é preciso lembrar que eu era forçado a manter a cabeça em uma posição completamente rígida – exceto nas horas em que fazia os exercícios com o elástico – por três meses seguidos. Não tinha nenhuma privacidade. Mesmo quando estava cagando, havia uma enfermeira do lado de fora, perguntando os detalhes do movimento do meu intestino. Minhas pernas continuavam frias. Meu braço permanecia dormente. E eu estava sentindo dores ininterruptas. Até mesmo um procedimento de "bloqueio do nervo" – quando um anestesista veio e injetou alguns anti-inflamatórios na minha coluna, como uma epidural – não ajudou muito.

Enquanto isso, o médico do Parkinson tinha revisto meu histórico, feito alguns testes adicionais e confirmado que minha síndrome parkinsoniana era causada por um gene sacana chamado PARK2. Eu havia herdado uma cópia malfeita dele tanto da minha mãe quanto do meu pai, disse ele. O que o gene mutante estava fazendo era matar as células nervosas produtoras de dopamina em meu cérebro, que controlam meus músculos. É por isso que, quando você tem Parkinson causado pelo PARK2, sofre de tremores e rigidez, o que prejudica seu equilíbrio e sua coordenação. Mas é claro que esses são exatamente os mesmos problemas decorrentes de uma cirurgia malsucedida na coluna, portanto era impossível dizer quem era o culpado. E como a doença de Parkinson piora com o tempo, só porque eu conseguia andar *antes* da cirurgia, isso não significava que ela não poderia ter progredido desde então. Quero dizer, eu pessoalmente não acreditava que era culpa do Parkinson nem por um segundo. Mas o que poderia dizer? Era um dilema sem solução.

Acima de tudo, eu me senti muito estúpido por ter acreditado em tudo o que os médicos haviam me dito. Eu já tinha feito meses de fisioterapia, mas ainda era um aleijado. Ainda usava o colar no pescoço. Ainda precisava de cuidados contínuos. Antes da cirurgia, eu conseguia andar como um ser humano normal. Agora, eu parecia a porra do Gollum.

Eu me sentia muito cansado, cara. Quero dizer, por que *caralhos* eu tinha concordado com a cirurgia? Eu não entendia. Se alguém tivesse dito: "Veja, Sr. Osbourne, a recuperação para essa operação pode envolver semanas na UTI e, ah, por falar nisso, você pode acabar mais ou menos paralisado da cintura para baixo – com um braço direito dormente – e, se reclamar de qualquer coisa, vamos colocar a culpa no Parkinson", eu teria mandado eles se foderem.

Não estou dizendo que o médico tenha feito algo duvidoso. Ou que ele não acreditava que o procedimento seria bem-sucedido. E obviamente, com o Parkinson, tudo fica mais difícil. Mas no que diz respeito a qualquer coisa relacionada com a coluna, quando eles dizem o que está errado e o que é necessário, é uma *opinião*. E não há dois médicos que digam a mesma coisa. É muito frustrante quando tudo o que você quer é ficar de pé novamente e voltar a trabalhar.

Ao mesmo tempo, após a cirurgia, não pude deixar de pensar comigo mesmo: o sistema de saúde americano visa primordialmente o lucro. Cirurgias como a minha custam centenas de milhares de dólares, talvez até um milhão ou mais, sem incluir todos os acompanhamentos e medicamentos. Mas se tudo dá errado e você acaba ficando pior do que quando entrou, todos ainda são pagos.

Se alguém deveria saber disso ao entrar, esse alguém era eu. Quer dizer, passei décadas me aproveitando do mesmo sistema de merda para conseguir que médicos e dentistas me receitassem todos os tipos de comprimidos que não eram necessários.

O último chute no traseiro foi lembrar que Zakk tinha me dito pelo menos duas vezes para buscar uma segunda opinião. Se eu tivesse ouvido, quem sabe o que teria acontecido? É difícil imaginar que poderia ter sido pior do que foi.

A única coisa que me fez continuar após a cirurgia foi minha determinação de voltar à turnê. Mas minha recuperação – se é que pode ser chamada de recuperação – foi tão lenta, que estava começando a me preocupar que até mesmo as datas da turnê que tínhamos remarcado para 2020 acabariam sendo adiadas de novo. Enquanto isso, a quarta temporada de *Ozzy & Jack's World Detour* teve que ser totalmente cancelada. Senti que não tinha perspectiva de nada. Como se eu nunca fosse trabalhar de novo. Eu estava no limbo, cara.

Sharon sabia que era sério quando eu fui para a cama e simplesmente fiquei lá. Tudo o que eu queria fazer era dormir e esquecer o que tinha acontecido nos últimos seis meses.

Mas então apareceu um pequeno lampejo de luz.

Uma manhã, quando estava quase no ponto mais baixo da minha vida, Sharon entrou para me dizer que haviam batizado uma ponte em Birmingham em homenagem ao Black Sabbath. Pensei que ela estivesse tirando um sarro da minha cara. Quero dizer, para mim, uma ponte é uma coisa enorme, como a Golden Gate ou a Sydney Harbour. Não havia nada parecido com isso em Birmingham. Além disso, Birmingham não dava a mínima para qualquer coisa relacionada ao Sabbath. Em nossa época, era uma cidade totalmente diferente. Só tinha fábricas e homens com a cara suja de fuligem caminhando para o bar. Agora é repleta de cafeterias e shopping centers elegantes. Enquanto isso, metade do mundo está se mudando para lá. Na última vez que fui a Lodge Road, havia um cara muçulmano com um sotaque local que morava na casa de um dos meus antigos vizinhos. Um cara legal, na verdade. Preparou uma xícara de chá e me deu um biscoito. Foi estranho. Mas não importa, cara, as coisas mudam. Em nossa época, eram os católicos irlandeses que estavam se mudando para lá.

De qualquer forma, descobri que a ponte não era uma grande coisa suspensa ou algo do gênero. De acordo com Sharon, era um pequeno trecho da Broad Street que cruzava o antigo canal, no que hoje é o centro da cidade. Eles até colocaram um pequeno banco de jardim com nossos retratos em tamanho real, no encosto do banco: eu, Geezer, Tony e Bill, todos vestidos de preto, usando as cruzes de ferro que meu pai fez para nós durante seus intervalos para o chá na fábrica da GEC. Nossos nomes em letras de bronze na parte de baixo, junto com "Made in Birmingham".

Ouvir essa notícia deitado na minha cama em Los Angeles foi algo surreal.

E só ficou mais estranho.

"De quem foi a ideia, então?", perguntei a Sharon.

"Um promotor local, Mike Olley, e outro cara chamado Mohammed Osama", disse ela. "É um arquiteto egípcio."

"Será que estou tendo alucinações de novo?", perguntei. "O Elvis está prestes a fazer outra visita?"

"Não, é o que está escrito aqui", disse Sharon, olhando mais de perto o que estava em seu telefone. "O arquiteto vive em

Dubai agora. Chama a si mesmo de 'superfã'. Diz que já foi a mais de cinquenta shows desde os oito anos de idade. Veja, Ozzy. Mais pessoas em todo o mundo estão interessadas em sua música do que antes."

"Nunca tocamos em Dubai, não é mesmo?"

"Não, mas você já tocou em Abu Dhabi. E eu nem sequer contei a melhor parte."

"O quê?"

"Devido à ordem dos retratos no banco, os fãs precisam se sentar em cima da cara do Geezer se quiserem tirar uma foto com o braço ao seu redor. *E todos fazem isso.*"

Foi a primeira vez que comecei a rir no que parecia mil anos. A sensação foi tão boa, cara – mesmo que isso tenha feito meu corpo inteiro doer. E pensar na ponte me trouxe de volta, sabe?

Eu tinha certeza de que sabia exatamente qual parte da Broad Street era. Eu e meu amigo Patrick Murphy costumávamos andar de bicicleta por quilômetros e quilômetros nos caminhos ao longo do canal. Birmingham tem mais canais do que Veneza, acredite se quiser. Durante nossa infância, as barcaças de carvão tinham parado de funcionar quando o transporte foi transferido para as estradas, e os canais tinham sido abandonados. Alguns permaneceram cheios, mas a maioria foi deixada como estava. O que era ótimo para nós, porque eles se tornaram nosso playground.

Pat era um cara legal. Ele morava no número 30 da Lodge Road, a algumas casas da nossa. Ele era católico, como eu, mas um de verdade, que ia à igreja. Achava que ele iria fazer grandes coisas, e eu seria o único que não ia conseguir nada. Mas, com o passar do tempo, ele foi preso por várias coisas. Por fim, ele se envolveu seriamente com tráfico de drogas. E eu falava: "Pat, que merda você está fazendo, cara?". No final, sua esposa pediu o divórcio, porque não aguentava vê-lo entrando e saindo da prisão o tempo todo. Isso fez com que Pat ultrapassasse os limites. Ele entrou na garagem, ligou o carro e se matou inalando o monóxido de carbono. Fiquei muito abalado quando soube. Lembro de ter ligado para a mãe dele, e ela me disse: "Eu só quero meu Pat de volta". Ela perdeu três dos seis filhos que teve. Foi de partir o coração.

Eu costumava pensar em Pat depois que *Paranoid* foi lançado, porque morei em uma casa flutuante em um canal em Londres por um tempo. Em Little Venice, não muito longe de Paddington. O barco era de propriedade do nosso manager desonesto da época, Patrick Meehan, que tinha substituído Jim Simpson. Não tenho ideia do motivo pelo qual ele comprou aquilo. Ele estava ganhando tanto dinheiro das vendas de nossos álbuns e turnês, que provavelmente não sabia mais com o que gastar. Certamente não faltavam relógios de luxo e anéis de diamante para ele.

Eu adorava aquela casa flutuante, cara. Cheirava cocaína lá toda noite, e falava tanto que o cara do barco ao lado vinha e batia na escotilha para reclamar. A barcaça de Richard Branson estava um pouco acima, se não me engano. Sei disso porque, depois que saí do Sabbath, eu e Sharon vendemos os direitos de *Blizzard of Ozz* e *Diary of a Madman* para ele – ou para a Virgin, na verdade –, e ele insistiu que fôssemos lá para assinar o contrato.

Isso foi dez ou 15 anos depois de eu ter morado lá, e imaginava que a barcaça de Branson fosse como a de Meehan, que era toda aconchegante, com pintura nova e uma pequena cozinha agradável. Mas era a merda mais insignificante que eu já tinha visto em minha vida. Para começar, alguém havia atirado em todas as janelas com uma arma de chumbinho, então tinha cacos de vidro e merda de pássaros por toda parte.

"Isso é uma piada?", perguntei à Sharon depois de entrarmos. Ficamos lá esperando por um dos homens mais ricos da Inglaterra naquela verdadeira merda. Sinceramente, achei que tínhamos caído em uma pegadinha, que Jeremy Beadle[2] estava prestes a sair de um armário.

"Ozzy, isso *não* é uma piada", Sharon murmurou para mim, "e você precisa ser gentil com ele, porque estamos sem dinheiro e ele está prestes a nos dar meio milhão de libras."

"Ele deveria gastar o dinheiro na porra desse barco", eu disse, "porque parece que está prestes a afundar..."

"Ah, Richard!", disse Sharon quando o homem apareceu. "Que bom ver você..."

Branson também esteve naquela festa no Palácio. Fui apertar sua mão e ele meio que olhou para baixo, como se nunca tivéssemos nos encontrado antes, embora houvéssemos feito esse acordo. Suponho que é isso que se obtém com esses caras da alta. Não sou parte de seu mundo, e ele não é parte do meu. Pelo menos a Sharon conseguiu recuperar quaisquer direitos que tenhamos vendido a ele.

Quando minha mente finalmente parou de vagar depois de ouvir sobre a ponte, meus pensamentos se voltaram para Tony, Geezer e Bill. Todas as merdas que enfrentamos juntos. Os grandes discos que havíamos feito. Como sentia falta deles.

De certa forma, parece que foi ontem que montamos nosso equipamento no Newtown Community Centre – bem perto da rua do estádio Villa Park – depois de mudar nosso nome de Earth para Black Sabbath. Foi quando Tony começou a tocar aquele riff assustador de três notas, Bill começou a improvisar

2 Apresentador de TV inglês famoso por suas pegadinhas. (N.T.)

algo nos pratos, Geezer ficou preso ali, com suas notas graves fazendo as janelas chacoalharem, e comecei a me lamentar por ser o "escolhido". Que momento foi aquele. Era *próximo* ao blues, o que estávamos tocando. Mas *não era* blues. Era outra coisa. Algo que ninguém havia feito antes. Não que tivéssemos alguma ideia disso na hora. Tudo o que sabíamos era que sentíamos arrepios e precisávamos continuar tocando até terminar a música.

Quanto mais eu pensava nisso, mais sabia que precisávamos nos encontrar de novo. Mesmo que eu tivesse que ser levado ao palco em uma maca.

Devíamos isso a nós mesmos. Aos fãs. Às pessoas que nos homenagearam com aquela ponte.

Havia apenas um problema.

Eu não falava com Bill há quase dez anos.

8

Positivo para a m****

Quando uma banda se separa, é como um divórcio. As emoções, o dinheiro, a custódia do nome e o catálogo, toda a merda legal que vem com isso – é feio, cara.

Em um divórcio, lembre-se, há apenas duas pessoas envolvidas. Com o Sabbath, éramos quatro. Então, quando tudo desmoronou, foi duas vezes mais fodido.

Estávamos juntos há dez anos quando chegamos ao fim da estrada. A faísca tinha apagado. Foram as drogas, a bebida... gravávamos discos e fazíamos shows não porque estávamos empolgados, mas porque tínhamos advogados e impostos atrasados a pagar. Algo iria acabar se quebrando. Ninguém queria admitir, mas estávamos exaustos, física e mentalmente.

Eu já havia tentado deixar a banda de uma forma meio atrapalhada um ano antes. Estávamos tentando compor material novo no Rockfield Studios, em Wye Valley – é basicamente uma fazenda com um estúdio anexo, então você fica cercado de mato e um cheiro absurdo de esterco –, e um dia peguei meu carro e fui para casa. Deve ter acontecido na época do Natal, 1977. Meu pai tinha acabado de morrer depois de descobrir que estava com câncer, e eu me encontrava em uma situação muito ruim. Mas o álbum acabou ficando pronto e voltei para a turnê. Foi o último disco de estúdio que eu, Tony, Geezer e Bill fizemos juntos.

O título, *Never Say Die!* (Nunca se entregue!), deveria soar como um desafio. Mas, olhando para trás, parece mais com quatro caras tentando desesperadamente se convencer de que seus corações ainda queriam aquilo. Quero dizer, tínhamos acabado de sair da escola quando começamos. Éramos tão pobres que mal podíamos comprar comida. E agora estávamos na casa dos 30 anos com esposas, ex-esposas, filhos, casas etc., tendo viajado ao redor do mundo tantas vezes que perdemos a conta.

O que realmente acabou conosco, na minha opinião, foi nossa banda de abertura naquela turnê.

É engraçado, pois achávamos que tínhamos aprendido a lição quando o Kiss abriu para nós alguns anos antes. O problema é que eles eram muito diferentes de nós. Quero dizer, éramos o tipo de banda que subia ao palco com nossos jeans e jaquetas de couro, ligávamos nosso equipamento, tocávamos nossa música e que se foda. O Kiss, por outro lado, se enfiava naqueles macacões de elastano com os bicos dos peitos aparecendo, pintavam os rostos em preto-e-branco como palhaços japoneses e soltavam cerca de meia tonelada de explosivos todas as noites. Era uma loucura o que eles faziam. Claro, eles não foram os primeiros a usar a pirotecnia, mas a levaram a um nível totalmente novo, e fizeram isso muito antes da existência de qualquer tipo de padrão de segurança. É um milagre que eles não tenham queimado todos os locais em que tocamos naquela turnê. Enquanto isso, Gene Simmons devia ficar com mais de 2 metros de altura em suas botas de plataforma, e ele andava por aí balançando a língua para assustar as pessoas. Ele fez isso com o Geezer uma vez e o coitado quase teve um infarto. Depois do show, um monte de garotas fazia fila para continuar a festa nos quartos deles – enquanto para a gente só vinha um monte de caras que queriam beber cerveja e falar sobre "Spiral Architect". Éramos uma banda masculina, o Sabbath, que tocava para plateias masculinas. Nunca tivemos muitas mulheres em nossos shows. Foi o mesmo com meus shows mais tarde.

Depois do Kiss, pensamos: *nunca mais*. Você queria que sua banda de abertura fosse boa, mas não queria ficar em segundo plano. Você queria o Status Quo, basicamente.

Fomos muito transparentes com nossa empresa de gerenciamento quando conversamos sobre quem deveria abrir a turnê do *Never Say Die!* Nós dissemos: "Olha, tem que ser uma banda que tenha a mesma vibração que nós, sem colarinhos com tachas, sem botas de salto alto, sem chamas saindo de seus traseiros". Então, eles foram fazer a lição de casa e depois voltaram e disseram: "Certo, pessoal, encontramos uma ótima banda de barzinho em Los Angeles. Dois irmãos, um na guitarra e outro na bateria, além de um vocalista e um baixista. Eles não fizeram muito, mas o primeiro álbum será lançado em breve, e eles fazem um ótimo cover de 'You Really Got Me', do The Kinks. Ah, e eles estão autorizados a viajar para a Europa, portanto, podemos contratá-los para toda a turnê, não apenas para as datas americanas".

"Parece bom para nós", lembro-me de Tony dizer. "Qual é o nome da banda?"

“Ah, hã... deixe-me ver”, disse o gerente. “Ah, sim, aqui está. Van Halen.”

“Nunca ouvi falar deles”, Tony deu de ombros.

“Ninguém ouviu”, foi a resposta.

“Perfeito”, disse Tony.

Quando nos demos conta, era a primeira data da turnê. Sheffield City Hall. E estamos curiosos para ver como é essa banda de bar desconhecida de Los Angeles, então mais ou menos na metade do show deles, fomos dar uma espiada. E era a hora em que Eddie Van Halen – apenas 23 anos na época – entra no palco sozinho, se ajoelha e toca “Eruption”.

Então, lá estamos nós, no fundo do auditório, e Eddie sob os holofotes, com as mãos em lugares no braço da guitarra que não deveria ser possível, seus dedos parecem se mover mais rápido do que a velocidade da luz, e ele está fazendo aqueles barulhos malucos de bombas com sua alavanca – tudo isso sem suar muito – e quando olhamos ao nosso redor, tudo o que conseguimos ver são cerca de vinte mil pessoas de queixo caído.

Em seguida, Eddie chega ao final do solo, tocando as notas tão rapidamente que ninguém consegue acompanhar, Alex entra na bateria e o público acorda de seu transe e solta um rugido como se a Inglaterra tivesse acabado de marcar um gol na prorrogação contra a Alemanha.

Só me lembro de termos saído do auditório em silêncio, voltado para o camarim em silêncio e ficado simplesmente sentados ali, olhando para a porra da parede.

Dez ou vinte minutos depois, ouvimos outro rugido quando Eddie deixa o palco. Alguns momentos depois disso, há um toque na porta e entra um cara que parece um outdoor de cinema ambulante. “Olá, pessoal, só queria dizer oi”, ele diz, dando-nos um sorriso de um milhão de watts. “Sou o David Lee Roth.”

Nós apenas olhamos uns para os outros enquanto pensávamos exatamente a mesma coisa.

Fodeu.

Quero dizer, veja... você tem que reconhecer isso no Van Halen. Era como se eles tivessem encontrado uma maneira de viajar no tempo para o meio dos anos 1980, embora ainda fosse 1978. Eddie revolucionou totalmente a forma de tocar guitarra. E ele conseguiu fazer com que parecesse muito fácil. O que você deve se lembrar é que a guitarra estava ficando fora de moda naquela época. É por isso que os sintetizadores estavam se tornando tão populares. Mas quando Eddie entrou em cena, foi como uma injeção de adrenalina no coração. De repente, *todos* queriam tocar guitarra novamente. E todos queriam soar como o Eddie. Mas quanto àquela coisa de bater os dedos, ninguém chegou nem perto, cara.

O Van Halen não poderia ter explodido em um momento pior para o Sabbath. Todas as noites daquela turnê, eles simplesmente nos massacraram. Subiam ao palco, roubavam toda a atenção, e então você conseguia sentir a energia da multidão diminuindo quando entrávamos e fazíamos nosso show. Quero dizer, fizemos alguns bons shows. Mas o metal estava evoluindo, e parecia que nós não estávamos acompanhando.

Tirando isso, nós nos divertimos muito com os caras na estrada. Eddie e Tony se tornaram grandes amigos, creio eu, e mantiveram contato até que Eddie, infelizmente, faleceu quando tinha apenas 65 anos. Foi uma perda terrível. O cara foi um dos melhores. Quanto a Dave Lee Roth, nunca nos demos muito bem. Ele era um Sr. Showbiz. Sempre sorrindo. Nunca infeliz. Ele vem de uma família abastada, acho, e talvez seja por isso que não tínhamos nada em comum. Você também nunca sabia se ele estava falando um monte de merda ou dizendo algo verdadeiro. Uma hora ele dizia que estava se formando em direito, logo depois falava que era paramédico em tempo parcial. Há uma história que circula por aí que nós dois tivemos um "duelo de cocaína" durante aquela turnê – ou seja, quem conseguia cheirar mais cocaína antes de desmaiar. Bem, é *possível* que isso tenha acontecido. Mas eu duvido. Simplesmente não era o tipo de coisa que eu faria com o Dave.

Não importa o quanto tenha sido feio quando terminou, não há dúvida de que o Sabbath teve uma trajetória incrível. Quero dizer, devemos ter feito algo certo durante esses dez anos em que passamos gravando álbuns juntos, porque as pessoas ainda os ouvem no streaming e compram vinis até hoje. Na minha cabeça, éramos a banda que estava destinada a existir. E mesmo que eu tenha sido um artista solo por muito mais tempo do que estive no Sabbath, sempre será uma grande parte de quem eu sou.

Lembro-me perfeitamente do momento em que percebi que o Sabbath ia dar certo. Eu estava em um clube em Birmingham – o Henry's Blues House, provavelmente –, com um maço de cigarros em uma mão e uma cerveja na outra. Nosso primeiro disco tinha sido lançado alguns dias antes. E no meio das pessoas aparece Jim Simpson, nosso primeiro manager. Ele também era o proprietário do clube, que ficava no andar acima do pub Crown na Station Street, e tinha como logotipo um cachorro azul delirante. "Vocês estão nas paradas!", disse ele, com um sorriso enorme no rosto. Fiquei confuso, porque as listas das paradas ainda não tinham sido publicadas. Mas ele tinha visto com antecedência. "Vocês estão no *número 17*!!!"

Foi um daqueles momentos em que você queria tanto algo por tanto tempo, mas quando finalmente acontece você tem medo de acreditar que é real.

Mas era real. Quero dizer, tudo bem, o disco *Black Sabbath* não estava vendendo como *Bridge Over Troubled Water*. Mas estava indo bem o suficiente para que nossa gravadora, a Vertigo Records, quisesse outro álbum assim que pudéssemos compor o material. Enquanto isso, eles já estavam nos promovendo nos Estados Unidos, publicando um anúncio na *Rolling Stone*. "MAIS BARULHENTO QUE O LED ZEPPELIN" era tudo o que dizia.

Nós nos matamos de trabalhar para promover o primeiro álbum. Mas ainda assim parecia um fato isolado. Foi somente quando nosso segundo disco, *Paranoid*, foi lançado que eu me lembro de ter pensado, *certo... isso pode realmente continuar por alguns anos*. Acabou vendendo mais de 12 milhões de cópias, aquele disco... e ainda vende. O que tenho dificuldade em acreditar é que escrevemos e gravamos em apenas alguns dias. Estávamos voando, cara. Terminamos a música "Paranoid" em menos de meia hora.

Ao longo dos anos, pensei muito sobre por que nossa música durou e a de outros não.

Como em qualquer banda, nunca se trata de uma única pessoa ou uma coisa. Você faz parte de um quebra-cabeça, e quando todas as peças se encaixam, é a melhor sensação do mundo. É totalmente diferente de quando você está sozinho. Se alguém começar a se intrometer em minha própria banda, eu ponho pra fora. Ou se não gostar da maneira como algo soa, eu digo que está uma porcaria, que não gosto disso. Mas isso não acontece quando todos são iguais e todos começaram juntos.

Embora Tony fosse nosso líder não oficial, a maneira como compúnhamos música, cada um de nós fazia o que queria, e nosso território era o nosso território. Ninguém dizia ao Bill onde colocar uma virada de bateria; e ninguém dizia ao Geezer que esta deveria ser a linha de baixo. Eles mandariam você se foder – na melhor das hipóteses. Em um dia ruim, você sairia com um olho roxo. Para mim, isso significava que quando o Tony me dava um riff para colocar um vocal, eu podia fazer qualquer melodia que quisesse. Ao mesmo tempo, se estivesse fora do meu alcance, não havia como voltar e pedir um tom diferente. Até conhecer o Randy, eu nem sabia que dava para *fazer* isso. Ninguém jamais havia me ensinado a falar nesses termos musicais.

Outra coisa sobre a maneira como trabalhávamos, pelo menos nos primeiros dias: nunca tivemos um espaço de ensaio próprio ou um estúdio com nosso próprio equipamento de gravação. Tínhamos que entrar escondidos nos salões das igrejas ou nos centros comunitários, ir a qualquer lugar onde pudéssemos montar nosso equipamento e tocar por tempo suficiente até criar uma música. Então, testávamos ao vivo na mesma noite em um show. É assim que a maior parte do primeiro disco foi composta. O improviso se fez necessário. E como não havia um medidor de estúdio funcionando, podíamos nos dar ao luxo de correr mais riscos. Se algo não estivesse funcionando, descobriríamos logo, pois veríamos os fãs ficando inquietos.

No que diz respeito às letras, elas geralmente começavam com improvisos. No YouTube, há um vídeo antigo da gente tocando em Paris, na época do Natal de 1970. Foi no L'Olympia, onde os Beatles haviam feito uma residência antes de irem para os Estados Unidos. Quando assisto ao show, dá para ver que estou inventando as letras à medida que vou cantando. Em "Fairies Wear Boots", muitas das linhas que que me vieram à cabeça no microfone chegaram à versão final. Na maioria das vezes, porém, quando eu criava a melodia com todas as palavras que conseguisse encontrar no ato, Geezer escrevia algo muito mais sério, transformando-as em poemas incríveis. O que era muito bom, caso contrário a abertura de "War Pigs" continuaria sendo "Satan's looking for his sinners / After eating bad school dinners."[3]

As pessoas têm me perguntado ao longo dos anos: por que não fazer a letra primeiro? Porque é muito mais fácil encaixar palavras em uma melodia do que o contrário. Para mim, se alguém escreve um romance e depois tenta encaixar uma música nele, dá para perceber. Parece estranho ou que você está se esforçando demais para parecer inteligente. As letras do Geezer sempre soavam naturais, e é também por isso que elas nunca envelheceram.

Sempre fiquei absolutamente maravilhado com as cores abstratas e o clima que Geezer conseguia criar com suas letras. Os versos de abertura de "Behind the Wall of Sleep" me dão arrepios sempre. Às vezes, ele lia as letras das músicas para mim pelo telefone, e eu falava: "Geezer, *que merda você está fumando*?".

A maneira como julgávamos uma música era assim: se você sentisse um frio na espinha enquanto estava tocando, sabia que tinha uma vencedora. E Tony criava riffs que faziam exatamente isso, todas as vezes. Depois que ele tocou "Iron Man" pra gente, eu me lembro de termos dito: certo, é impossível que ele crie algo melhor que isso. Então, no dia seguinte veio "War Pigs"... depois "Hand of Doom"... e ele continuou melhorando, álbum após álbum.

A bateria de Bill também foi parte importante do que nos tornou especiais. Na infância, acredito, ele tocava acompanhando discos de big bands – Count Basie, esse tipo de coisa – e manteve essas influências no Sabbath. Dá para ouvir em "Wicked World", quando ele está no chimbal antes do riff de abertura. As pessoas pensam que jazz e Sabbath não têm nada em comum, mas, se

---

3 Satã ainda está procurando por seus pecadores / Depois de comer refeições escolares ruins .

você prestar atenção, têm sim. Existe até uma banda de jazz que faz covers do Sabbath atualmente. Não estou brincando. O nome é Jazz Sabbath.

A única outra coisa que posso dizer sobre a música do Sabbath é que nunca tivemos uma fórmula. Não havia verso e refrão, verso e refrão. Quando nos juntávamos, íamos para onde o sentimento nos levasse. Tocávamos mais pesado do que qualquer um já tinha tocado antes. Fazíamos partes acústicas, batidas viajantes, orquestrações, piano, um pouco de sintetizador. Começávamos uma música de um jeito, passávamos para algo totalmente diferente, e depois voltávamos ao riff original dez minutos mais tarde.

E funcionava, cara. Simplesmente funcionava.

Bom... até não funcionar mais.

Não quero gastar muito tempo falando sobre como fui demitido do Sabbath. Foi há bastante tempo, estávamos todos fodidos, todos nós temos nossas próprias versões do que aconteceu, e tivemos ótimos momentos. Então, por que insistir com a parte ruim?

Tudo o que me lembro desses últimos dias é de voar de Londres a Nova York, ficando retido na alfândega porque eu estava bêbado, ter faltado a alguns ensaios, ter falado muito honestamente a um jornalista sobre estar chateado com a banda, depois finalmente ter chegado a essa grande casa em Los Angeles, onde estávamos trabalhando no próximo álbum.

Havia um clima estranho assim que entrei pela porta. Então, nos dias seguintes, embora eu estivesse acordando cedo e trabalhando duro, qualquer coisa que eu fizesse, eles não gostavam... até que finalmente Bill chegou e me disse que eu estava fora. O motivo é que eu estava bebendo demais e usando muitas drogas – o que era bastante incrível, considerando o estado de todos os outros. Tudo parecia planejado, como se tivesse caído numa armadilha. Eu falei, tudo bem, foda-se, vou embora daqui. Não estava gostando da música de qualquer maneira. Eles estavam levando as coisas mais jazzísticas longe demais, na minha opinião, e isso me deixava sem ânimo. Mas a verdade é que eu já estava de saco cheio e não via a hora de encontrar uma nova direção própria.

Embora tenha sido Bill quem me demitiu, era óbvio que ele tinha sido obrigado a fazer isso. O mais triste é que, de todos os caras na banda, era com ele que eu passava mais tempo. Sempre que fazíamos turnês pelos EUA, Tony e Geezer voavam para todos os lugares, enquanto eu e Bill alugávamos um desses motorhomes GMC e íamos dirigindo para os shows. Não era realmente um ônibus de turnê, parecia mais o tipo de coisa que uma família alugaria para uma viagem de carro pelo país. Nós nos divertimos muito naquelas coisas, cara. Foram alguns dos dias mais despreocupados da minha vida. Não era exatamente glamouroso, veja bem. Um dos GMCs que alugamos tinha um buraco no tanque de gasolina e o banheiro químico não dava a descarga corretamente. Impossível saber o que era pior: o cheiro do combustível ou o cheiro dos cocôs de Birmingham marinando por semanas.

Todas as manhãs, o ritual de Bill era o mesmo. Ele tomava uma xícara de café, um copo de suco de laranja, um litro de leite e, em seguida, uma cerveja. Sempre nessa ordem. Ele dizia que o café era para acordá-lo. O suco de laranja fornecia as vitaminas para o dia. O leite forrava seu estômago para toda a bebida que viria depois. E a cerveja era para colocá-lo para dormir novamente. Ele não estava brincando sobre a cerveja. Ele bebia em alguns goles depois do café da manhã, voltava para o beliche e desmaiava até chegarmos ao próximo show. A menos que o GMC quebrasse. O que acontecia a cada dois dias.

A pior época era no meio do inverno. Estávamos em algum lugar perto da fronteira do Canadá. Havia ocorrido uma nevasca no início do dia, e ela se transformou em uma chuva congelante. Nunca passei tanto frio e fiquei tão molhado em toda minha vida. Então, lá estamos nós, tremendo no acostamento, tentando dar partida no GMC, e um cara mais velho parou em um Jeep e disse: "Parece que estou indo para o seu lado, vocês querem uma carona?". É claro que aceitamos, pensando que seria uma viagem de apenas uma hora ou algo assim até o show. Mas foram quatro ou cinco horas. Para piorar, o Jeep tem o teto de lona com furos, então é como estar do lado de fora. Quando chegamos lá, estávamos quase morrendo de hipotermia. Não tenho ideia de como conseguimos fazer aquele show.

Em outra ocasião, estávamos em um bar antes de um show, e Bill decidiu que era hora de ir embora. Então ele começou a me dar socos na nuca, dizendo: "Vamos, Ozzy, *vamos embora*!". Mas eu estava desfrutando da minha cerveja e queria ficar, então acabamos trocando socos. E, é claro, no segundo em que o barman nos viu brigando, parou tudo e nos jogou para fora. Mas a briga continuou no estacionamento. E Bill estava tão bêbado que, enquanto eu dava socos, ele começou a fazer uma imitação ridícula de Harry Carpenter[4]: "E AQUI ESTAMOS... ONDE QUER QUE CARALHOS ESTEJAMOS... COM O INVICTO WILLIAM WARD ENFRENTANDO O DESAFIANTE JOHN OSBOURNE!"

Por fim, acertei um gancho de direita, mas Bill nem recuou. Ele ficava se balançando e se movimentando com todo o sangue escorrendo pelo seu rosto, dizendo: "E OSBOURNE ACER-

4 Locutor esportivo britânico. (N.T.)

TA UM JAB, MAS ERRA UM CRUZADO DE DIREITA, E WARD AINDA ESTÁ DE PÉ. REALMENTE É UMA LUTA TENSA AQUI EM...".

Tump.

Dessa vez, Bill caiu com força.

Finalmente, pensei, consegui fazer com que ele se calasse. Mas então ele se levantou.

"E WARD AINDA ESTÁ NA LUTA!!!", ele gritou. "MAS SERÁ QUE ELE CONSEGUE AGUE..."

Tump.

Não havia como se levantar dessa.

Uma hora depois, estávamos fazendo o show, os dois com olhos roxos e dentes faltando.

Éramos loucos. Dois completos idiotas.

Minha última lembrança do GMC foi quando eu finalmente convenci Bill de que precisávamos esvaziar o tanque de merda. Estávamos em um desses parques para motorhomes, e me recusei a voltar àquela coisa se não fizéssemos algo a respeito do cheiro. Eu tinha feridas no rosto por causa disso. Além do mais, estávamos perto do fim da turnê e a empresa de aluguel tinha deixado bem claro que queriam que devolvêssemos o veículo em perfeitas condições. Eles até nos deram uma pequena aula sobre como usar a bomba séptica, mas é claro que nenhum dos dois tinha prestado atenção.

Bill estava doido como sempre, e seu irmão Jim estava lá conosco, para nos ajudar a dirigir. O parque estava vazio e não havia ninguém para ajudar, mas nós encontramos a "estação de despejo" e a mangueira de nível industrial que precisávamos para sugar o cocô. O problema é que não sabíamos onde estava a conexão. Estava na cabine? Sob o capô? Perto do tanque de gasolina?

"Por onde essa merda sai?", eu ficava perguntando.

"Cadê o Bill?", era tudo o que Jim respondia. "Ele estava aqui um minuto atrás..."

Por fim, encontramos o que pensávamos ser a conexão no assoalho do GMC. Então, desparafusamos a tampa e forçamos a mangueira dentro dela. Jim sentou no banco do motorista, ligou o motor e puxou a alavanca de "esvaziar a fossa séptica". De repente, o motor girou loucamente e nós ouvimos um *NNNNNNEEEEE*!!! quando a bomba foi ativada. Mas era evidente que nada estava saindo da mangueira. Então, Jim desligou o motor e ficamos sentados, coçando a cabeça.

Mas aí, de algum lugar sob o GMC, ouvimos uma voz abafada e com som de gargarejo.

Era o Bill.

"Ozzy!", disse ele. "Diga ao Jim... Tenho um positivo para a merda!"

Afinal, Bill havia se enfiado *embaixo* do GMC para encontrar a saída para esvaziar a merda. Era lá que ele estava o tempo todo. E ele a encontrou. Então, desparafusou a tampa, pronto para conectar a mangueira. Mas *nós* estávamos com a mangueira, não ele. E, como ele estava bêbado, deve ter cochilado por um momento. Enquanto isso, conectamos a mangueira ao tanque do lavador dc para-brisa ou algo assim. Portanto, quando esvaziamos a fossa séptica, nós a esvaziamos em cima do Bill.

Quando ele finalmente apareceu, estava coberto da cabeça aos pés da merda azul de banheiro químico, cuspindo pedaços de vai saber o quê. Mas ele não parecia muito incomodado. Apenas se lavou em uma torneira externa.

Pelo menos tínhamos esvaziado o tanque de merda, pensei.

Quando nos afastamos e olhamos para trás, havia um contorno azul no local onde Bill estava deitado, cercado por um horrível lago azul irregular.

Ele deve estar sóbrio há quarenta anos, Bill, que Deus o abençoe.

Mas puta merda, cara. Os momentos que tivemos.

Bill não durou muito mais do que eu no Sabbath. Ele andava muito mal por causa da bebida, pelo que sei, e simplesmente desapareceu um dia antes de um show.

Durante muito tempo, fiquei incomodado com o fato de eles continuarem com o mesmo nome, mas com um vocalista diferente. Queria que mudassem para Black Sabbath II. Para mim, o vocalista é simplesmente a parte mais óbvia do som de uma banda, portanto, é totalmente diferente de quando você substitui outro músico. Quero dizer, tudo bem, *às vezes* funciona. Brian Johnson fez um ótimo trabalho ao substituir Bon Scott no AC/DC. Mas nunca é a mesma coisa. Se você é fã de uma banda desde o início, é provável que prefira o vocalista original.

Mesmo quando uma banda *muda* de nome depois de demitir o vocalista, parece estranho.

Lembro-me de quando Slash e os caras do Guns N' Roses se separaram de Axl Rose e formaram o Velvet Revolver com Scott Weiland, do Stone Temple Pilots. Deve ter sido no início dos anos 2000, quando o *The Osbournes* estava decolando. Entrei no Polo Lounge em Beverly Hills um dia e todos eles estavam lá. Eu não conhecia o Slash muito bem na época, e estava tão chateado com o fato de uma das minhas bandas favoritas ter se separado, que realmente meti os pés pelas mãos. Eu disse a eles: "Sabem, em minha carreira, houve apenas um punhado de bandas que já atingiram o nível do Guns N' Roses. Os Beatles, Stones, Led Zeppelin... e é só isso. Vocês não poderiam ter chegado a um acordo?".

Não ganhei nenhuma medalha diplomática por esse comentário, com certeza. Eu simplesmente amei muito o *Appetite for*

Destruction, sabe? Para mim, foi um daqueles álbuns perfeitos que ocorrem apenas algumas vezes em uma geração. Eu me lembro de ouvi-lo pela primeira vez e pensar, certo, isso tem tudo o que alguém precisa. Quando eles se separaram, pensei que era o fim, que nunca mais voltariam. Fiquei surpreso quando voltaram com o *Chinese Democracy*, vinte anos depois ou algo assim. Foi o disco mais caro já feito, aparentemente. Mas é difícil reacender a velha chama em uma banda que ficou separada por muito tempo. A cabeça das pessoas está em um lugar diferente.

Pensando bem, Axl Rose também trocou de banda mais tarde e assumiu o lugar de Brian Johnson no AC/DC por alguns shows. Tiro meu chapéu para ele por isso. Para substituir Brian, você tem que colocar suas bolas em um torno e enfiar um foguete no traseiro. Cantar como ele, noite após noite... deve ser uma tortura, cara. Você precisará de roupas de proteção e aparelho de respiração.

A única vez que me pediram para substituir outro vocalista foi mais ou menos na mesma época em que dei um sermão no Slash sobre a ruptura do Guns N' Roses. Eu estava na cozinha de casa, e o telefone toca. Peguei o aparelho e ouvi uma voz: "Quem é?". Quem quer que fosse, parecia que estava bebendo.

"Quem caralho você acha que é?", respondi. "E quem caralho é você?"

"Oh, ei, Ozzy", ele disse. "É... o Eddie. Quer cantar algumas músicas para nós?"

"Eddie?", respondi. "Não conheço nenhum Eddie..."

"Conhece sim, cara. É o *Eddie*. Eddie Van Halen!"

Não conseguia acreditar naquilo. Fazia *anos* que não o via. Então começamos a conversar e acontece que Dave Lee Roth tinha deixado a banda – ou talvez tenha sido Sammy Hagar, não me lembro – e o Eddie queria que eu assumisse o lugar.

Achei que era brincadeira. Afinal, ele estava meio doidão no telefone. De qualquer forma, assim que Sharon soube do fato, entrou no carro e foi direto para a casa dele. E disse, de forma muito simpática, que eu não poderia fazer isso, pois tinha minha própria carreira.

O que estou tentando dizer, suponho, é que nos anos desde que fui expulso do Sabbath, aprendi que merdas acontecem se você ficar muito tempo na indústria musical. E, pensando bem, ser demitido do Sabbath foi a melhor coisa que já me aconteceu – e foi com certeza a melhor coisa que já aconteceu para *eles*. Quando contrataram Ronnie James Dio para me substituir, eles tinham algo a provar. E eu tinha algo a provar. E isso reacendeu o fogo dentro de todos nós em um momento em que precisávamos muito sentir aquela fome novamente. Quero dizer, tudo bem, eu falei um monte de merda sobre o Dio ao longo dos anos, e nunca consegui ouvir nenhum dos discos que fizeram com ele. O Sabbath está muito próximo do meu coração, sabe? Mas a verdade é que ele era um bom vocalista. Certamente não era eu; e eu não era ele. Mas eles não perderam tudo depois que eu saí – não foi assim. E o fato é que algumas pessoas descobriram o Sabbath pelos álbuns com o Dio, depois voltaram para *Paranoid* e *Black Sabbath*. Então, sim... já faz um tempo. Mas, aos 76 anos, creio que finalmente encontrei algum tipo de serenidade em relação a tudo isso.

Sempre me incomodou o fato de o *Never Say Die!* ter sido meu último disco com o Sabbath. É por isso que voltar com eles para fazer o *13* parecia algo que eu tinha que fazer. Sabia que ainda tínhamos mais um álbum matador. E, em 2011, parecia que era agora ou nunca. Nenhum de nós estava ficando mais jovem.

Tivemos algumas reuniões ao longo dos anos, é claro. Algumas mais bem-sucedidas do que outras. A primeira foi para o Live Aid na Filadélfia, em 1985. Fico feliz por termos feito isso, porque foi por uma boa causa. Mas não foi a mais feliz das ocasiões. Eles nos colocaram às dez horas da manhã, entre Billy Ocean e os Four Tops, para começar. E aqueles eram os meus dias de alcoolismo total, por isso não estava me comportando muito bem e estava acima do peso. Além disso, o pai da Sharon me entregou uma notificação judicial quando eu estava entrando no local. Quero dizer, quem caralhos faz isso? *Em um show beneficente?* Teve algo a ver com ter deixado a Jet Records, não me lembro dos detalhes. Um cara simplesmente apareceu do nada e empurrou uma notificação na minha cara. Don e Sharon vinham discutindo sobre isso há anos.

Tivemos um reencontro muito mais feliz no final dos anos 1990, quando nos reunimos para fazer alguns shows no NEC em Birmingham, e lançamos o disco duplo *Reunion*. Também fizemos alguns Ozzfests durante o período do *The Osbournes*.

No entanto, quando se tratava de fazer um novo álbum, simplesmente nunca acontecia. Tentamos uma vez depois do *Reunion*, mas durante uma das primeiras sessões no Rockfield Studios – o mesmo estúdio no qual fui expulso em 1977, antes de voltar para o *Never Say Die!* – o Bill teve um sério problema cardíaco. Nós sempre criticamos sua saúde, e Bill sempre era um pouco brincalhão, por isso, quando ele começou a reclamar que sua mão estava estranha – em um momento ele me pediu para massageá-la –, todos pensamos que era brincadeira. Então, quando uma ambulância apareceu – ela passou correndo por nós com sua sirene tocando enquanto estávamos fumando um cigarro na chuva – nós pensamos, puta merda, ele está realmente levando isso a sério. Mas tinha sido muito grave. Quase o perdemos.

Quando Bill finalmente saiu do hospital, os médicos disseram que ele não poderia trabalhar por um ano. E quando tentamos novamente fazer o disco, todos estávamos ocupados com outros projetos, por isso acabou ficando para trás.

Por mais estranho que pareça, o álbum que se tornou *13* teve seu início de verdade no final dos anos 1980, quando o grande produtor Rick Rubin me ligou do nada um dia. Ele não mencionou um disco, apenas me convidou para conhecer sua casa em Laurel Canyon, no alto de Hollywood Hills.

Para ser sincero, eu não conhecia muito o Rick, sabia apenas que ele era o cara que produziu "Walk This Way", do Run-D.M.C. e Aerosmith, e também o primeiro álbum dos Beastie Boys. Ambos tinham sido grandes sucessos, de modo que Rick era grandão na época. *Todo mundo* queria trabalhar com ele.

Descobri que Rick era obcecado pelo Sabbath. Lembro-me de entrar em sua mansão de estilo espanhol, escondida em uma rua estreita, com vistas épicas de Los Angeles. Ele tinha alto-falantes enormes, um sistema de PA completo, e estava tocando faixas do nosso primeiro disco. O mais estranho era que havia também várias estátuas de Buda por toda parte, e uma placa que dizia "Silêncio, por favor: Meditação em andamento". O cara deve ter um parafuso a menos, pensei.

Ele era pesado, Rick, como um lutador de sumô, e tinha o cabelo comprido e a barba, mas não era todo grisalho como agora. E estava descalço, como sempre. Nunca o vi usando sapatos. A primeira coisa que disse a ele – lembro-me muito bem disso – foi: "Oi, Rick, quer cheirar um pouco?".

Era o final dos anos 1980, é preciso lembrar. Sempre que encontrava alguém, não importava a circunstância, apenas presumia que a pessoa usasse cocaína, ou quisesse usar cocaína, ou tinha acabado de cheirar cocaína... o que significa que estava sem cocaína e precisava de mais cocaína. Mas Rick era diferente. "Você deveria parar de cheirar essa merda, cara, isso vai te matar", ele me disse.

"Oh... tudo bem, então", eu disse, esforçando-me para não fungar, embora meu nariz estivesse pingando como uma torneira com vazamento, graças a todo o pó que eu já tinha cheirado. "Pergunta rápida, no entanto, Rick. Onde fica o banheiro mais próximo?"

"No final do corredor."

"Volto num segundo."

E lá fui eu, cheirando o caminho todo.

Nunca tinha conhecido alguém como o Rick. Ele não fumava. Não bebia. Não usava *nenhum* tipo de droga, não apenas cocaína. Ele devia gostar de comer um Big Mac de vez em quando, no entanto. Quero dizer, para um cara da classe trabalhadora como eu, foi difícil de entender. Além de ouvir música, o que ele fazia para se *divertir*?

No entanto, havia um problema muito maior entre nós. Rick queria que o Sabbath se reunisse para que ele pudesse produzir um álbum nosso. Mas eu ainda estava um pouco puto por ter sido demitido, apesar de ter acontecido quase uma década antes. "Ozzy, você precisa me contar", disse Rick, "há *alguma* chance de vocês trabalharem em algo juntos?"

"Sem chance", eu respondi.

"Certo", disse ele, "então pode me fazer um favor?"

"Claro."

"Se vocês *voltarem* a se juntar, podem me ligar?"

"Rick", eu falei, "isso não vai..."

"Ozzy, eu entendo, eu entendo totalmente", disse ele. "Mas *se* isso acontecer, por favor, pode me ligar?"

"Certo... mas como eu disse..."

"É só isso que preciso."

Depois disso, sempre que eu via o Rick, ele me chamava para um canto e sussurrava: "*Não se esqueça do nosso acordo!*". Literalmente, todas as vezes, pelos próximos 25 anos mais ou menos. Tivemos alguns falsos começos ao longo do caminho, como quando nos juntamos no estúdio antes e depois do infarto de Bill, mas, fora isso, parecia que nunca aconteceria. Mas depois que *The Osbournes* encerrou sua última temporada, e Tony havia feito sua última turnê com Dio e a banda Heaven & Hell, parecia que o momento havia chegado. Também ajudou o fato de termos finalmente decidido quem controlava o nome Black Sabbath, sendo que eu e Tony dividimos meio a meio entre nós.

É claro que levou cerca de quatro segundos para as primeiras rachaduras aparecerem.

O primeiro problema era que meu ego estava fora de controle, e eu tinha começado a voltar aos meus velhos hábitos ruins. O segundo problema foi que, por termos sido tão roubados no passado, Bill levava muito tempo para concordar com qualquer tipo de acordo. E ele queria uma parte igual, o que achei um pouco sacana, porque ele não tocava há muito tempo. Então fiz alguns comentários sobre isso na imprensa, houve uma explosão com Sharon, tudo ficou feio e acabamos continuando sem ele. Isso causou muitos danos ao meu relacionamento com Bill e paramos de nos falar. Lamento profundamente esse fato.

A coisa é que, quando começamos a discutir, Bill levou para o lado pessoal. Era compreensível. Os sentimentos são profundos nas bandas. Especialmente quando vocês começaram muito jovens. Mas com Tony, ele só me dava uma bronca. Ele dizia: "Ozzy, não é a porra da sua banda". E isso me fazia desistir. Embora o Sabbath nunca tenha tido um líder oficial, extraoficialmente sempre foi o Tony. Quanto ao Geezer, sinceramente não faço ideia qual foi o acordo com ele, mas ele conseguiu algo. Deve ter deixado isso para seu manager.

O fato é que, ao longo dos anos, eu me afastei do Tony e ele se afastou de mim. O mesmo aconteceu com Geezer e Bill. Mas nós sempre voltávamos um para o outro. Sempre o faremos.

No *13*, porém, Bill ficou para trás.

Foi muito triste para todos nós, e acho que todos queríamos que não tivesse acontecido dessa forma.

Quando nossos acordos foram fechados e Bill estava oficialmente fora, era hora de começar a escrever o material. Felizmente, meu bom amigo Tommy Clufetos estava disponível na época, então ele assumiu a bateria enquanto tocávamos e montávamos nossas ideias. Começamos em meu estúdio caseiro em Los Angeles. Eu morava em um lugar chamado Hidden Hills na época, um condomínio fechado perto de Calabasas, nas colinas a oeste da cidade, logo após a montanha de Malibu. Uma das primeiras coisas que notei em Tony quando ele chegou foi como estava magro. Ele disse que não era nada. Mas eu disse a ele: "Tony, você *realmente* precisa ir a um médico quando voltar para a Inglaterra". Ele fez isso e descobriu que tinha linfoma. Mas nada derruba o Tony, cara. Ele é um guerreiro, como todos nós somos. Acabamos mudando os ensaios para a Inglaterra enquanto ele fazia quimioterapia e tratamento com radiação. Na verdade, isso nos deixou ainda mais determinados a terminar o álbum e que fosse bom pra caralho.

Quando Rick começou a se envolver intensamente, ele disse que queria experimentar um baterista diferente, alguém que não fosse "rock puro", em suas palavras. Ele ficou sugerindo o Ginger Baker, que obviamente havia participado do Cream e também do Hawkwind por um tempo, com meu grande amigo Lemmy Kilmister, que Deus o tenha em bom lugar. Mas Baker era mais louco do que *eu*. Quero dizer, havia um documentário sobre ele, *Beware of Mr. Baker*, onde ele quebrou o nariz do diretor com uma bengala de metal em sua casa na África do Sul. E isso foi *depois* que o cara foi expulso de todos os outros países. Não que ele teria aceitado o trabalho de qualquer forma. Ele estava doido. Teria sido um risco na turnê.

No final, optamos por Brad Wilk, do Rage Against the Machine. Para mim, Brad é um baterista totalmente do rock. Mas Rick achava que ele era mais jazzístico, com certo swing. Nunca me senti confortável com essa decisão. Todos estavam bem com Tommy até a chegada de Rick com outras ideias, então fiquei meio chateado com isso por um tempo.

As sessões de gravação do *13* começaram em agosto de 2012, no Shangri-La Studios, na Pacific Coast Highway, em Malibu.

Rick tinha acabado de comprar o local, pelo que ouvi, e havia pintado todos os cômodos de branco antes de chegarmos, para que parecesse que estávamos começando do zero. Aparentemente, já tinha sido o estúdio do Bob Dylan e, antes disso, um bordel. Os quartos ainda tinham paredes espelhadas. Também havia um bar com estofado em couro, onde os clientes escolhiam qual garota eles queriam. E o antigo ônibus de turnê de Dylan estava estacionado no gramado em frente. Ele o deixou lá depois de uma turnê nos anos 1960, disse Rick. Agora era a sala de controle do estúdio, o que era muito legal. Havia até uma pequena área de audição acolchoada na parte traseira. Atrás da propriedade, eu também descobri, havia um velho celeiro onde já tinha morado Mister Ed, um astro de sitcom aposentado. Lembro-me de pensar que o pobre coitado deve ter tido muito azar para terminar em um celeiro. Então, alguém explicou que Mr. Ed era um cavalo. Nunca deve ter passado esse programa na Inglaterra.

Depois de nos instalarmos completamente e começarmos a gravar, Rick era como o guru residente. Ele sempre andava descalço com sua camiseta branca e bermuda preta. Tudo muito estranho, cara. Enquanto tentávamos resolver as coisas, Rick ficava sempre deitado no canto, dizendo: "Eu gosto disso... não gosto daquilo". Ele nunca media as palavras. Eu ficava um pouco preocupado com a reação do Tony às vezes. Tony não gosta que digam o que ele deve fazer. Certamente não gosta de ninguém mexendo com sua guitarra. Já vi pessoas tentando ao longo dos anos, e elas geralmente acabavam recebendo um gancho de esquerda dele.

Rick continuou dizendo que queria que voltássemos ao primeiro disco do Black Sabbath. Mas tanto o *Black Sabbath* quanto o *Paranoid* foram basicamente álbuns ao vivo. Eles tinham uma espécie de relaxamento. Apenas montamos nosso equipamento e apertamos "gravar". Ele também ficava dizendo: "Não quero que escrevam nada *feliz*". Isso me irritou um pouco. Me lembrou dos dias em que as pessoas entendiam o Black Sabbath da forma errada, e pensavam que éramos uma espécie de banda de Halloween.

O problema é que há um número limitado de "Iron Man" que se pode fazer. O erro que muitas bandas cometem é pensar, oh, o último álbum, *Smoke on the Water*, foi um grande sucesso, vamos fazer outro que é basicamente a mesma coisa, mas com um riff ligeiramente diferente. Isso envelhece. Muito rápido. Você precisa seguir em frente.

O câncer de Tony não facilitou as coisas. Mas ele continuou, mesmo durante todo o tratamento, que acabou durando alguns anos até que entrasse oficialmente em remissão. Enquanto isso,

Geezer trabalhava nas letras, dia e noite. E ele cumpriu. Não havia perdido nada de sua genialidade com as palavras.

A primeira vez que levei as mixagens brutas para casa, eu pensei, *Rick está louco*. Não me pareceu nada bom. Pensei: preciso me manifestar mais, precisamos de uma mudança de direção aqui. Mas, depois de um tempo, percebi que o que eu precisava era deixar meu ego na porta. A coisa é que os álbuns são algo muito pessoal. São como seus filhos em alguns aspectos. Se você tem uma visão em sua cabeça, pode enlouquecer ao tentar construí-la exatamente como deseja. Isso exige muito de sua pessoa. Isso o esgota completamente. No final das contas, tive que abrir mão, especialmente porque era um álbum do Sabbath, e havia outros envolvidos.

Eu fiquei na cabine *o tempo todo*. Gravava uma música quinhentas vezes, e Rick dizia: "Essa última foi ótima, Ozzy. Vamos fazer mais uma". E eu pensava, como pode ser ótima se você ainda precisa de mais uma? Mas assim é o Rick. Chegou a um ponto em que decidi parar de lutar contra isso. Apenas dizia: "Está bem, Rick, estou aqui para você. Se você quiser mais uma, vai ter mais uma".

Ninguém pode contestar o quanto o *13* é bom. Foi o primeiro álbum de nossa carreira que pulou direto para o primeiro lugar tanto na Grã-Bretanha quanto nos Estados Unidos, e em uma série de outros países. Ganhamos um Grammy. Até mesmo as críticas foram incríveis... não que eu as tenha lido. Mas quando apresentamos o álbum na turnê, tudo era negócio, não foi como nos velhos tempos. Nós íamos para o local, fazíamos a passagem de som e depois cada um ia para o seu próprio camarim. Eu tinha uma pequena comitiva comigo. Eles tinham as deles. Não comíamos juntos ou fazíamos qualquer coisa divertida, como uma banda. Eu me sentia como um músico contratado. Não havia camaradagem. Eu não via o Geezer em nenhum momento. A esposa dele tinha algum tipo de problema com a Sharon, então Geezer foi muito frio comigo durante a maior parte da turnê. Eu via o Tony por aí de vez em quando. Mas, muitas vezes, parecia que todos queriam apenas terminar logo com aquilo.

Suponho que não tenha ajudado algo que eu disse depois que finalizamos o álbum: se Tommy não estivesse na bateria para a turnê, eu não faria os shows. Causou muito ressentimento quando fiz essa jogada. Brad até me ligou e perguntou: "Por que não quer que eu faça a turnê?". Tudo o que eu pude dizer foi: "Brad, se você fosse o Tommy e tivesse estado lá durante todo o processo de composição, e Rick quisesse que você saísse, como *você* se sentiria?". Ele não tinha resposta para isso. Não havia uma resposta. A verdade é que Brad fez um bom trabalho no disco. Mas, na minha opinião, Tommy deveria estar lá o tempo todo, e merecia participar da turnê. Ao mesmo tempo, admito que estava tão acostumado a ter minha própria banda e fazer as coisas do meu jeito que foi muito difícil não ficar no controle. Talvez seja por isso que a atmosfera no palco nunca foi tão boa.

Olhando para trás agora, a maneira como estava me comportando também era resultado de minhas velhas inseguranças, que voltaram para me atormentar. Como nunca tive paciência para aprender a tocar um instrumento – além da gaita –, eu sempre me senti menos do que os outros, sabe? Era como se eu fosse apenas o cantor, e Tony, Geezer e Bill eram os *verdadeiros* músicos, então eu não tinha muito a dizer sobre o que acontecia. Isso não era verdade (ou nem sempre, pelo menos), mas era assim que me sentia desde os 20 anos de idade. Quando fui demitido do Sabbath e segui carreira solo, eu escapei disso. Mas agora que estávamos de volta, era como se eu nunca tivesse saído, com todas aquelas velhas tensões retornando.

Não quero parecer arrependido de ter feito nada disso. Não me arrependo. O disco e a turnê foram muito bem-sucedidos, mais do que qualquer um de nós jamais poderia ter sonhado. Mas teria sido muito melhor se tivesse sido amigável, e se o Bill estivesse lá. Tommy fez um ótimo trabalho na bateria, não me entenda mal. Mas ele seria o primeiro a admitir que não é o Bill e nunca poderia ser.

9

Morto no Natal

Quando tinha desistido da minha recuperação, foi Kelly quem entendeu o que precisava ser feito. Eu precisava sair daquele lugar e voltar ao trabalho. E se não pudesse retomar a turnê, isso significava ir para o estúdio. Cantar também ajudaria a recuperar minhas cordas vocais. E seria muito mais divertido do que ficar fazendo "ba, ba, ba" e "la, la, la" com minha fonoaudióloga mil e uma vezes por dia. Mas eu não estava interessado. "Se não vou fazer um álbum, qual é o objetivo?", disse a ela. "Só vou desperdiçar o tempo de todos."

"Na verdade", falou Kelly, "conheço um cara que quer muito cantar com você."

"Sério? Quem é?"

"Post Malone."

Pensei nisso por um segundo. "Isso é muito interessante", eu respondi. "Tenho apenas uma pergunta."

"Certo..."

"Quem caralhos é Post Malone?"

"Pelo amor de Deus, papai." Ela pegou o celular e começou a tocar "Sunflower" para mim. Certo, agora eu sabia quem ele era. Gostava muito dessa música. Como todo mundo, eu tinha ouvido na trilha sonora de *Homem-Aranha no Aranhaverso*. Foi um grande sucesso, como "Sweet Child O' Mine", que era impossível de ser evitada por pelo menos dois anos consecutivos. Vendeu vinte milhões de cópias ou algo assim. Post era obviamente um cara muito talentoso e um dos maiores cantores do mercado. Mas eu estava numa situação tão ruim que não acreditei que ele realmente quisesse fazer isso. "Ele quer *mesmo* cantar comigo?", perguntei.

"Sim! Ele é um grande fã seu desde criança, gosta de tudo, desde Sabbath até *Blizzard of Ozz*. Temos um amigo em comum que é produtor, e todo mundo acha que isso seria incrível. Pai, *você tem que fazer isso*."

"Está bem, então", eu disse, me entusiasmando com a ideia. "Mas não precisamos escrever uma..."

Não consegui terminar minha frase porque Kelly estava me abraçando e pulando para cima e para baixo ao mesmo tempo, com lágrimas escorrendo pelo rosto.

Foi uma estranha inversão de papéis: Kelly cuidando de *mim*. Quero dizer, tudo bem, eu tinha sido um pai bastante ausente em muitos aspectos. Mas durante sua adolescência, Kelly nos deu muito trabalho. Lembro que houve uma época em que eu recebia contas do Beverly Hills Hotel de 35, 40 mil dólares. Todo mês elas chegavam, e eu simplesmente pagava. Até que, em algum momento, pensei: *isso não deve estar certo para um almoço ocasional com Sharon no Polo Lounge*. Então fui até lá e conversei com o gerente, e ele disse: "Ah, sim, a Kelly traz todos os amigos dela aqui depois da escola e paga o jantar para todos na sua conta". E eu pensei: "Que merda eles estão comendo, barras de ouro?".

Sim, a Kelly é exatamente como eu. Não consigo imaginar o sofrimento que devo ter causado à minha mãe e ao meu pai, em especial quando fui para a prisão.

Mas agora, aqui estava eu, preso em casa, na cama ou sendo esticado em uma mesa de massagem, enquanto Kelly, Jack e Aimee estavam ganhando a vida e basicamente atuando como meus cuidadores. A Sharon também. Ela fazia aquele programa de TV – *The Talk* – cinco dias por semana, o que era uma loucura de cronograma. Ela ficava exausta no fim de semana. Mas ainda tinha tempo para organizar todos os meus tratamentos.

Eu me sentia muito culpado, sabe? Como se não estivesse fazendo meu trabalho, que era sustentar minha família como sempre fiz, independentemente do estado em que me encontrasse. Como se estivesse desapontando todo mundo. Minha família. Minha banda. A equipe. Acima de tudo, os fãs. Me sentia um fardo para todos ao meu redor. Se você é um cara da classe trabalhadora e não pode bater o ponto, sente que está fazendo seus colegas trabalharem em dobro.

Enquanto isso, meus cuidados contínuos estavam sobrecarregando a velha conta bancária como nunca antes. E ainda não tínhamos contado aos fãs que diabos estava acontecendo com minha saúde. Por mais estranho que isso possa parecer, vindo de um cara que mentiu sobre seus vícios a vida inteira, *odeio* segredos. Eles pesam sobre você, cara. E a verdade é que eu estava ficando sem desculpas para não estar em turnê. É por isso que metade da Internet parecia convencida de que eu tinha morrido.

Não acreditei na rapidez com que a música com Post Malone ficou pronta.

A primeira coisa que aconteceu foi que Kelly me apresentou ao seu amigo produtor, Andrew Watt. Ele ainda tinha vinte e poucos anos, mas já havia participado de uma banda com Glenn Hughes, do Deep Purple. Também tinha trabalhado com Lana Del Rey, e com Post no disco *Beerbongs & Bentleys*. Não faço ideia de como ele e Kelly se tornaram amigos. Acho que apenas se esbarraram uma vez em alguma festa. E como Andrew sabia que Post era um grande fã de metal, e ele obviamente sabia que Kelly era minha filha, ligou para ela um dia e disse: "Ozzy e Post deveriam trabalhar juntos!".

Eu me dei bem com Andrew imediatamente. Ele simplesmente adora música, sabe? E o cara detona e consegue melhorar o que toca. Ao mesmo tempo, não vou fingir que ele não parece uma criança. Quero dizer, ele nasceu em *1990*. Tenho meias atrás do sofá que são mais velhas do que ele. Andrew também tem uma capacidade de atenção que me faz parecer o homem mais paciente do mundo. Quando fui até seu estúdio caseiro em Beverly Hills – era no porão de sua casa, com pesados tapetes persas no chão, guitarras na parede, todos os tipos de teclados antigos e monitores de computador por toda parte – ele estava a mil, tocando air drums, batendo cabeça, o cara não conseguia ficar sentado por dois minutos. Por um momento, fiquei preocupado que ele pudesse ser algum tipo de maluco. E quando ele se sentou, enfiou a cara no celular, como todo mundo de sua idade. Tenho que dizer, cara, estou muito feliz por ter crescido sem essas coisas. A vida poderia ser mais lenta em nossa época, mas pelo menos podíamos parar e cheirar as rosas de vez em quando, em vez de ficar verificando constantemente alguma tela. Não que houvesse muitas rosas em Aston, lembre-se. A maior parte do que cheirávamos era pó de carvão e amônia.

Em algum momento, Andrew me enviou a versão preliminar da música por e-mail. Adorei a vibe imediatamente. Era como uma música sombria de término de namoro com um grande refrão e um solo de guitarra digno de um deus do rock. "Take What You Want" era o título. Andrew vinha trabalhando nisso há algum tempo com Post e outro cara chamado Billy Walsh, eu acho. Tudo o que precisava era adicionar as melodias vocais. Andrew também mencionou que eles iriam tentar que o rapper Travis Scott fizesse um verso. Como no caso do Post, eu não conhecia muito o Travis na época e, obviamente, o hip-hop não é exatamente a minha praia. Mas ao pesquisar sobre ele, percebi que era mais do que apenas um rapper. Ele tem um som sombrio e futurista, com um tipo de energia louca de mosh-pit. Kelly me disse que seu clipe de "Sicko Mode" teve mais de um bilhão de visualizações.

Quando chegou a hora de fazer a gravação, Post não conseguiu estar lá pessoalmente, porque tinha acabado de voltar de uma turnê, mas ele estava no FaceTime com Andrew enquanto trabalhávamos. E é claro quc, scndo cu, comccci a tirar um sarro dele, chamando-o de "the postman" ["o carteiro"] em todas as oportunidades. Nós rimos muito, na verdade. Devo ter ficado lá por quatro ou cinco horas. O bom com o Andrew foi que, assim que terminamos de definir a melodia vocal, ele não pediu que eu fizesse cinquenta *takes*, como Rick Rubin pediria. Se você sabe o que quer, isso simplesmente não é necessário. Fizemos isso em apenas dois ou três *takes*, acho.

Depois disso, ou talvez em outra noite, eu e Kelly levamos Andrew para comemorar em um restaurante italiano. Por alguma razão, Andrew queria pedir a mesma coisa que eu, então escolhi para ele uma comida de rock star de verdade – espaguete com um molho de creme ridiculamente pesado e duas colheres de caviar.

"Então, por que isso é comida de astro do rock?", perguntou ele quando tinha comido metade do prato.

"Porque custa uma fortuna e vai matá-lo", respondi. Mas, falando sério, serei eternamente grato ao Andrew – e ao Post – por levantar minha cabeça acima das nuvens em um dos piores momentos da minha vida. Eu estava me afogando em minha autopiedade há muito tempo, mas, assim que comecei a trabalhar novamente, senti a escuridão começar a se dissipar. Quero dizer, ainda sentia dor. Ainda não conseguia andar sozinho. Meu pescoço ainda precisava de apoio. Mas agora que eu tinha uma distração, algum tipo de propósito, era noite e dia. Eu até me motivei a começar a fazer Pilates três vezes por semana. Enquanto isso, estava dormindo muito melhor graças a um pouco de óleo de canabidiol.

"Não acredito que você acabou de fazer isso", disse Kelly quando estávamos voltando para casa do restaurante.

"Fiz o quê?", respondi.

"Sorriu."

"O que você está falando?"

"Pai", disse ela, "é a primeira vez que vejo você sorrir em pelo menos seis meses." Então seu rosto se iluminou. "Sabe de uma coisa? Você e Andrew deveriam fazer um disco!"

Eu não ia discutir.

Se você está em um ritmo acelerado, por que parar?

Uma vez que o plano do álbum tinha sido oficializado, Andrew se reuniu com Duff McKagan, do Guns N' Roses, e Chad Smith, do

Chili Peppers, para fazer jams e ter ideias de músicas. Eles tinham acabado de participar de uma festa beneficente juntos, e, aparentemente por isso, tinham um pouco de química. Mesmo assim, eu não podia acreditar quando eles voltaram em apenas quatro dias e disseram que haviam composto a base do material. Quero dizer, já estive escondido em casas de campo onde nada aconteceu durante meses antes de a primeira boa ideia surgir.

Então, voltei ao estúdio do Andrew para terminar de compor e fazer a gravação. Ficamos lá por cerca de três semanas. Como eu tinha que ficar sentado a maior parte do tempo, Andrew comprou uma fabulosa cadeira de veludo com um padrão de flores psicodélicas para mim. Em troca, eu levei meu antigo sintetizador ARP 2600, o mesmo que usamos nos álbuns *Vol. 4* e *Sabotage*, do Sabbath. A coisa é do tamanho de uma casa geminada, com uma porrada de cabos de conexão saindo dele, e tem um adesivo de época do Black Sabbath na parte de trás. Não tenho ideia de como aquilo ainda funciona. Nem sei como funcionava nos anos 1970 – eu estava sob efeito de ácido toda vez que o tocava.

Sinceramente, não me sentia tão empolgado para gravar um disco desde *Blizzard of Ozz*. Andrew realmente entendeu esse equilíbrio entre peso e melodia que eu estava buscando. Ele chamava de "Beatles do mal". E o mais louco é que, depois de nosso primeiro dia no estúdio, antes de termos qualquer título de música, letra ou mesmo uma música finalizada, eu e Andrew fomos embora e anotamos algumas ideias de conceitos enquanto estávamos em casa. Quando voltamos ao estúdio no dia seguinte, eu havia escrito a frase "I'm just an ordinary man", enquanto Andrew tinha escrito "I don't want to die an ordinary man".[5]

5 "Sou apenas um cara normal". "Não quero morrer como um cara normal".

Essa é uma música que estava destinada a existir.

Conforme começamos a trabalhar mais no projeto, tivemos essa ideia sobre um cara como eu, que veio da classe trabalhadora e se tornou famoso muito rapidamente, e está cantando a música no final de sua vida, olhando para trás, sem ter certeza de como ou por que ainda está vivo, e esperando que não morra sem dinheiro e desconhecido, como quando começou. Enquanto isso, a melodia foi baseada num riff de piano imponente, com um som bem setentista. Ao escutar Andrew tocando, pensei: "Sabe quem seria perfeito para isso? O homem-foguete – Elton John". Quero dizer, a música poderia ser sobre nossas vidas. Nós dois crescemos em regiões pobres da Inglaterra depois da guerra, e fomos de absolutamente nada para mais do que jamais poderíamos imaginar em um espaço de tempo muito curto. É um clube bem pequeno, o das pessoas que viram esses extremos em suas vidas.

Quando mencionei isso para Sharon, ela disse: "Por que você não pergunta a ele?".

Alguns dias depois, Elton estava em um estúdio em Atlanta com Andrew. Slash fazia o solo de guitarra. E eu ficava me beliscando. Não consigo expressar em palavras o quanto significou para mim fazer uma música com Elton. O cara é uma lenda viva, porra! Quando a versão final ficou pronta, a última etapa foi Andrew voar para Abbey Road para adicionar uma orquestra – todo mundo para quem eu mostrava começava a chorar. Eu pensava: "Não é *tão* ruim assim, é?".

O título da música – "Ordinary Man" – também se tornou o título do álbum.

Sou muito grato a todos que participaram de *Ordinary Man*. Meu velho amigo Tom Morello, do Rage Against the Machine, participou tocando guitarra em "Scary Little Green Men" e "It's a Raid", outra faixa com Post Malone.

Como Post era um grande fã de Sabbath – e tínhamos colocado o velho e confiável ARP 2600 para funcionar de novo –, "It's a Raid" foi inspirada na criação do *Vol. 4*, em Bel Air. Isso rolou no verão de 1972, o auge absoluto de nosso período com cocaína. Nessa época recebíamos frascos – lacrados com cera – do produto de Pablo Escobar por meio de um oficial da alfândega de Los Angeles. De qualquer forma, certa tarde, eu estava sentado em uma mansão que tínhamos alugado, com um baseado numa mão, uma cerveja na outra, e havia uma enorme tigela de vidro com cocaína na mesa de centro. Como fazia calor, eu me levantei para ajustar o ar-condicionado. Mas, quando voltei a me sentar, ouvi o barulho inconfundível das sirenes ecoando pelo cânion, e quando dei por mim, cinco carros de polícia estavam na entrada da garagem. Pensei: *"Fodeu, vão dar uma batida aqui"*.

"É uma batida! É uma batida!" Comecei a gritar e, de repente, todos estão correndo de cueca, com os cabelos soltos, tentando esconder toda aquela merda. Tony vai para o andar de cima. Bill e Geezer saem correndo pela porta dos fundos. E eu e um roadie pegamos a tigela de cocaína e nos trancamos no banheiro do andar de baixo. Mas ao tentar jogar o pó no vaso sanitário, o cano não aguenta, e a única coisa que resta a fazer é ficar de quatro e cheirar as provas.

Enquanto isso, os policiais batiam na porta, gritando para abrirmos e, alguns instantes depois, a faxineira atende, e eu ouço o policial dizer: "Está tudo bem, senhora? Alguém apertou o botão de chamada de emergência".

A essa altura, meu nariz sangrava e meus olhos latejavam tanto que achei que fossem estourar. Mas quando ouvi as palavras "botão de chamada de emergência", fiquei paralisado. De repente, sabia exatamente o que havia acontecido. Em vez de ajustar o ar-condicionado, eu acidentalmente apertei o botão de pânico na parede, que automaticamente chamou a polícia. Eles pensaram que estávamos sendo roubados ou algo assim.

Lembro-me de ficar ali, congelado – meu rosto era uma máscara de pó branco, como o do roadie –, até que ouvi o policial pedir desculpas à faxineira por tê-la incomodado, seguido pelo som dos carros de polícia indo embora.

Não tenho ideia de quanta cocaína consumimos.

Mas eu não dormi por um período que pareceu ser de um ano.

Foi uma experiência educativa estar de volta ao estúdio. Até mesmo se compararmos com a maneira como gravamos o *13*, em 2012. Puta merda, foi completamente diferente. Tudo é feito neste aplicativo agora, o Pro Tools. É como dar uma rapidinha. É música do McDonald's. Eu vi o Andrew fazer em alguns segundos coisas que o Sabbath teria levado três anos, ao custo de um milhão de libras e um quilo de cocaína para fazer. E, mesmo assim, provavelmente não teríamos feito, pois estaríamos muito ocupados fazendo merda, tentando pintar o pinto um do outro com spray azul ou qualquer outra coisa.

Isso me fez lembrar de todas as outras vezes em que estive no estúdio ao longo dos anos – o que tinha feito certo, o que tinha feito merda, o que faria de novo se pudesse.

Os discos que fiz mais rapidamente, *Blizzard of Ozz* e *Diary of a Madman*, também foram meus melhores, eu acho. *Bark at the Moon* também foi bom, e fez algum sucesso. A coisa que mais me lembro de *Bark at the Moon*, no entanto, foi a preparação para a turnê. Corria todos os dias para entrar em forma, comia melhor e não bebia tanto. Foi divertido ser um fanático por saúde por um tempo. E quando assisto às gravações desses shows, vejo que estava em ótima forma. Nos primeiros três ou quatro shows, pelo menos. O problema é que não dá para manter o ritmo. Ou pelo menos eu não consigo. Eu me programo para uma meta, então a alcanço, e fico tipo, beleza... *o que faço agora?* No caso de *Bark at the Moon*, a resposta foi encher a cara e comer pizza. Fiz exatamente isso. No final da turnê, eu estava na clínica Betty Ford.

Há um limite para a rapidez com que você pode trabalhar no estúdio, é claro. Se for rápido demais, você estraga tudo. Aprendi essa lição da maneira mais difícil com "S.A.T.O." no *Diary of a Madman.*

Eu estava muito preguiçoso no dia em que gravamos "S.A.T.O.". Não consigo me lembrar por que estava tão desesperado para ir embora do estúdio. Provavelmente, eu só queria voltar para o Plough, o aconchegante e antigo pub inglês na esquina. Então fiz alguns *takes* e encerrei o dia, embora eu estivesse cantando um pouco atrás do riff. O que não percebi, é claro, é que quando você faz um *take* meio malfeito como esse, toda vez que ouvir essa música, *para o resto de sua vida*, vai dizer para si mesmo: porra, eu poderia ter feito um trabalho melhor. O que é bem o caso de "S.A.T.O.". Sinto calafrios toda vez que a ouço.

Desde então, sempre fui muito consciente de não deixar o estúdio rapidamente durante a gravação de um álbum. Eu falo para o produtor, estou aqui, não vou a lugar nenhum e vou continuar gravando até que você me diga que ficou bom.

Dito isso, às vezes o vocal não é o problema. Às vezes, não importa quantas horas você passe na cabine, isso não fará nenhuma diferença. Eu me sinto assim com *The Ultimate Sin*, disco que traz a faixa "Shot in the Dark". Ron Nevison foi o produtor, logo após ter feito o álbum de retorno do Heart. Poderia ter sido um bom disco, mas ele simplesmente não tinha nenhuma personalidade. Não tinha conteúdo suficiente. Todas as músicas tinham o mesmo estilo do final dos anos 1980 – precisava de mais imaginação. Também senti que Ron estava trabalhando nele na esperança de produzir outros artistas. A única coisa boa foi que Jake E. Lee tocou umas partes ótimas na guitarra. Também foi bem comercialmente, ou pelo menos foi o que me disseram. Mas, para mim, é sem dúvida o pior álbum que já fiz.

Quanto ao álbum mais difícil – ou o mais irritante –, foi o *Ozzmosis*. Foi a continuação de *No More Tears*, lançado em 1991 e que tinha sido um grande sucesso. Portanto, havia muita pressão para estar à altura dele. Foi também meu álbum "saindo da aposentadoria", e isso aumentou a importância de garantir que não terminasse como um cocô molhado.

O produtor foi Michael Beinhorn, conhecido na época por seu trabalho com os Chili Peppers e o Soundgarden. Era como trabalhar com um torturador. Eu lembro que ele tinha uma fileira de microfones e dizia: "Certo, Ozzy, cante naquele, depois naquele, depois naquele". Para cada verso. De todas as músicas.

Isso aconteceu primeiro no Electric Lady Studios, no Greenwich Village, e depois no Bearsville, em Woodstock. As exigências que o cara fazia eram inacreditáveis. Ao final de um dia de trabalho, ele me convencia a fazer mais dez *takes*, então ele dizia: "Sabe de uma coisa, sua voz parece cansada, vamos tentar novamente amanhã". Mas você já sabia que no dia seguinte ele diria: "Ozzy, sua voz não soa mais como ontem, precisamos começar de novo". Quando terminou, eu estava pronto para me aposentar novamente.

Para ser justo, eu gosto do *Ozzmosis*. O Geezer está lá tocando baixo – a única vez que ele tocou em um dos meus álbuns solo, tenho certeza. E tem "See You on the Other Side", com letra do Lemmy. Foi bem-sucedido, também, vendendo alguns milhões de cópias. O que foi muito bom, porque houve um momento durante a gravação, sem brincadeira, em que achei que ia morrer.

O problema é que eu estava tomando vodca pura para aguentar as sessões de tortura do Beinhorn. E como elas se arrastavam, eu bebia cada vez mais, talvez uma garrafa por dia. Então, quando voltava para o hotel – eu estava hospedado no meu lugar habitual, o Peninsula, em Midtown –, eu mergulhava numa garrafa de codeína líquida pura que eu tinha roubado de um médico de ouvido, nariz e garganta. Eu me convenci de que essa era a única maneira de conseguir acalmar a mente e dormir.

Obviamente, essa não é uma combinação muito inteligente, vodca e codeína. Mas, como todos os viciados, achei que conseguia lidar com isso... até que uma noite, quando estava deitado na cama, percebi de repente que não conseguia respirar.

Absolutamente aterrorizante. Lá estava eu, ofegante e borbulhando, meu coração batendo muito rápido, enquanto em minha cabeça eu repetia: *Deus, se você existe, por favor, não me deixe sufocar, por favor, que não seja assim que eu deixe este mundo.* Eu sabia que supressão respiratória pode ser um efeito colateral da codeína. Mas nunca tinha acontecido comigo antes, por isso eu presumia que nunca aconteceria.

Cheguei *muito* perto, cara.

Fiquei cagado de medo.

Não me lembro se a Sharon estava comigo naquele dia. Mas meu antigo assistente estava lá. Quando ele percebeu o que estava acontecendo – eu tinha pedido que viesse me ver de vez em quando – ligou para o médico que havia me dado a codeína e o manteve na linha durante a maior parte da noite. Não sei se o cara veio e me deu alguma coisa para acordar. Mas sei que nunca mais misturei vodca e codeína.

Na verdade, eu abusava de opioides todos os dias, e podia ter morrido. Em um determinado momento, eu havia desenvolvido uma tolerância tão grande que estava tomando nove Lorcets de uma só vez para ficar animado. Quero dizer... isso vai te animar. Enquanto isso, após o quase acidente com a codeína, mudei para barbitúricos porque achei que eram mais seguros. Essas são as mesmas drogas que eles usam para eutanásia e injeções letais, o que mostra como minha definição de "mais seguro" era uma merda. Especialmente porque minha tolerância aos barbitúricos era quase tão alta quanto aos opioides.

Depois de finalizar o *Ozzmosis*, eu tinha chegado a um ponto no qual até mesmo os médicos mais desonestos relutavam em me dar as quantidades de comprimidos que eu pedia. Eles não achavam que eu queria chapar. Eles pensavam que eu estava tentando me matar. Lembro-me de um cara que me olhou nos olhos e disse: "Sr. Osbourne, você está me pedindo cem Seconais. Precisa me dizer, honestamente, está tentando cometer suicídio?".

"Se eu quisesse me matar, já estaria morto", respondi. "O que estou tentando fazer é *relaxar*."

"Take What You Want" foi lançada no final de outubro. Eu já sabia que era uma ótima música. Mas nunca se sabe como um single se sairá quando é lançado. Não deveria ter me preocupado. Foi um sucesso, chegando à oitava posição nas paradas americanas e vendendo dois milhões de cópias, seja lá o que eles contem como uma venda hoje em dia, agora que todo mundo simplesmente faz streaming da música diretamente em seus lóbulos frontais. De acordo com Sharon, foi meu primeiro hit a chegar ao top dez americano em trinta anos, o que quebrou uma espécie de recorde. A última vez tinha sido com "Close

My Eyes Forever", o dueto que fiz com Lita Ford. Em casa, no Reino Unido, a música chegou ao número vinte e dois.

Enquanto a música tocava em todos os lugares, parecia ser o momento certo de dar uma atualização para os fãs. Desta vez, porém, preparei uma mensagem em vídeo, não um comunicado à imprensa. "Como vocês provavelmente já sabem, ou talvez não saibam, no início deste ano, tive uma queda feia", eu disse. "Eu ferrei todas as vértebras do meu pescoço e tive que fazer uma cirurgia. Não estou morrendo, estou me recuperando – só que está demorando um pouco mais do que todos pensavam. Estou muito entediado por ficar preso em uma porra de uma cama o dia todo. Não vejo a hora de levantar o traseiro e voltar à turnê. Mas vocês terão que ser um pouco mais pacientes. Não estou me aposentando – ainda tenho shows para fazer –, mas quando voltar para a turnê, quero estar 100% pronto para arrebentar. Além disso... há um novo álbum a caminho."

Terminei agradecendo à minha banda, à minha equipe e aos nossos promotores da Live Nation e ao Judas Priest, que já havia sido incrivelmente compreensivo com relação aos atrasos intermináveis. Eu disse que os shows na América do Norte continuavam marcados para maio de 2020, apenas alguns meses adiante, mas que a etapa europeia seria adiada de janeiro para outubro. E terminei declarando: "Só quero dizer uma coisa aos fãs. Eu agradeço sinceramente por sua paciência e lealdade. Eu amo vocês. Agora... vão se foder e me deixem melhorar".

A melhor parte do lançamento de "Take What You Want" foi voltar ao palco pela primeira vez desde o show de Ano Novo no Forum – mesmo que tenha sido apenas por alguns minutos. Graças ao Post, que perguntou se eu queria fazer uma participação como convidado quando ele tocou lá no final de novembro.

Foi estranho retornar ao Forum como um homem diferente do que eu era dez meses antes. Enquanto ia tropeçando até lá, com minha bengala e uma enfermeira ao lado, tentando apenas colocar um pé na frente do outro, era difícil não pensar em todas as coisas que eu havia perdido em tão pouco tempo. Mas foi uma honra ter sido convidado, realmente foi. E sabia que isso nos daria algumas imagens incríveis para o clipe oficial da música.

Que incrível estar de volta à ação depois de passar tanto tempo em casa ou em um leito de hospital. Eu havia me esquecido quanto barulho e caos há nos bastidores de um show. Mil e uma pessoas andando para todos os lados. Eu pensava: por que caralhos alguém quer uma credencial para o backstage quando poderia estar na frente, com um belo assento e um bar bem próximo?

Post veio me cumprimentar depois que cheguei. Só tínhamos nos visto por FaceTime antes. Seu nome verdadeiro é Austin, eu descobri. Andrew também estava lá.

Na verdade, ele é um homem muito calmo, Austin, muito respeitoso, muito fácil de conviver. Quero dizer, as tatuagens em seu rosto são um pouco exageradas, mas todo mundo está fazendo essa merda agora. Como já disse antes, uma tatuagem no braço não é mais suficiente. Todos querem exagerar. Não tem como confundir o cara com outra pessoa, isso é fato. Ele também estava usando um terno rosa brilhante de manga curta com morcegos, o que foi um toque genial.

Tive um caso grave do velho medo do palco antes de entrar, mas não poderia ter sido melhor. Eu estava usando meu colar de pescoço, mas cuidadosamente escondido, e eles me colocaram num trono gigante com rodas, para que eu não tivesse que andar. Mas consegui me levantar algumas vezes.

Foi uma grande noite. Fiquei emocionado por estar lá em cima, na verdade. Acho que isso também significou muito para Post. E, claro, o solo de guitarra do Andrew foi fenomenal. Então, no final, os dois me deram um abraço enquanto toda a pirotecnia explodia.

Alguns dias depois, fizemos a mesma coisa, mas no American Music Awards. Travis Scott participou dessa vez, mas não chegamos a conversar. Ao contrário do show com o Post, fizemos playback, o que eu não gosto muito.

O engraçado é que, quando as pessoas perceberam que eu tinha feito uma música com Post e Travis – ambos quarenta anos mais jovens do que eu – ficavam perguntando que tipo de conselho dei a eles. Suponho que seja porque ambos tiveram suas controvérsias lidando com a imprensa, como eu tive ao longo dos anos.

Cara, a questão é a seguinte: por que alguém iria querer um conselho *meu*? Além disso, as pessoas farão o que quiserem, não importa o que você diga a elas. Quando você está se sentindo bem e se divertindo com seus amigos, e alguém diz "Se eu fosse você, filho, não tomaria todas essas drogas e fumaria esses cigarros", você nunca reage dizendo: "Ah, beleza então".

Não conheço muito o Travis, mas já vi fotos do Post por aí, e parece que ele está se divertindo. Se eu fosse ele, estaria fazendo exatamente a mesma coisa. Quero dizer, para ser sincero com você, até eu completar 70 anos, eu tinha a melhor vida do mundo. Não posso reclamar. Tive 70 ótimos anos, o que é muito mais tempo do que eu esperava ou provavelmente merecia.

Essa é a minha maneira de dizer que as pessoas devem fazer o que quiserem, cara. E, mais importante ainda, elas devem se divertir enquanto fazem isso – porque você nunca sabe quando ou como sua viagem vai terminar.

O ano novo chegou, já era janeiro de 2020 – e eu sabia que precisava me explicar adequadamente para os fãs. Mesmo depois de minha apresentação no Forum, os boatos sobre minha saúde estavam ficando cada vez mais malucos. O site RadarOnline dizia que eu estava em um "trem louco para a morte", enquanto o bom e velho *National Enquirer*, não exatamente conhecido por suas manchetes sutis, havia declarado que eu estaria "morto até o Natal".

Acho que parte de mim esperava que eu tivesse uma recuperação milagrosa, e voltasse a aparecer mais em forma do que nunca. Mas já era claro que isso não aconteceria. Até mesmo minha fisioterapeuta tinha me dito que não havia muito mais que ela pudesse fazer. Meu pescoço frouxo podia ser escondido, até certo ponto, com um colar menor. Mas ainda não conseguia levantar a cabeça direito, pois a dor era muito forte. E não havia como esconder o fato de que eu mal conseguia andar mais do que alguns passos. Especialmente porque eu iria ao Grammy com Sharon para anunciar um dos vencedores; e também para promover *Ordinary Man*, que seria lançado um mês depois. A campanha de lançamento incluiria uma festa no Rainbow Bar and Grill, na Sunset Strip, depois uma sessão de autógrafos na Amoeba Records, a enorme loja de discos na Hollywood Boulevard.

Era hora de confessar. Ou mais ou menos, porque eu não queria entrar em detalhes sobre meu fracassado stage dive na cama no meio da noite.

Acho que outra coisa que eu queria deixar registrada era o fato de eu ter a doença de Parkinson. Embora tenha conversado sobre ter síndrome parkinsoniana antes, muitas pessoas ainda não sabiam. Elas simplesmente presumiam que a maneira como eu andava e falava era devido à bebida e às drogas. O que era justo, eu acho. Mas não a verdade. E houve momentos em que as pessoas pensaram que eu estava chapado ou meio senil quando não estava.

O pior caso disso foi no Grammy, em 2014, quando o Sabbath ganhou o prêmio de melhor performance de metal. Esse prêmio significou muito para nós, porque fomos menosprezados e cagados pelos críticos desde o lançamento do *Black Sabbath*, e agora finalmente estávamos recebendo algum reconhecimento. Então, eu, Tony e Geezer combinamos que iríamos lá no palco juntos para recebê-lo. E como estávamos lá, o pessoal do Grammy perguntou se nós poderíamos apresentar o Ringo Starr cantando "Photograph", o grande sucesso que ele escreveu com George Harrison nos anos 1970.

A ideia era que eu falasse uma frase, Geezer falasse outra e Tony, outra. Mas eu disse a minha três vezes sem nem perceber, o que fez Geezer cair na gargalhada. Quando assisti a filmagem, eu parecia um idiota. O que tornou tudo ainda pior foi o fato de eu estar apresentando um Beatle, um dos meus heróis.

Não foi a doença de Parkinson que me fez esquecer, foram os medicamentos que tomo para isso. Eles são muito bons no controle dos tremores, mas o principal efeito colateral é a perda de memória de curto prazo. Naquele momento no palco, eu não estava brincando: eu não fazia ideia do que tinha feito Geezer rir. Se você observar com atenção, poderá ver esse momento de total confusão em meu rosto. É isso que acontece. Vou me esquecer do que estou dizendo quando já estou na metade da frase. Parece que estou doido. O que, está bem, eu estou. Mas não *dessa* forma.

Saí do palco muito envergonhado. E chateado também, porque eu *sabia* que isso ia acontecer. Eu tinha dito para a Sharon antes de subir lá: "Não posso mais fazer discursos, não consigo mais fazer isso". E ela disse: "Claro que você consegue, é só uma frase, vai dar tudo certo". Acho que ela esperava que eu estivesse furioso quando tudo acabou. Mas não falei nada. O vídeo que se tornou viral no dia seguinte falou por si só, sabe? E ela deve ter entendido a mensagem, pois nunca mais tentou me convencer a fazer um discurso.

De qualquer forma... já havia se passado seis anos desde aquela cagada e, como eu voltaria ao Grammy, Sharon achou que deveríamos fazer o anúncio sobre minha saúde alguns dias antes. Então, nós dois fomos ao estúdio do *Good Morning America* na Times Square, em Nova York, para sermos entrevistados por Robin Roberts sobre meus problemas na coluna e o gene PARK2 com defeito.

"Há um ano, neste mês, minha condição era deplorável", contei para Robin ao vivo na TV. "Eu tive uma queda feia. Depois, precisei fazer uma cirurgia no pescoço, e isso estragou meus nervos. Também descobri que tenho um caso leve de..."

"A DOENÇA DE PARKINSON É UMA DOENÇA NEURODEGENERATIVA QUE PROGRIDE LENTAMENTE NA MAIORIA DAS PESSOAS, MAS, ATÉ O MOMENTO, NÃO TEM CURA", foi a locução estrondosa que colocaram. Eu disse, sim, muito obrigado.

Fiquei feliz por Sharon estar lá, porque ela poderia entrar em mais detalhes. Ela explicou que a pesquisa sobre a mutação do PARK2 que tenho é limitada, pois cada pessoa tem uma experiência diferente com a doença, e é algo bastante raro, portanto as empresas farmacêuticas não querem gastar muito dinheiro com pesquisa de novos tratamentos. "Há tantos tipos diferentes de Parkinson", disse Sharon. "Não é uma sentença de morte de forma alguma, mas afeta certos nervos em seu corpo. É como se você tivesse um dia bom, outro dia bom... e depois um dia muito ruim." Com isso, ela foi ficando muito emocionada. "Ozzy adora fazer shows", ela falou. "É o ar que ele respira. E esse é o maior tempo que ele já ficou em casa. E está na hora de ele voltar para a estrada... porque ele está me deixando *louca*."

Essa parte a fez rir, pelo menos. "Ele precisa sair agora", disse ela. "Ele *realmente* precisa."

Nem sempre concordamos, minha esposa e eu.

Mas acreditem em mim, nisso nós concordamos.

O dia do Grammy começou com uma notícia verdadeiramente de merda. Um helicóptero transportando o jogador de basquete Kobe Bryant havia se acidentado nas colinas perto de minha antiga casa em Hidden Hills. Nove pessoas estavam desaparecidas, incluindo a filha de 13 anos de Kobe. O helicóptero tinha caído em meio a uma névoa espessa, incendiando metade da montanha. A única maneira da equipe de resgate chegar aos destroços foi indo a pé até lá, pelo menos era o que dizia o noticiário local. Mais tarde, o Corpo de Bombeiros de Los Angeles disse que nenhum sobrevivente havia sido encontrado.

Foi muito triste, cara. Kobe era o rosto de Los Angeles, porque foi o astro dos Lakers por muito tempo. A cidade inteira ficou em choque. Ainda hoje, sempre que um helicóptero da polícia passa por cima de minha casa, a primeira coisa em que penso é em Kobe.

Chegamos ao Staples Center por volta das quatro da tarde para a recepção no tapete vermelho, e só se falava do desastre. Foi uma loucura isso ter acontecido apenas algumas horas antes. Ainda mais louco, o Staples Center – ou Crypto.com Arena, como se chama agora – foi onde Kobe jogou por mais de vinte anos. Quando Alicia Keys começou o show, aparecendo e dizendo que todos estavam "com o coração partido na casa que Kobe construiu", não havia um olho seco ali. Enquanto isso, algumas pessoas usaram sua camisa número 24 quando subiram ao palco.

Mas então a cerimônia passou de triste para estranha.

Eu e Sharon fomos convidados a anunciar o vencedor de Melhor Performance de Rap Melódico. Por que diabos eles nos deram essa categoria, não faço ideia – talvez porque eu tivesse acabado de gravar a música com Post e Travis Scott. Ou talvez só quisessem ouvir Sharon ler os nomes de todos aqueles rappers com seu sotaque britânico muito formal e correto. Tudo que precisava fazer era ficar ali e não fazê-la passar vergonha. Eu não conhecia a maioria dos indicados. Lil Baby? Young Thug? Mustard? Eu já tinha ouvido falar dos vencedores, no entanto – DJ Khaled com John Legend e um rapper chamado Nipsey Hussle, que havia sido assassinado em Los Angeles no ano anterior, de acordo com Sharon.

Fiquei feliz em ver Legend quando ele subiu ao palco. Eu sabia que a Kelly era amiga dele. Ele havia me enviado uma mensagem quando fiz 70 anos. Mas o mais estranho é que ele simplesmente nos ignorou. Fiquei perplexo.

Depois descobri que ele estava irritado com Sharon porque ela o criticou por ter reescrito a letra da canção de Natal de Dean Martin, "Baby, It's Cold Outside". A versão original – que, segundo me disseram, foi escrita por um antigo cara do Tin Pan Alley[6], Frank Loesser – fala de um cara flertando com

6 Referência às várias editoras e compositores musicais que dominaram a música popular dos EUA no final do século 19 e começo do 20. Elas se concentraram em uma rua de Nova York que recebeu o apelido de Tin Pan Alley (Beco da Lata do Lixo). (N. T.)

uma garota no final da noite, tentando conseguir que ela ficasse, e ela fica fazendo ele de bobo. Mas a maneira como Legend a reescreveu, inspirado por toda a campanha MeToo, o cara está basicamente se oferecendo para chamar um Uber para ela ir para casa em vez disso.

Agora, pessoalmente, não estou nem aí que ele tenha reescrito a letra. Quem se importa? É uma música de Natal, todas são ruins. Quando Busta Rhymes me disse que tinha mudado a letra de "Iron Man", eu não saí do estúdio, cantei o novo refrão com ele. Embora ache que foi um pouco diferente, porque eu sou o cantor original e ele pediu minha permissão.

Mas, de qualquer forma, Sharon não gostou da ideia de alguém mexer em um clássico, afinal o cara que o escreveu estava enterrado fazia cinquenta anos. Ela tinha direito à sua opinião. Ela também fazia um programa de TV, e o seu *trabalho* era ter uma opinião. Então, ao perceber que Legend estava nos tratando com indiferença por isso, fiquei tipo... *é sério?* Se ele tivesse algo para dizer para a Sharon, por que simplesmente não teve coragem de falar? O fato é que estou nesse jogo há mais tempo do que ele e vi muitas pessoas se tornarem o Sr. Celebridade do Mês e começarem a tratar as pessoas de forma fria. Mas aprendi da maneira mais difícil que nunca se deve esquecer a velha regra: seja gentil com as pessoas no caminho para o alto, pois você as encontrará novamente no caminho de volta para baixo.

O que se percebe ao chegar a uma certa idade é que a cada poucos anos, como um relógio, o humor do planeta muda. Nunca se pode dizer exatamente quando ou como isso vai acontecer, mas sempre acontece. Quando você se dá conta, uma música que era perfeitamente boa por sessenta anos – como a versão de Dean Martin de "Baby, It's Cold Outside" – de repente é a pior coisa já feita.

No entanto, tenho que dizer que estou feliz por não ser jovem e estar namorando em 2025. O jogo agora é diferente. Não sei como as pessoas se apaixonam e se casam mais, para ser honesto com vocês. Há muitas regras. Você precisa ter cuidado com o que diz, quando diz e como diz. E se você der em cima de alguém, que Deus o ajude, especialmente se for um nome bem conhecido. Um movimento errado e fim de jogo.

Por outro lado, é bom que alguns monstros tenham sido expostos. Veja o caso de Jimmy Savile.[7] Nos velhos tempos, você deveria olhar para o outro lado enquanto ele fazia seus ruídos estúpidos e lambia os braços das pessoas, ou o que quer que ele estivesse fazendo para se excitar. Não consigo nem olhar para as fotos de Savile agora. Só de vê-lo, minha pele se arrepia. E pensar que Margaret Thatcher almoçou com ele em Chequers – e aparentemente todos os anos o convidava para a ceia de Natal. E todos aqueles eventos da realeza aos quais ele ia quando ninguém sabia o que ele estava fazendo debaixo da mesa. *Jim'll Fix It?* Ah, ele vai consertar tudo direitinho.

Que repugnante.

Mas é claro que a polícia ficou louca por um tempo prendendo pessoas em todos os lugares. É sempre um extremo ou outro. O pobre Freddie Starr[8] foi destruído por isso. O caso contra ele foi arquivado, creio eu. Mas ele nunca mais foi o mesmo. Por fim, foi encontrado morto em sua casa na Espanha, vítima de um infarto. Disseram-me que ele estava tão falido que não havia dinheiro para trazer seu corpo de volta para casa. Um fã, que era agente funerário, acabou pagando pelo traslado. Mas

7 Apresentador de TV e DJ britânico, responsável pelo programa *Jim'll Fix It?* Foram descobertos centenas de casos de abuso sexual contra crianças depois de sua morte. (N. T.)

8 Comediante britânico. (N. T.)

ele manteve o senso de humor até o fim. Seu caixão trazia a inscrição "Retornar ao Remetente". Enquanto isso, a BBC teve que se desculpar com Cliff Richard[9] e pagar uma indenização devido à maneira como ele foi tratado, o que também foi inacreditável. Encontrei Cliff uma vez, naquela festa no Palácio. Foi um daqueles momentos em que um ciclo se completa, porque a primeira música que cantei foi "Living Doll". Não me lembro se contei isso a ele ou não, só me lembro de ser um cara incrivelmente legal.

No mundo do metal, foi definitivamente mais difícil para alguns do que para outros, quando toda essa merda sexista saiu de moda. Pessoalmente, nunca fiz nada disso. Nunca cantei sobre tentar transar com strippers; eu cantava sobre Aleister Crowley, suicídio e guerra nuclear. O mais próximo que cheguei de uma capa de álbum sexy foi com uma fantasia de lobisomem.

Havia tentações por aí, é claro. Algumas mulheres vinham até você e diziam: "Quero transar com um astro do rock". Mas é preciso lembrar que eu era um alcoólatra. As mulheres fugiam de mim. Não estou tentando cobrir meus rastros. Quando eu estava fodido, era algo assustador. Além disso, Sharon vivia na estrada comigo a maior parte do tempo, portanto, não havia exatamente muitas oportunidades. Na maioria das noites, minha única amante era a garrafa.

A única outra coisa que posso dizer sobre a maneira como os tempos mudaram é a seguinte: as pessoas que começam a apontar o dedo contra você tendem a ser os maiores hipócritas.

No auge de *The Osbournes*, por exemplo, Bill Cosby foi ao *Access Hollywood* e disse: "Vou contar algo sobre Ozzy Osbourne.

9 Cantor britânico. Sua banda The Shadows foi a mais popular no país antes do surgimento dos Beatles. (N. T.)

Essa é uma família muito triste. É um caso triste. As crianças são tristes e os pais são tristes. E isso não é entretenimento". Então ele falou que rir do *The Osbournes* era como rir do Pequeno Tim, o garoto aleijado de *Um conto de Natal*. Ele até nos escreveu uma carta, dizendo que nossa linguagem grosseira era um mau exemplo para as crianças. Quero dizer... esse era *Bill Cosby*! O fato de ele ter tido a coragem de nos dar um sermão sobre palavrões enquanto estava dopando metade dos EUA é inacreditável.

Do meu ponto de vista, se você estiver na indústria musical por muito tempo, a melhor maneira de sobreviver é, em primeiro lugar, mantendo seu senso de humor e, em segundo, nunca, *jamais*, cair na armadilha de acreditar nas suas próprias besteiras. Porque isso é fatal, sempre.

Para mim, o filme *Isto é Spinal Tap* foi um alerta. Saiu em 1984, creio eu, logo após *Bark at the Moon*. Não me lembro *onde* o vi, mas me lembro de ter pensado: "Uau, esse é o documentário mais interessante que já vi, me identifico totalmente". Então, quando alguém disse que eles estavam tirando sarro, eu fiquei tipo... *O quê? Mas por que isso é engraçado?*

Foi muito bem feito, cara.

Juro por Deus, vivi basicamente todas as cenas daquele filme.

O que acontece é que, se você cresceu em uma moradia popular na Inglaterra, não teve muita educação; e se é jogado nesse mundo ainda jovem, pensa que sabe tudo. Mas é claro que você não tem a menor ideia.

Pegue os adereços do palco. Logo depois que saí do Sabbath, Tony e os rapazes tiveram a ideia de levar um modelo de Stonehenge na estrada com eles. Mas o manager deles deu aos construtores as dimensões em metros, não em pés. E ninguém verificou, afinal ninguém tinha um doutorado em construção de cenários, como hoje. No final, o Stonehenge deles ficou tão grande

– aparentemente com 15 metros de altura – que não conseguiam passar pelas portas nem das maiores arenas. Quem escreveu *Isto é Spinal Tap* basicamente pegou essa história, mas virou-a de cabeça para baixo, de modo que o modelo de Stonehenge no filme acabou sendo uma miniatura.

Enquanto isso, os amplificadores que vão até 11 me lembraram da primeira vez que o Sabbath foi aos Estados Unidos. Por alguma razão, não achamos que eles teriam PAs como na Inglaterra, então levamos cerca de cinquenta colunas de alto-falantes conosco. Nós nem sequer os colocamos em caixas de transporte. Só pagamos como excesso de bagagem. E é claro que metade deles acabou na cidade errada e a outra metade chegou em Nova York em vários pedaços muito pequenos. Não que isso importasse, pois quando chegamos ao primeiro show e ligamos nossos amplificadores... não aconteceu nada. Foi aí que percebemos que a eletricidade nos Estados Unidos funciona com metade da voltagem que na Inglaterra. Não passamos da primeira nota antes de precisarmos sair e alugar um sistema totalmente novo.

De todas as cenas de *Isto é Spinal Tap*, no entanto, a que mais me chamou a atenção foi a do "Hello Cleveland". Nessa cena, a banda passa por um labirinto de túneis, fazendo uma curva errada após a outra, chegando a becos sem saída, acabando em um local de construção, enquanto tentava encontrar o palco. Acredite em mim, não há *nada* como esse pânico quando você percebe que está perdido em uma arena, indo para cima e para baixo nos corredores, todo suado e sem fôlego enquanto a multidão está lá fora se perguntando se você vai aparecer. Já passei por isso muitas vezes, cara. Também já fiquei preso em um equipamento com defeito. Eu me perdi no gelo seco. Praticamente todas as cenas de *Isto é Spinal Tap* eram apenas mais um dia de trabalho para mim.

Então, sim, para muitos de nós do metal, demorou um pouco para entender a piada com *Isto é Spinal Tap*. Especialmente porque toda a história dos documentários falsos era bastante nova na época. Mas você tem que rir, cara, você realmente tem. Porque se você se levar muito a sério nesta indústria, vai acabar perdendo a noção.

Três dias antes do lançamento de *Ordinary Man*, cancelamos oficialmente a etapa norte-americana da *No More Tours II*. Não adiamos. Cancelamos. Não consigo explicar o quanto odiei termos que fazer isso. Mas se tivéssemos adiado os shows, teria sido a terceira vez consecutiva. Isso não parecia justo com os fãs. Por mais que eu não quisesse acreditar que minha carreira fazendo turnês havia acabado, também não queria que as pessoas sentissem que estavam sendo enganadas.

Após minha participação como convidado no show do Post, e como eu fiquei exausto depois da noite no Grammy com Sharon, era óbvio que não estava em condições de fazer um show de duas horas todas as noites por semanas ou meses a fio. Meus movimentos ainda eram muito limitados. Eu também ainda sentia muita dor. E a fisioterapia simplesmente não parecia estar funcionando. Havia dias em que parecia que eu estava piorando, não melhorando. Sempre que tentava mover minha cabeça, ainda tinha a sensação horrível de que, de alguma forma, eu estava me *machucando novamente*, não fortalecendo meus músculos.

Do meu ponto de vista, as datas canceladas na América do Norte me davam oito meses, mais ou menos, para voltar aos trilhos antes da etapa europeia da turnê, que seguia agendada para começar em outubro. A ideia era que eu usaria o intervalo para buscar a segunda opinião sobre minha coluna vertebral, algo que deveria ter solicitado um ano antes. Então, caso fosse necessária alguma cirurgia corretiva, eu teria tempo para fazer isso e passar por qualquer nova fisioterapia necessária. Nesse meio-tempo, eu poderia trabalhar no controle da minha doença de Parkinson. Sharon havia reservado uma clínica de alta tecnologia no Panamá para que eu recebesse tratamento com células-tronco. Depois disso, em abril, eu consultaria um professor na Suíça, que havia inventado um tipo de imunoterapia para pessoas com o gene PARK2 mutado. Seriam necessárias de seis a oito semanas, aparentemente, e envolveria o uso de uma solução intravenosa para inundar meu sistema com anticorpos especiais fabricados em laboratório.

Pra ser sincero, foi um alívio finalmente ter um plano. E embora tenha me sentido péssimo por ter cancelado uma etapa inteira da turnê, pelo menos eu não estava mais fingindo. Daqui em diante, não haveria mais segredos sobre minha saúde.

No Instagram, eu escrevi:

> Sou muito grato por todos terem sido pacientes porque tive um ano de merda. Mas não quero começar uma turnê e depois cancelar shows no último minuto. Prefiro que as pessoas recebam o reembolso agora e, quando eu fizer a turnê, todos que compraram um ingresso para esses shows serão os primeiros na fila.

Poucos instantes após a publicação, o apoio dos fãs foi simplesmente impressionante. Algo muito importante para mim, de verdade. E isso me deixou ainda mais determinado a me recuperar até outubro, para que pudesse fazer os 19 shows que havíamos planejado para a Europa, incluindo uma noite na O2, em Londres, que eu aguardava ansiosamente desde o início da *No More Tours II*.

Também pensei, que se dane, já que *Ordinary Man* tinha ido tão bem, por que não fazer outro? As pessoas dizem que compõem melhor quando estão infelizes, e isso é verdade para mim. O último ano havia sido o mais infeliz da minha vida, e *Ordinary Man* tinha sido meu melhor disco em muito tempo. Então, perguntei ao Andrew se ele estava disposto – ele estava – e foi isso, negócio fechado. Estávamos empolgados com o último álbum – e tantas ideias que sobraram para novas músicas –, por isso continuamos de onde tínhamos parado.

A única coisa que realmente me surpreendeu no cancelamento foi como a imprensa recebeu isso. A CNN soltava notícias de última hora sobre o assunto, que foi bem divulgado pela BBC na Inglaterra, e até mesmo a *Variety* e o *Hollywood Reporter* publicaram matérias. E, é claro, todos os sites de música trataram do assunto também, com a opinião de Deus e o mundo. Que loucura. Quero dizer, por mais que tenha sido ruim ver "Ozzy cancela turnê" espalhado em todos os noticiários, foi bom saber que as pessoas ainda se importavam.

Enquanto isso, não tinha me ocorrido que os caras do Sabbath estivessem totalmente no escuro até a entrevista no *Good Morning America* e as notícias sobre a turnê. Como todo mundo, eles pensaram que eu tinha acabado de ter um caso grave de gripe após o Ozzfest de Ano Novo. Mas agora estavam vendo todas essas matérias sobre meu Parkinson e minha queda em casa, sem mencionar todos os shows cancelados, e ficaram tipo, *que porra está acontecendo com o Ozzy?* Então, um por um, eles entraram em contato. Não me lembro a ordem. Mas Tony ligou. Geezer entrou em contato por meio do contador que compartilhamos em Londres, embora tenha demorado um pouco para que suas mensagens fossem transmitidas. E o melhor de tudo: recebi uma mensagem de texto do Bill.

Fazia anos que eu e Bill não conversávamos. Quase uma década. A discussão sobre o álbum *13* foi o maior desentendimento que já tivemos.

Receber mensagens dos meus antigos companheiros de banda foi a melhor sensação do mundo. De uma forma louca, eu me preocupo com esses caras mais do que me preocupo com meus irmãos e minhas irmãs. Sempre que há problemas, nós nos reunimos. Depois que eles me tiraram da banda, não nos falamos por muito tempo. Mas então, houve uma emergência médica na família de Geezer e, de repente, todas as brigas foram esquecidas e nós fomos apoiá-lo, como irmãos novamente. Sempre que achamos que um de nós precisa do outro por qualquer motivo, temos essa camaradagem que surge automaticamente. Nenhum de nós recebe tratamento especial. Somos todos iguais neste clube. E estamos todos nessa até o fim. É algo muito especial chegar aos 70 anos e ter esse tipo de vínculo inquebrável com pessoas que você conhece desde que era jovem.

Não tenho vergonha de dizer que derramei uma lágrima quando falei com Bill. "Podemos ter sido roubados, Bill", eu disse, "mas nossas vidas foram mudadas para sempre pelo que fizemos."

"Eu sei, Ozzy, eu sei", respondeu Bill. "Somos uns caras de sorte. Não podemos reclamar."

"Eu te amo, você sabe", disse a ele.

Ele ficou muito quieto por um momento no telefone.

"Eu também te amo, Ozzy, seu lunático de merda."

Essa é uma das coisas boas de envelhecer. Mesmo se você é um cara da classe trabalhadora de Aston, para de ter medo de demonstrar suas emoções. Porque sabe que se esperar muito tempo para dizer a alguém o quanto ele é importante para você, a chance pode nunca mais aparecer.

Agora conversamos o tempo todo, eu e Bill.

E dizemos um ao outro "eu te amo" no final de cada ligação.

10

Estrondo ou Lamento

Uma pandemia global.

É claro que houve uma pandemia global.

Com uma proibição de viagem e um *lockdown* de dez meses para acompanhar.

E tudo isso porque alguém na cidade de Wuhan, na China, supostamente comeu um...

Puta merda, cara. De todas as balas de que já me esquivei, não pegar algum vírus mutante daquele morcego em Des Moines foi a mais impressionante. Até a chegada da Covid, eu não sabia que isso era *possível*. Pensei que contrair raiva era o maior risco. Meu sangue gela só de pensar nisso. Dá para imaginar? Se eu tivesse causado um surto mundial em 1982? As pessoas estariam queimando efígies minhas em vez das de Guy Fawkes.

Dito isso, tenho dificuldade em acreditar que a pandemia *foi* realmente iniciada por alguém que comeu um morcego. Quero dizer, certo, havia um "mercado tradicional" em Wuhan, onde as pessoas *supostamente* compravam morcegos e pangolins vivos e tudo o mais para fazer uma sopa com eles. Mas também havia um laboratório de vírus na mesma cidade, do outro lado do rio. E você quer mesmo me convencer que a culpa é do mercado tradicional? Até parece. Mas, por outro lado, quem sou eu para saber?

O primeiro *lockdown* em Los Angeles ocorreu sete dias depois de voltarmos da clínica no Panamá. Como todo mundo, pensamos que talvez durasse uma ou duas semanas. Quando nos demos conta, todos os supermercados tinham sido esvaziados e o mundo inteiro estava fechado. Foi estranhamente emocionante por um minuto, como viver em um filme de apocalipse. Mas quando começaram a chegar notícias de pessoas morrendo por toda parte, a vibe na casa se tornou sombria. O que eu não conseguia entender era por que as pessoas entravam em pânico e compravam papel higiênico, não alimentos. "Eles acham que estamos sendo atacados por um exército de cus?", perguntei para a Sharon. Não fazia sentido.

Graças à minha doença de Parkinson, fui considerado grupo de risco para Covid naqueles primeiros dias. Se tivesse me contaminado com a cepa original, que ia direto para os pulmões, haveria uma boa chance de acabar em um ventilador, ou pior. Isso porque a doença de Parkinson afeta os músculos respiratórios – juntamente com todos os outros –, o que torna você mais propenso a contrair pneumonia, mesmo em tempos normais. Também tenho um pouco de enfisema devido aos meus dias de fumante, o que não ajuda muito. E, claro, não havia vacinas naquela época, e ninguém tinha nenhum tipo de imunidade natural. Atualmente, a Covid está mais fraca, mas se espalha mais facilmente, pelo menos é o que me dizem, e tende a chegar às suas vias aéreas superiores, tornando-a menos perigosa.

Nossa casa ficou parecida com o cenário de *O Enigma de Andrômeda* assim que colocamos as mãos em alguns equipamentos de proteção. As pessoas andavam por aí usando máscaras e luvas, até mesmo protetores faciais completos. Graças aos constantes testes e cotonetes, eu estava colocando mais merda no meu nariz do que tinha colocado desde a gravação de *Vol. 4*. Logo no início, recebi um falso positivo que dizia que eu tinha o vírus e, dez minutos depois, outro teste dizia que eu não tinha.

Já tive manhãs melhores, isso eu posso dizer.

Com o passar das semanas, ficou terrivelmente claro como os *lockdowns* foram devastadores para casas de shows, músicos e equipes. As pessoas estavam falindo em todos os lugares, além de contrair o vírus. Tentei fazer minha parte trabalhando com um grupo chamado Sweet Relief para arrecadar dinheiro para as pessoas do setor musical que passavam por dificuldades. Não sei dizer o quanto me senti com sorte por não estar mais na estrada, tentando pagar as contas. Se a pandemia tivesse acontecido durante os primeiros dias do Sabbath, antes de ganharmos algum dinheiro, estaríamos ferrados.

Obviamente, não havia como eu voar para a Suíça para as sessões de imunoterapia. Mesmo que tivéssemos conseguido autorização, não queríamos correr o risco de pegar Covid enquanto estávamos fora e não ter permissão para voltar ao país. Buscar uma segunda opinião sobre minha coluna vertebral também teve de ser adiado. Qualquer coisa relacionada à medicina que não fosse urgente, você poderia esquecer. Estavam todos dedicados à pandemia. Lembro-me de assistir à televisão com Sharon e ver uma porção daqueles caminhões frigoríficos do lado de fora de um hospital em Nova York, porque eles não tinham mais onde colocar os corpos. É fácil esquecer o quanto isso foi assustador. Aqueles foram dias sombrios, cara.

No início do verão, já havíamos entrado em uma espécie de rotina da pandemia. Tenho que admitir que gostei do silêncio que caiu sobre Los Angeles. Pela primeira vez, dava para ver as estrelas à noite. A neblina desapareceu. Não se ouvia nenhum carro. Até os aviões pararam de sobrevoar o local.

Em algum momento, eu e Andrew voltamos a trabalhar na continuação de *Ordinary Man*. O título que criamos foi *Patient Number 9*. Estávamos querendo um clima de hospital psiquiátrico, porque sempre fui fascinado por esses lugares. Também entrei e saí de algumas instituições dessas ao longo da vida. E, é claro, minha lesão na coluna e a doença de Parkinson me faziam sentir como um experimento médico ambulante, o que também contribuiu para isso.

Eu me senti muito confortável trabalhando com Andrew. Ele até começou a nos chamar – eu e a Sharon – de pai e mãe, o que foi um pouco atrevido. Mas pelo menos ele conseguiu manter o senso de humor durante todo o processo. Tirando as vezes em que ele e Sharon tinham discussões aos berros, e eles tiveram algumas. Mas sempre faziam as pazes depois. A pandemia foi uma grande pressão sobre todos nós. Era fácil ficar pra baixo, especialmente se você ficasse vendo o noticiário.

Enquanto isso, o programa de TV de Sharon foi para o Instagram Live, então ela estava trabalhando novamente. Depois de algumas semanas, ela começou a usar o aplicativo Zoom e fez todos os episódios de casa. Em setembro, estava de volta ao estúdio.

De uma forma estranha, o *lockdown* não mudou muita coisa para mim. Eu já vivia em uma espécie de confinamento há um ano graças a todo esse tempo na UTI e depois na cama em casa. E, de forma muito egoísta, isso me fez sentir menos culpado por cancelar as datas da turnê, porque *ninguém* podia trabalhar.

Mas é claro que eu não desejava isso a ninguém, pois o meio de subsistência das pessoas estava sendo destruído.

Para passar o tempo entre as sessões de gravação com Andrew, voltei a atirar com rifles de ar comprimido em grande estilo. Sempre tive rifles de ar comprimido. Mas os dos Estados Unidos... não são *nada* parecidos com um BSA .177 comum. (Se você não conhece, BSA significa Birmingham Small Arms Company, embora tenham me dito que agora ela pertence a uma empresa americana.) Vi um cara no YouTube derrubar um bisão de novecentos quilos no Texas com uma dessas. Nunca permitiriam que você comprasse um rifle tão potente na Inglaterra. E se você tentasse trazer um para o país, acabaria na prisão.

Atirar sempre foi muito terapêutico para mim, desde que eu morava em Bullrush Cottage. Tem uma foto em algum lugar em que estou parado no campo atrás da casa, parecendo completamente chapado, segurando um rifle engatilhado com um cinto de munição pendurado no ombro. As leis inglesas sobre armas eram muito menos rigorosas na década de 1970 se você tivesse um pedaço de terra. Eu atirava em qualquer coisa naqueles dias. Enviei algumas galinhas ao encontro de seu criador, algo que não me dá orgulho. E explodi a cabeça do urso-pardo empalhado de dois metros de altura que meu antigo manager tinha me dado. Também comprava manequins de lojas de departamentos e os amarrava em uma árvore no jardim para executá-los ao amanhecer. Eu vivia bêbado na maior parte do tempo. Era um perigo para mim mesmo e para a sociedade, sinceramente. Certa vez, tentei pular uma cerca com uma espingarda carregada na mão, e quase arranquei minha perna. Em outra ocasião, quando eu estava sob efeito de ácido, apontei uma arma para o Bill. A câmara estava vazia – creio eu –, mas ele não tinha como saber disso. Depois, saí cambaleando para os campos e tive uma longa conversa com um cavalo.

O fato de eu e Bill termos sobrevivido aos anos 1970, honestamente, nunca deixa de me surpreender.

Agora só pratico tiro ao alvo. Eu não mato mais seres vivos. Na verdade, eu me tornei um ávido amante dos animais. Fiz coisas ruins em minha vida com todos os tipos de criaturas, mas quando você fica mais velho, percebe que tudo tem o direito de viver. Atualmente, resgato animais, inclusive um buldogue que foi incendiado por seu antigo dono. O nome dele é Walter, e ele está se recuperando muito bem. Não posso te dizer o quanto me deixa feliz dar uma boa vida a um animal.

Durante o primeiro verão da pandemia, construí sozinho um campo de tiro completo em meu quintal. Fiz até meus próprios alvos, cortando esses grandes círculos, colocando os pontos no meio, montando-os em um cartão, prendendo-os em suportes. Passava o dia todo lá. Isso deixava meu vizinho louco. Ele ficava sentado em sua piscina ou tentava almoçar no pátio enquanto projéteis de ar de grande calibre zuniam por cima de sua cabeça. O pobre coitado deve ter se sentido em uma zona de guerra. Lembrem-se que o resto de LA estava tão entediado durante os *lockdowns* que as pessoas ficavam soltando fogos de artifício a qualquer hora. Pelo menos eu não estava disparando foguetes contra ele.

Antes que percebêssemos, seis meses haviam se passado desde o começo do *lockdown*. O mês de outubro se aproximava, quando as datas europeias da *No More Tours II* deveriam começar. Mas com o distanciamento social ainda em vigor, e ainda sem as vacinas contra a Covid, não havia absolutamente nenhuma chance de que alguém fizesse shows ao vivo. Não que eu estivesse em condições de viajar de qualquer maneira.

Não queríamos cancelar os shows, como fizemos com a etapa norte-americana. Mas o reagendamento também parecia sem sentido, pois ninguém sabia como ou quando o mundo finalmente voltaria ao normal. No final, dissemos apenas que a turnê começaria novamente em janeiro de 2022. Isso significava mais de um ano à frente. Claro, pensei, os *lockdowns* não poderiam continuar por *tanto* tempo. As pessoas já estavam ficando impacientes e fazendo loucuras para extravasar. Parecia que haveria uma revolução se não deixassem todos voltarem às suas vidas normais. Enquanto isso, com 16 meses para me recuperar – se eu continuasse com a fisioterapia – parecia impossível que não estivesse pronto para pegar a estrada até lá. Mas, é claro, depois de toda a merda pela qual passamos, eu estaria mentindo se dissesse que não havia dúvidas em minha mente.

Todos aqueles meses passados mancando pelo jardim me deram muito tempo para pensar. E não conseguia tirar da cabeça algo que meu velho amigo Lemmy Kilmister costumava dizer: "Prefiro partir com um estrondo do que envelhecer".

"Você está falando sério, Lemmy?", perguntei uma vez.

"Porra, seríssimo", disse ele. "De que vale ter 95 se você não pode *viver*?"

Entendi o que ele quis dizer. Mas não concordei. Eu estava feliz em envelhecer enquanto tivesse Sharon, e enquanto minha família me quisesse por perto.

Mas agora, graças à lesão e ao Parkinson, e todas as dores nos nervos que eu sentia, sem mencionar todos os shows cancelados – houve momentos em que me perguntei se Lemmy estava certo. Quero dizer, qual é o sentido de estar vivo se você não pode desfrutar? Por muito tempo depois daquela primeira cirurgia, eu não estava vivendo, ficava apenas me arrastando pelos dias. A única coisa em que tinha que pensar era: que horas é meu próximo remédio? Em meu pior momento, eu gostaria de ter partido com um estrondo em vez de acabar semiparalisado e preso em casa. Se não fossem Sharon e minha família, sinceramente não sei como teria aguentado. Eu teria desistido.

Mesmo que estivesse em um lugar melhor agora, eu ainda era dominado pela depressão às vezes. Acontece que você não percebe a sorte que teve até perder as coisas que costumava considerar garantidas. Como ser capaz de usar seu braço direito. Ou apenas fazer uma caminhada pelo quarteirão sozinho.

Pensar em Lemmy sempre me animava, no entanto.

Eu o conheci quando ele fazia parte do Hawkwind. Ele tocava baixo e cantava. Muitas pessoas não conhecem o Hawkwind, porque eles nunca foram muito famosos, mas tinham alguns fãs bem dedicados. Eles gostavam bastante de efeitos de *phaser* e todo aquele space rock psicodélico. Mas, graças ao Lemmy, havia também um pouco de pré-punk. O Sabbath compartilhou um local de ensaio com eles por um tempo no Rockfield Studios, no Wye Valley. Isso foi por volta de 1973, alguns anos antes de o Queen ir para o Rockfield para gravar "Bohemian Rhapsody", que realmente colocou o lugar o mapa.

O problema do Rockfield é que, por estar em uma fazenda no sul do País de Gales, a quilômetros de distância de qualquer lugar, você acaba conhecendo as pessoas muito bem quando está hospedado lá. Eu e Lemmy passávamos horas na chuva com o gado, fumando cigarros e falando besteira enquanto ele ingeria combustível de avião ou o que quer que tivesse em seu cantil de bolso. Mesmo na época, sua voz era tão áspera que parecia que ele fazia gargarejos com rolamentos e fluido de isqueiro. E isso em um dia *bom*. Lemmy era um cara autêntico. A camiseta preta manchada de graxa e jaqueta de motoqueiro. As costeletas espessas e o bigode. Os cintos de bala e as botas de caubói. Acho que nunca o vi usar outra coisa.

Alguns anos depois, Lemmy foi preso na fronteira canadense por causa de drogas – eles achavam que sua anfetamina era cocaína, aparentemente –, então ele saiu ou foi chutado do Hawkwind. E aí ele formou o Motörhead. Ao que parece, ele queria chamar a banda de "Bastard", mas seu manager não deixou, porque isso significaria que eles nunca chegariam ao *Top of the Pops*. Não que Lemmy fosse exatamente material para o *Top of the Pops*. Ele tirou o nome Motörhead de uma música que ele havia escrito para o Hawkwind. Significava, na gíria, "louco por anfetamina", aparentemente, mas Lemmy presumiu que a galera do *Top of the Pops*, na BBC, não faria ideia disso.

Ele estava certo. Eles não faziam ideia.

Os melhores momentos que tive com Lemmy foram quando o Motörhead fez a abertura para nós na minha primeira turnê solo, em 1980. Tudo estava em jogo, porque eu tinha acabado de sair do Sabbath. Tocávamos em qualquer lugar que nos aceitasse. Poole Arts Centre. Nottingham Boat Club. The West Runton Pavilion, onde quer que fosse. E detonamos em todos os lugares que íamos, porque tínhamos algo para provar, e tínhamos o Randy Rhoads, que era um cara desconhecido na época. Ele não permaneceria assim por muito tempo, é claro.

O Motörhead também estava a todo vapor, porque eles tinham acabado de gravar a "Ace of Spades". Essa foi a "Paranoid" deles, mal comparando. Ela até os levou ao *Top of the Pops*, então foi uma boa ideia Lemmy não ter chamado a banda de Bastard. "Ace of Spades" é um dos maiores hinos do metal de todos os tempos. Quando foi lançada, eu pensei: certo, eles conseguiram. Vão ficar por aí para sempre.

Os caras do Motörhead viviam como piratas. Eram apenas três. Lemmy no baixo e nos vocais. "Fast" Eddie Clarke na guitarra. Phil "Philthy Animal" Taylor na bateria. O equipamento da turnê era uma caixa de Jack Daniel's, uma caixa de vodca e uma grande quantidade de Coca-Cola e suco de laranja. O custo disso era maior do que o cachê deles. *Muito* maior. A primeira coisa que percebi sobre esses caras foi que eles simplesmente não dormiam. Após terminar um show, eles saíam do palco encharcados de suor, sem chuveiros, sem toalhas, nada, e simplesmente entravam no ônibus, abriam a mala de Jack e começavam. Depois, eles dirigiam por quantas horas fossem necessárias até o outro lado do país, desciam e recomeçavam. Uma vez perguntei para o Lemmy: "Quando foi a última vez que você foi para a cama, cara?". E ele disse: "Não sei, dez dias atrás?".

Era uma loucura. Não conseguiria fazer isso. Lemmy era o único cara que eu não conseguia acompanhar. Eu nem queria tentar, cara. Era um nível catastrófico de bebedeira.

Na verdade... havia outro cara que eu não conseguia acompanhar: André the Giant. Mas isso foi diferente. Se você já assistiu ao filme *A Princesa Prometida*, ele é o cara que interpretou o personagem Fezzik, de 2,24m de altura. Eu conheci André quando fiz uma apresentação com os British Bulldogs na WrestleMania, alguns anos depois de *Blizzard of Ozz*. André tinha uma condição conhecida como acromegalia, creio eu, quando você basicamente não para de crescer. Ele não era apenas alto, mas também pesado – uns 225 quilos ou algo assim. O cara conseguia beber *jarras inteiras* de vodca e cranberry – e enquanto ficava sentado lá, esperando que elas fossem preparadas, tomava umas seis cervejas. O cara era fisicamente incapaz de ficar bêbado. Há uma história por aí que uma vez ele bebeu 16 garrafas de licor de ameixa durante uma viagem de ônibus de quatro horas, depois desceu e fez três lutas. Tendo saído com ele algumas vezes, não duvido. Infelizmente, ele não viveu muito tempo. Morreu de insuficiência cardíaca aos 46 anos.

Quanto a Lemmy, a anfetamina era sua arma secreta. Anfetamina e metanfetamina, o que é algo bem ruim, cara. Isso faz com que todos os seus dentes caiam. Perguntei a ele uma vez: "Por que você toma tanta anfetamina e metanfetamina o tempo todo?".

"Porque eu gosto", disse ele.

"Isso vai te matar, você sabe."

"A vida vai te matar", ele deu de ombros, acendendo outro cigarro. Lemmy estava sempre acendendo outro cigarro. Foi provavelmente a primeira coisa que ele fez depois de nascer. "Quero dizer, tudo bem", ele admitiu, "talvez as drogas me matem um pouco *mais cedo*. Mas qual é o sentido de dez anos a mais se estou entediado pra caralho?"

Quanto ao motivo pelo qual ele escolheu anfetamina, Lemmy disse que se você vai se drogar, é melhor usar uma droga que também ajuda a continuar trabalhando. É claro que ninguém além de Lemmy podia fazer *qualquer coisa* depois de tomar essa merda.

Experimentei um pouco uma vez. Eu estava em uma boate, totalmente bêbado, em algum lugar de Londres. Noddy Holder, do Slade, estava tocando no palco. Eu conhecia o Noddy há anos. Ele foi o roadie de Robert Plant nos primeiros dias, e Geezer o conhecia bem. Era uma daquelas noites que você não queria que terminasse. E às duas da manhã, depois de sabe-se lá quantas horas bebendo, e a exaustão começando a bater. Então, do nada, surge um punhal com um pouco de pó na ponta. Era o Lemmy. "Você provavelmente vai querer um pouco disso", ele falou.

Que se dane, pensei, o que pode acontecer de pior?

Nunca mais. Foi como cheirar limalha de ferro. Senti que iria ter hemorragias nasais pelo resto da minha vida. E não dormi por dias. Como ele conseguia enfiar essa merda no nariz todas as noites e continuar trabalhando, eu não tenho ideia.

No entanto, as pessoas subestimavam o Lemmy. Como ele parecia um motoqueiro, as pessoas pensavam que ele era um baderneiro, o tipo de pessoa que se envolve em brigas de bar ou rouba sua carteira para comprar drogas. Mas ele era um cara pacífico, educado e muito inteligente. Na primeira turnê que fizemos juntos, ele tinha uma pequena mala xadrez, e tudo o que havia dentro era um par de cuecas, um par de meias e uma pilha de livros sobre todos os assuntos que você possa imaginar. O Lemmy adorava ler. Era como uma *Enciclopédia Britânica* ambulante.

Nós nos demos tão bem com o Motörhead na etapa britânica e europeia da turnê do *Blizzard of Ozz*, que a banda também nos acompanhou nos shows americanos. Quando chegamos a Los Angeles, todos fomos nos hospedar na casa de Don Arden, uma grande mansão em estilo espanhol no alto do Benedict Canyon. Ao que parece, Howard Hughes já havia sido proprietário desse imóvel. Cary Grant viveu na casa ao lado. E havia vários bangalôs ao redor da propriedade para os hóspedes ficarem, como em um resort. Não conseguíamos tirar o Lemmy da biblioteca. Ele simplesmente ficava lá a noite toda tomando anfetamina e lendo livros. O Don ficou, tipo, "Quem caralhos é esse homem das cavernas na minha biblioteca? Tirem ele da minha casa!". Sharon teve que explicar que era o vocalista da banda de abertura.

Enquanto isso, sempre que Lemmy estava de ressaca – o que era raro, porque sua tolerância era fora de série – ele dizia que teve uma "noite pesada no laboratório de química".

Na casa de Don, eu o vi saindo do quarto depois de uma dessas noites. Ele parecia ter sido desenterrado de uma laje depois de quinhentos anos. Fedia muito. Os olhos estavam mais vermelhos do que os de um buldogue. E a primeira coisa que ele me disse foi: "Puta que pariu, Ozzy, se minha aparência for tão ruim quanto a sua, vou voltar para a cama".

Quase chamei uma ambulância para nós dois.

Muitos anos depois daquela turnê do *Blizzard of Ozz*, encontrei Lemmy no Japão. Nós dois deveríamos estar tocando lá. Naquela época, final dos anos 1980, eu estava começando a compor o álbum *No More Tears*.

"Como está indo, Ozzy?", ele perguntou.

"Nada bem", eu disse.

"Por quê?"

"São as letras do novo álbum", resmunguei.

"Como assim?"

"Eu sei o que quero dizer numa música", disse a ele, "mas nunca consigo passar da primeira frase."

"Bem, se você quiser... eu posso ajudar", ele sugeriu.

Falei "sim" imediatamente. A questão do Lemmy era que havia lido tantos livros que as palavras vinham naturalmente para ele. Tinha um dom para isso, honestamente. E eu sabia que ele havia composto para outros artistas, incluindo "Can't Catch Me" para Lita Ford. Essa música fazia parte do mesmo álbum no qual fiz um dueto com ela, na faixa "Close My Eyes Forever".

No avião de volta para Los Angeles, depois daquela primeira conversa, um cara se aproximou de mim na primeira classe e me deu um livro sobre um general alemão. Não tive coragem de dizer a ele que eu nunca iria ler o livro. Não porque não estivesse interessado. Eu adoro história. Especialmente qualquer coisa relacionada à guerra. Devo ter assistido a todos os documentários da Segunda Guerra Mundial que já foram feitos. Mas minha dislexia e o TDAH tornam a leitura uma forma de tortura. Então pensei comigo mesmo: "Sabe quem vai gostar disso? O *Lemmy*."

Alguns dias depois, fui até a casa dele para entregar uma das demos das músicas que precisavam de letra. Ele tinha uma quitinete em West Hollywood, na esquina de seu bar favorito, o Rainbow. Ele era como o prefeito daquele lugar. Tinha seu próprio banco no bar com uma placa que dizia "Cadeira do Lemmy". Ele passava horas lá bebendo seu Jack & Coke e jogando na máquina de videopôquer no canto. Então, quando fechava às duas horas da manhã, ele cambaleava, descia a colina e virava a esquina até sua casa.

O apartamento dele era incrível, cara. Era um andar acima de uma ocupação e um andar abaixo de uma república estudantil. Ele nunca abria as cortinas. Havia cinzeiros e latas vazias por todo o lugar. E ele tinha merdas nazistas por toda parte. Punhais da Juventude Hitlerista. Bandeiras da Cruz de Ferro. Uniformes da SS. Parecia o set de filmagem de *The Young Ones*[10] misturado com o Museu de Guerra Imperial.

Ele não era nazista, obviamente. "Eu só coleciono as coisas, eu não coleciono as ideias", costumava dizer. Ele era apenas fascinado por esse período da história. Também sou, e estou casado com uma mulher judia, portanto, não compartilho da mesma opinião de Adolf Hitler. Você precisa se lembrar que fomos criados no pós-guerra, portanto, ainda era uma lembrança muito recente. Em Aston, durante a minha infância, ruas inteiras ainda estavam em ruínas após a Blitz de Birmingham.

10 Filme britânico de 1961 protagonizado pelo cantor de rock Cliff Richard. (N. T.)

Nos campos, ainda havia casamatas de concreto por toda parte, para que a Guarda Nacional pudesse defender o país em caso de invasão de Hitler. E todos tinham um amigo cujo pai havia lutado em um lugar ou outro. O ponto principal é que, se você estiver interessado em assuntos sombrios, o nazismo e seus atos hediondos são o que há de mais tenebroso. Isso não significa que Lemmy andava por aí fazendo *Sieg Heils* e marchando com passo de ganso.

A primeira demo que dei a ele foi "Mama, I'm Coming Home". Eu tinha a melodia na cabeça há anos. Então eu e o Zakk nos sentamos ao piano e criamos a música inteira. Mas eu não tinha a menor ideia de como deveria ser a letra. "Ouça isso", eu disse, "e veja se consegue criar alguma coisa."

Então, lembrei-me do livro que havia ganhado no avião. "Ah, e você quer isso?", perguntei, mostrando a capa. "É sobre um cara alemão."

"Certo", disse Lemmy, acendendo seu cigarro número setecentos do dia, "deixe a demo comigo, e sim, eu aceito o livro, obrigado. Para quando você precisa da letra?"

"O mais rápido que puder", eu disse.

"Certo. Volte em duas horas."

"Está zoando."

"O que foi... precisa delas mais rápido?"

"O quê? Não! Puta merda, Lemmy. Como você vai escrever uma letra em apenas duas horas?"

"Não se trata de *Guerra e Paz*, Ozzy. É uma música. Dê-me duas horas."

"Tudo bem... se você está dizendo", eu falei. Não achei que estivesse falando sério. Eu pensei que iria voltar e descobrir que ele tinha escrito metade de um verso e depois tinha ido ao Rainbow.

Então, eu o deixei e voltei quatro ou cinco horas mais tarde, só para garantir.

Quando entrei pela porta, ele disse: "Onde caralhos você estava?". Em seguida, ele me entrega uma folha de papel pautado com uma letra cuidadosamente escrita à mão, com algumas queimaduras de cigarro na parte superior. "Aqui está."

Olhei para o que ele havia escrito, e meu queixo caiu:

Times have changed and times are strange,
Here I come but I ain't the same,
Mama, I'm coming home...

Como todos que são próximos a mim sabem, "Mama" é um dos meus apelidos carinhosos para Sharon. E Lemmy, com essa letra, capturou a essência do nosso relacionamento caótico e intenso – que eu havia ameaçado destruir naquela noite de bebedeira e drogas. Fiquei com calafrios enquanto ia lendo. Era como se ele tivesse sido capaz de espiar minha alma. Mais tarde, sempre que eu cantava a música no palco, eu tinha a mesma reação.

Lágrimas escorriam pelo rosto quando chegava ao final.

"Lemmy... Eu... não sei o que falar", disse.

"Não gostou da letra?" Ele deu de ombros. "Tudo bem, eu escrevi duas outras versões." Em seguida, ele me entregou duas outras letras escritas à mão para a mesma música. Fiquei parado ali, olhando para elas, em um estado de total descrença.

"Ah", disse ele, "e aquele livro que você me deu?"

"O que tem?"

"É uma porcaria."

"O quê?? Não é possível que você tenha..."

"Aqui está", disse ele, sacudindo as cinzas em cima dele e devolvendo para mim.

Ele já tinha terminado.

Lemmy acabou escrevendo quatro letras em *No More Tears*: "Mama, I'm Coming Home", "I Don't Want to Change the World", "Desire" e "Hellraiser". Mais tarde, ele disse que tinha ganhado mais em royalties de publicação com essas quatro músicas do que em toda a carreira no Motörhead. Eu tenho sentimentos contraditórios sobre isso. Por um lado, fiquei muito feliz por ele ter ganhado algum dinheiro. Por outro, se for verdade, o Motörhead merecia muito mais reconhecimento.

Uma das muitas coisas que descobri trabalhando com o Lemmy era que o cara era totalmente honesto em suas opiniões. Você tocava algo para ele e, se ele não gostasse, dizia: "Isso é uma merda!". Bem na sua cara. Não havia meias palavras com o Lemmy. E ele tinha o melhor senso de humor. Quero dizer, uma de suas músicas se chama "Killed by Death". No que diz respeito a grandes títulos, esse está no topo com *Morte no Funeral*, o filme de Frank Oz.

Depois de *No More Tears*, trabalhamos juntos mais algumas vezes. Além de "Mama, I'm Coming Home", uma música nossa de que gosto muito – também escrita com a ajuda de Zakk – é "See You on the Other Side". Está no disco *Ozzmosis*. O título é uma referência a uma piada que fazíamos sempre que estávamos chapados – como, por exemplo: "Qual de nós viverá até amanhã de manhã?". Lembre-se, muitas pessoas naquela época achavam que viveríamos para sempre. Você ouvia comediantes de stand-up dizendo coisas como: "Que tipo de mundo vamos deixar para Lemmy, Ozzy e Keith Richards?".

Por fim, tenho que dizer que não foi uma surpresa total o fato de eu ter vivido mais do que o Lemmy. Chegou um ponto em que diminuí a velocidade. Ele nunca fez isso. Ele acelerou até o fim, mesmo quando dava pra ver a parede de tijolos à frente. Seu último show foi em Berlim, apenas algumas semanas antes de morrer em Los Angeles.

A última vez que o vi foi em um avião indo para o Rio. Deve ter sido em abril de 2015. Estávamos fazendo a turnê do Ozzy & Friends na América do Sul. O Motörhead fazia parte dela. Geezer e Slash estavam lá. Lemmy ficou sentado na frente, de modo que não conversamos muito ou algo assim. Ele havia perdido muito peso, cara. Lembro-me dele andando pelo jato quando decolamos, e suas pernas... ele estava com suas botas de caubói e suas pernas pareciam varas por dentro.

"Sim, provavelmente vou morrer", ele me disse em uma ocasião durante essa viagem. "Nunca pensei que chegaria até aqui, então me saí bem, na minha opinião."

Ele tinha 69 anos na época. Faria 70 na Véspera de Natal.

Foi o câncer que o pegou. Já tinha se alastrado. Eu vi a mesma coisa acontecer com meu pai depois de uma vida inteira respirando todos os tipos de substâncias tóxicas na fábrica da GEC onde trabalhava. Mas, como o próprio Lemmy disse, o fato de ter durado tanto tempo, quando viveu toda a sua vida como se tivesse 20 anos, foi uma grande conquista. Depois de voltar para Los Angeles, fiquei sabendo por amigos que sua saúde estava em declínio. Eu mandava mensagens o tempo todo. "Se precisar de alguma coisa, me chame." Ele respondia a mensagem imediatamente: "Obrigado por se preocupar".

Uma semana antes de seu aniversário de 70 anos, logo após voltar de Berlim, fizeram um show para ele no Whisky a Go Go.

Slash estava lá. Billy Idol. Lars Ulrich do Metallica. Depois disso, Lemmy ficou bastante acamado. Ao que parece, o Rainbow desconectou a máquina de pôquer de vídeo do bar e a levou para o apartamento dele. Enquanto isso, ele reduziu o consumo de cigarros. Mudou de Jack & Coke para vodca e suco de laranja. Mas ainda estava tomando a velha anfetamina.

E chegou aos 70 anos, que Deus o abençoe. Mas quatro dias depois, ele partiu.

Telefonei para ele no dia de sua morte. Eu queria falar com a pessoa que estava com ele, mas quem quer que estivesse lá só colocava o Lemmy na linha. Ele não conseguia falar nessa altura. Tudo o que ele conseguia fazer era gemer para mim. Eu ficava perguntando: "O Lemmy está bem? Alguém pode me dar uma atualização?". Mas só ouvia esses gemidos em troca. Foi horrível. Espero, realmente, que ele não estivesse sentindo muita dor. No fim das contas, tive que desligar. Pensei comigo mesmo: eu prefiro me lembrar dele de outra forma. Foi tão frustrante e triste. Então, algumas horas depois, recebi a notícia: nós o havíamos perdido. Mas ele deixou sua marca, cara. O pátio do Rainbow é chamado de Lemmy's Lounge agora. Parece que tem uma estátua dele lá. E "Ace of Spades" *nunca* ficará velha. Enquanto isso, suas cinzas foram colocadas em cartuchos de bala e enviadas a todos os seus amigos.

Deus te abençoe, Lemmy. Você foi um guerreiro e uma lenda. Vou te ver do outro lado.

Além de Lemmy, tive o privilégio de conviver com alguns dos outros grandes arruaceiros da história do rock 'n' roll. Mas o que as pessoas não percebem é que, nos primeiros dias do Sabbath, eu era o mais sensato, relativamente falando.

Por exemplo, a única ocasião em que me encontrei com Keith Moon, do The Who. Eu havia sido convidado para um evento de caridade em Coventry, que Tony havia ajudado a organizar. Moon apareceu lá porque Tony tinha feito amizade com ele quando ambos tocaram no *The Rolling Stones Rock and Roll Circus*, em 1968. Isso foi durante os cinco minutos em que Tony fez parte do Jethro Tull.

Naquela época, minha roupa favorita era a camisa de camurça com franjas que eu havia trazido dos Estados Unidos. Eu achava aquela camisa o máximo. Eu a usava com uma bolsa de camurça para tabaco combinando, presa ao meu cinto, e o colar com uma pequena colher de coca na ponta. Não podia ter muito mais do que 23 anos na época. Achava que era um astro do rock sofisticado e mundano. Mas, na verdade, eu ainda era apenas uma criança de olhos arregalados.

Moon já estava bem chapado quando chegamos lá, apesar de ser cedo. O que você precisa se lembrar é que ele não era apenas alguns anos mais velho do que eu, mas também estava em um nível totalmente diferente. O The Who já estava em atividade há cinco anos, e o *Who's Next* tinha acabado de ser lançado, com "Won't Get Fooled Again" nele. A banda vivia o seu auge. Além disso, Moon era conhecido por ser um dos caras mais malucos da face da Terra. Dois ou três anos antes, em sua festa de aniversário, ele entrou com um Lincoln Continental – na época o equivalente a um Rolls-Royce – em uma piscina do Holiday Inn. Só para dar risada.

Moon não foi sozinho para a festa de caridade. Ele levou seu amigo Viv Stanshall, da Bonzo Dog Doo-Dah Band. Outro maluco total. Isso foi pouco antes de Stanshall fazer aquela faixa no *Tubular Bells* de Mike Oldfield, em que ele simplesmente caminha por uma casa de campo, chapado.

Tudo o que me lembro é de estar na cantina do lugar, com um monte de crianças correndo para lá e para cá – talvez esse fosse o objetivo do evento, alguma caridade para crianças – e Moon e Stanshall estavam sentados no chão, completamente chapados, caindo de tanto rir, zombando de qualquer um que passasse por ali. Eu me senti muito intimidado por eles. Eram grandes astros do rock e eu ainda era o novato, sabe?

E, é claro, no segundo em que entrei lá, minha camisa chamou a atenção de Moon. Ele sempre se aproximava de mim e dizia: "Ei, cara", com um falso sotaque hippie. "Você fica tão legal com essa roupa, cara, fica mesmo, cara."

Repetidamente. Ele simplesmente não me deixava em paz. Nem Stanshall. Além disso, eu estava totalmente sóbrio, porque, naquela época, não tinha o hábito de ficar chapado em um evento beneficente para crianças às 11 horas da manhã.

Por fim, consegui despistá-los, mas durante o ensaio para o show, mais tarde, eu estava de pé na lateral do palco e Moon me viu. *Porra*, eu pensei. Mas agora, além de fazer toda a coisa do "ei, cara", ele correu até mim e colocou a mão na minha bolsa. A primeira vez, eu meio que sorri e o ignorei. Mas ele continuou fazendo isso – e achando cada vez mais engraçado – até que começou a me irritar.

"Ei, cara..."

"QUER DAR O FORA?"

Quase dei uma surra nele.

Os dois eram uma dupla de palhaços, Moon e Stanshall, vendo em retrospectiva. E acho que estavam me dando um gostinho de minha própria medicina futura, porque não demoraria muito para alcançá-los e me tornar um palhaço.

Eles faziam todo tipo de coisa ultrajante, descobri mais tarde. Como vestir-se com uniformes nazistas antes de sair pela cidade. Enquanto isso, Moon tentou uma vez colocar seu colchão d'água em um elevador, para que ele explodisse quando chegasse ao lobby. E, claro, ele adorava guerras de comida e jogar TVs das janelas dos hotéis. Também gostava de explodir banheiros com fogos de artifício M-80, algo que eu também passei a gostar... vou contar em um minuto. Mas não era piada naquele dia. E graças a Deus por isso. Quero dizer, imagine se Moon the Loon, Stanshall e *eu* tivéssemos nos tornado amigos de copo? Teríamos sido o trio dinâmico. Nenhum de nós teria vivido para ver 1973.

Moon era um baterista eletrizante, é claro. Quero dizer, "My Generation", puta merda. Ninguém tocava bateria assim em 1965. Ele era como um animal selvagem, mas muito preciso ao mesmo tempo. Não que eu tenha sido um fã *louco* do The Who. Mas Pete Townshend sempre teve uma boa vibe. Na verdade, eu o conheci na introdução do Sabbath ao Rock & Roll Hall of Fame. Choramos de tanto rir, nos divertimos muito.

De modo trágico, Moon não conseguiu chegar ao final dos anos 1970 por causa de uma overdose acidental. Mas, em alguns aspectos, é incrível que o The Who tenha sobrevivido aos anos 1960. Poucas bandas eram tão famosas quanto eles durante aquela década e continuaram por tanto tempo. E os anos 1960 custaram a mente de muitas pessoas. Eu nunca conheci Syd Barrett do Pink Floyd – famoso por ter enlouquecido, o que aparentemente inspirou o álbum *Wish You Were Here* –, mas jamais esquecerei quando conheci Peter Green, do John Mayall & the Bluesbreakers (e mais tarde do Fleetwood Mac) em uma premiação em Londres. Em que ano foi isso, sinceramente não me lembro. Mas eu não tinha visto Green em público há anos – ninguém tinha – porque ele havia abandonado a indústria musical e se tornado um coveiro. Ele não queria ter mais nada a ver com música, aparentemente, então não sei por que ele estava naquele evento. E ele entra com um lenço na cabeça com quatro nós no topo.

Foi muito estranho. Soube por alguém da indústria que ele ainda estava recebendo cheques de royalties bem altos, mas os devolvia para a gravadora, dizendo: "Eu não quero isso, vão se foder". Até mesmo um cheque de quarenta mil libras. Ele dizia: "Vocês realmente precisam parar de me enviar essa merda".

Deve ter sido muito triste para os amigos dele e para a família, sem mencionar seus companheiros de banda.

Ele ainda estava lá, mas havia desaparecido.

Alguns anos depois dessa ação beneficente, eu estava bebendo com muito mais frequência e de forma muito mais intensa. Qualquer tipo de evento, não importava a hora do dia, era uma desculpa para encher a cara. E embora eu não tenha visto Moon ou Stanshall novamente, encontrei com John Entwistle, o baixista do The Who.

Eu estava em Londres, lembro disso. Na época, eu era muito amigo do comediante Billy Connolly, que devo ter conhecido quando estávamos na estrada, porque muitas vezes nos hospedávamos nos mesmos locais. Isso foi na época em que ele ainda bebia e cheirava. Ele desistiu de tudo isso no início dos anos 1980 quando conheceu sua esposa, Pam. Nessa ocasião, porém, Billy ainda estava usando, e rolou uma grande festa de lançamento do seu livro. Se eu tivesse que adivinhar, diria que foi para uma coleção dessas histórias em quadrinhos que ele fazia na época, chamada *The Big Yin*.

Naquele período, eu costumava passar as tardes em Londres cheirando e bebendo cerveja no escritório do nosso manager. Era exatamente o que tinha acabado de fazer. Portanto, quando cheguei ao lançamento do livro – que começou às cinco horas em um dia de semana – estava completamente chapado. O evento aconteceu no subsolo de algum bar ou restaurante, posso me lembrar, e eu estava descendo as escadas cambaleando quando Entwistle estava subindo.

Ele me parou quando passamos. "Eu conheço você de algum lugar?", ele perguntou.

"Talvez", eu disse. "Sou o vocalista de uma banda chamada Black Sabbath."

Ele disse apenas "Ah, sim", e continuou. Foi isso, meu único encontro com Entwistle. Logo depois, eu estava em um porão quente e barulhento, repleto de jornalistas e celebridades. E, de repente, começo a me sentir absolutamente exausto e, ao mesmo tempo, muito chapado. E estou ao lado de um quadro enorme como um friso, talvez até exibindo páginas do livro, não sei – e me sinto tão cansado que começo a me encostar nele. Achei que fosse parte do edifício, não algo que pudesse cair. E, é claro, eu atravesso essa coisa, atingindo o chão com uma pancada, e um painel enorme cai em cima de mim, e eu fico deitado coberto com pedaços de espuma, papelão e outras coisas, enquanto os postes de metal que o sustentavam rolam pelo chão.

Tudo o que me lembro é de olhar para cima e ver uma multidão se formando ao meu redor, todos ainda conversando, comendo petiscos e segurando suas taças de champanhe. Então da multidão surge o rosto de um dos caras mais famosos da Terra, o jogador de futebol Bobby Moore, que foi capitão da seleção da Inglaterra que venceu a Alemanha na Copa do Mundo.

"Oh, olá", ele disse.

Então ele some novamente enquanto eu gemia e tentava me levantar.

Essa foi a primeira vez que meu consumo de álcool realmente causou problemas em público.

Depois disso, não havia como voltar atrás. A diversão tomou conta. Porém, não foi apenas a bebida que causou problemas nos anos 1970. Foram *as coisas que eu fazia* quando bebia. E foi durante nossas turnês pelos Estados Unidos que tudo começou a ficar fora de controle.

O que nenhum de nós no Sabbath conseguiu superar foi a facilidade de comprar bombinhas nos Estados Unidos, ou M-80s, como eles chamam lá. Além disso, como tudo o mais nos Estados Unidos, as M-80s eram muito mais potentes do que qualquer tipo de fogos de artifício que se pode comprar na Inglaterra. Quero dizer, os militares americanos as usavam em treinamentos com bombas, elas eram muito fortes. E você poderia comprar essas coisas em praticamente *qualquer lugar*. Enquanto isso, o único limite de quantas você poderia comprar de uma só vez era quanto dinheiro você tivesse – e quantas eles tinham em estoque. Pessoas como Keith Moon compravam quinhentas por vez. Se você tentasse fazer isso hoje, pensariam que você era um terrorista. Só que hoje não é possível comprar M-80s, porque agora são ilegais, e, honestamente, sempre deveria ter sido assim. Quero dizer, sim, elas *podem* ser seguras se você usá-las com cuidado. Mas ninguém usava com cuidado. As pessoas usavam para brincar.

O primeiro truque que aprendi com uma M-80 foi aumentar o detonador e conectá-lo a outra coisa, para que a explosão demorasse mais. Por exemplo, você poderia fazer um furo na metade da lateral de um cigarro, enfiar a extremidade do detonador do M-80 nele, acender o cigarro e deixá-lo num cinzeiro. E, claro, o cigarro acabaria queimando até o detonador, que, em seguida, acionaria o explosivo. A porra do barulho que fazia era inacreditável. Realmente parecia a explosão de uma bomba. As pessoas estavam sentadas no sofá, fumando maconha, tranquilas, bem anos 1970, falando sobre amor e a vibração do universo ou o que quer que seja, então, de repente, a sala inteira tremia com a detonação desse minibastão de dinamite debaixo da mesa.

Eu dava muita risada, cara. Mas olhando para trás... que porra eu estava pensando?

É provável que tenha causado TEPT em algumas pessoas.

Sem mencionar os danos aos tímpanos.

E é claro que eu cheirava todas quando estava fora de mim.

As bombas de fumaça eram outra ótima maneira de pregar peças nas pessoas. Naquela época, nada era mais divertido do que jogar uma bomba de fumaça no chuveiro enquanto um roadie estava lá dentro cantando e lavando o cabelo. No início, eles achavam que era apenas o vapor. Então, de repente, percebiam que não conseguiam ver nada e tentavam sair do chuveiro, mas ficavam batendo nas paredes, inalando toda aquela fumaça, totalmente assustados.

Fazíamos isso direto com um pobre rapaz. Toda vez que ele tomava banho. E foi ficando cada vez mais engraçado. Ele foi exposto a tanta fumaça que todos os seus anéis ficaram pretos. Foi quando percebemos que deveríamos provavelmente parar.

Mais uma vez... Não sei o que estávamos pensando. Poderíamos ter matado o desgraçado.

E não vamos nos esquecer dos foguetes de garrafa. Aquelas coisas eram mortais. Pareciam fogos de artifício baratos, que eram colocados em garrafas de refrigerante vazias e depois acesos. Então... VRRRROOOOOSSSSSHHHH!!! Isso ia voando para o céu. Daí, alguns segundos depois, BANG! Quero dizer, dá para imaginar a diversão que tivemos com essas coisas. Principalmente virando-as de lado e soltando nos corredores dos hotéis. Com os foguetes de garrafa, os M-80s e as bombas de fumaça, todos os lugares em que ficamos pareciam com o centro de Beirute.

É claro que nem todo mundo achava graça.

Lembro-me de que uma vez, em um hotel, eu tinha um foguete de garrafa na mão e estava prestes a dispará-lo pelo corredor na direção do quarto do Bill quando ouvi...

"PARADO, FILHO DA PUTA!"

Quando virei a cabeça, vi um policial apontando uma arma para mim... mas já era tarde demais: o detonador estava aceso e a coisa explodiu. VRRRROOOOOSSSSSHHHH!!! Tudo o que eu podia fazer era pedir desculpas. "Ah, Sinto muito, poli..."

BANG!

Com isso, Bill saiu correndo de seu quarto, gritando, e bateu em uma parede porque não conseguia ver através da fumaça. Em seguida, todos os alarmes de incêndio dispararam.

Passei aquela noite na cadeia.

A pior situação que vivi, no entanto, aconteceu em Honolulu, no Havaí.

Eu havia comprado um saco inteiro de M-80s e elas estavam aos meus pés num carro alugado enquanto um roadie dirigia. Não estávamos indo a nenhum lugar em particular, apenas entediados e matando o tempo antes de um show, vendo os pontos turísticos, fumando um pouco da maconha local, bebendo um pouco de cerveja que eu tinha em uma caixa no banco traseiro. Enquanto isso, para me divertir, eu ficava acendendo os M-80s e jogando pela janela do carro. Não é a ideia mais inteligente. Mas eu achava hilário fazer os carros atrás de nós buzinarem e desviarem quando aquelas pequenas bombas explodiam no meio da estrada.

"Ozzy, pare de fazer isso!", dizia o roadie. "Você vai causar um acidente!"

"Vou nada", eu disse. BANG! "Ninguém está dirigindo tão rápido assim." BANG! "Ha-ha-ha."

"Sério, Ozzy. Pare com isso, porra."

"Ah, então tudo bem". BANG! BANG!

"Ozzy!!!"

"Ha-ha-ha."

BANG!

A essa altura, eu já estava ficando cansado. Então, pensei, *certo, o último*. Mas logo depois que acendi o detonador e joguei o M-80 pela janela, o roadie freiou e parou o carro. "Que porra você está fazendo?!", perguntei, virando para ver o M-80 atingindo a lateral do meio-fio, saltando e rolando para baixo desse incrivelmente longo sedã americano antigo e cromado atrás de nós, que tinha parado também. Pior do que isso, dentro do carro eu podia ver quatro caras havaianos grandes e carrancudos com cabelos compridos, sem camisa e com o que pareciam ser tatuagens de prisão. Todos eles estavam fumando cigarros e jogando conversa fora, sem saber o que estava prestes a acontecer.

"ACELERA!!!", gritei. "APENAS ACELERA, PORRA!!!"

"O sinal está vermelho!", disse o roadie. "Eu falei para parar de jogar essas coisas!"

"FODA-SE!!! *Passe o sinal vermelho antes que a bomba explo...*"

BANG!

"Poooorra!!!" Eu estava suando muito nesse momento. Enquanto isso, pelo espelho retrovisor, pude ver a fumaça saindo de baixo do sedã. O carro inteiro simplesmente desapareceu nessa nuvem branca por alguns segundos. Em seguida, todas as quatro portas se abriram e os havaianos saíram. Eles pareciam *muito putos*.

"*Abaixe-se!*", sussurrei para o roadie. "*Abaixe no seu banco!*"

Pelo espelho retrovisor, observei os havaianos olharem embaixo do carro e checarem o cano de descarga, perguntando-se que merda havia causado uma explosão tão forte, e de onde vinha toda a fumaça.

Alguns segundos se passaram. Por um momento, pensei que íamos nos safar. Os havaianos já estavam dando de ombros enquanto a fumaça começava a se dissipar com o vento. Mas então uma jovem loira americana sai correndo de um shopping center ao lado da estrada, agitando os braços para chamar a atenção deles. E começa a apontar para mim, dizendo: "Foi ELE! Ele fez isso! ELE JOGOU UMA BOMBA EMBAIXO DO CARRO DE VOCÊS!!!".

Agora, os quatro havaianos perceberam que eu estava olhando para eles pelo espelho. Em seguida, eles acenam um para o outro e começam a caminhar lentamente em direção ao nosso carro.

Eu não fazia ideia se eles tinham armas ou facas ou o quê, e não tinha intenção nenhuma de descobrir.

"ACELERA! ACELERA! ACELERA!" Comecei a gritar para o roadie, que ficou sentado ali, congelado pelo pânico, segurando o volante, olhando para frente.

"A PORRA. DO SINAL. ESTÁ VERMELHO."

"FODA-SE! PASSE O SINAL! PASSE A PORRA DO SINAL!"

"NÓS VAMOS MORRER, PORRA!"

Ele não estava errado. ZZZZZOOOM. ZZZZZOOOM. Havia carros, caminhões, ônibus, motocicletas, o que você quiser, passando por esse cruzamento em ambos os lados. Era uma estrada movimentada. Mas percebi algumas lacunas.

"VAMOS MORRER DE QUALQUER JEITO! PASSE A PORRA DO SINAL! VAMOS, VAMOS, VAMOS!"

Os havaianos já haviam se separado, prontos para atacar de ambos os lados.

"EI, VOCÊ, FILHO DA PUTA", eu ouvi. "QUE MERDA VOCÊ JOGOU EM NOSSO..."

VVVRRRRAAAAAAAAAAGHHHH! Finalmente, o roadie enfiou o pé, fechou os olhos e gritou ao mesmo tempo. E por um incrível golpe de sorte cego e idiota, o carro saiu cantando os pneus para o cruzamento, deixando uma trilha preta de borracha exatamente no momento em que o semáforo ficou verde.

Eu quase chorei.

Ao olhar para trás, os havaianos estavam parados lá no meio da estrada, engasgando com a fumaça do nosso escapamento, enquanto os carros atrás deles buzinavam para passar.

Depois disso, decidi pegar um pouco mais leve com os M-80s.

Se houve um momento no qual finalmente percebi como era fácil se matar vivendo da maneira como eu vivia, foi após as mortes de Bon Scott e John Bonham, separadas por poucos meses em 1980. Não que isso tenha me impedido de beber ou cheirar cocaína a cada cinco segundos. Mas me tornou mais cuidadoso.

Na verdade, nunca bebi com Bon, o que foi provavelmente algo positivo. Mas o Sabbath tinha feito turnês com o AC/DC, então eu o conheci muito bem enquanto estávamos na estrada. Naquela época, alguns vocalistas podiam ser um pé no saco, para ser completamente honesto com você, mas Bon era o oposto disso. Ele era um cara legal, engraçado e muito realista. E um ótimo vocalista. Para mim, por mais que Brian Johnson tenha feito um ótimo trabalho ao substituí-lo, ele sempre será a voz do AC/DC.

Nos conhecemos na Austrália. Isso deve ter sido em 1974, quando abriram para nós durante um evento chamado British Rock 'n' Roll Month. O Uriah Heep e o Status Quo também tocaram.

No início, não sabia o que pensar do AC/DC. Ao ver Angus Young pela primeira vez com seus shorts e boné de estudante, subindo ao palco com a guitarra pendurada e uma mochila, confesso que achei muito bizarro. Ele me fez lembrar de Jimmy Clitheroe, um comediante da minha infância. Clitheroe se vestia como um colegial embora fosse um homem adulto. Ele tinha algum tipo de distúrbio genético, por isso era *realmente* do tamanho de um menino de 11 anos. Angus também é baixinho, é claro, mas não tanto assim.

No entanto, no momento em que Angus começou a tocar, tudo fez sentido. O que ele faz com a guitarra é muito inteligente, cara. Parece simples, mas não é. Ele sabe como tirar o suco daquelas seis cordas. Parece um bate-estaca na porra da coisa. E quando ele sai e faz tudo aquilo, puta merda, não é de se admirar que o cara nunca tenha ficado mais alto. No final do show, parece que ele gastou todo o suor que tinha nele. É como se corresse uma maratona, noite após noite. Adoro o cara – como pessoa e como artista. Ele é ótimo.

A única coisa infeliz que aconteceu com o AC/DC foi alguns anos depois, quando eles abriram para nós na Suíça, na turnê do *Technical Ecstasy*. O Geezer tinha acabado de comprar um canivete e adorava ficar mexendo nele o tempo todo. Eu disse a ele: "Geezer, você precisa tomar cuidado com isso. Faça isso na frente da pessoa errada, na hora errada, e ela pode ficar irritada". Mas já havia se tornado um hábito, então Geezer continuou fazendo isso. E claro, eu, Geezer e o irmão mais velho de Angus, Malcolm – que tocava guitarra base no AC/DC, mas também era uma espécie de líder não oficial –, estávamos tomando algumas cervejas no meu quarto uma noite, Geezer começa a mexer em seu canivete e Malcolm fica irritado.

Tudo aconteceu em um instante. Num minuto estávamos sentados conversando, e no momento seguinte um estava agarrando a garganta do outro. Tudo o que me lembro é que eles tiveram uma pequena briga, e eu tive que separá-los. Como eu disse ao Geezer na época, o AC/DC podia ser uma banda australiana, mas a família Young é de Glasgow, e eles são escoceses no fundo. São briguentos. Malcolm podia ter apenas 1,50m de altura, como Angus, mas ele sabia brigar de verdade, e não recuava. Era melhor não se meter com ele.

Não sei onde Bon estava quando tudo isso aconteceu – ou o restante do Sabbath –, mas o AC/DC teve que sair da turnê depois disso. Não sei quem tomou essa decisão. Mas Malcolm nunca se esqueceu disso. Quero dizer, infelizmente, ele esqueceu no final... ele se esqueceu de tudo. Muitos anos depois dessa turnê, ele se mudou para um lugar perto da minha casa em Buckinghamshire, e ia até lá com frequência. Mas, com o passar do tempo, comecei a ter a sensação de que as luzes estavam acesas, mas não havia ninguém. Descobriram que ele tinha demência. Foi muito triste, cara. Fiquei tão preocupado que perguntei a Angus sobre isso – eu só perguntei: "Como está o Malcolm?", e ele ficou muito irritado. Ele não percebeu que Malcolm morava bem perto de mim, então achou que as notícias tinham se espalhado ou algo assim. Eles são uma família muito unida, muito protetora.

Quanto ao Bon, a última vez que o vi foi em seu camarim no Bingley Hall, em Stafford. Foi no dia 8 de novembro de 1979. Eu havia sido demitido do Sabbath e estava dando os primeiros passos na minha carreira solo. Eles estavam em turnê para promover *Highway to Hell* – o álbum que os levou a outro patamar – com o Def Leppard como atração de abertura.

Então, eu estava lá, conversando com Bon, e me lembro de alguém dizendo: "Você entra em cinco minutos!" E Bon tinha um copo grande na sua frente. Eu achava que era Coca-Cola. Não era um copo pequeno. Um copo grande e alto. E ele pegou, bebeu tudo de uma só vez e deu uma tremida.

"Você não vai precisar mijar depois de beber tanta Coca-Cola?", perguntei.

"Jack & Coke", disse ele. "Não é Coca-Cola."

Era inacreditável. Quer dizer, é *muito* Jack Daniel's fluindo em suas veias no momento em que você está prestes a entrar no palco. É muito álcool para se beber de um gole só, ponto. Até mesmo eu teria ido com um pouco mais de calma.

Mas não pensei muito mais sobre isso. Eu estava bem ocupado indo para a lateral do palco para ouvir Angus soltar o riff de abertura de "Highway to Hell" num volume que poderia fazer os ouvidos sangrarem.

Duh-n-nuh!

Duh-n-nuh!

Duh-n-nuh, duh-n-nuh-*DUH*!!

DUH-DUH.

Isso que é um hino, cara.

Depois que foi lançado, lembro-me de ter pensado comigo mesmo: Bon tem o mundo a seus pés.

Eu era muito mais próximo de John Bonham do que jamais fui do Bon. Na verdade, eu conhecia todos os caras do Zeppelin havia muito tempo. Geezer me apresentou a Robert Plant na época em que Plant estava se perguntando se deveria se juntar ao Zeppelin – ou aos New Yardbirds, como eles eram chamados então – ou ficar com sua própria banda, que se chamava *Obs-Tweedle*, se é que você pode acreditar nisso.

Então, uma noite no Henry's Blues House – o clube de propriedade de nosso primeiro manager, Jim Simpson – eu vi o Plant tocando com Bonham. Deve ter sido no começo de 1968. Foi de arrepiar, cara. Mesmo naquele momento, o pé direito de Bonham tinha tanta velocidade e potência, que parecia que ele disparava projéteis de artilharia de uma metralhadora. Um ano depois, o resto do mundo poderia ouvir isso em "Good Times Bad Times". O que ele conseguia fazer com um único bumbo era quase fisicamente impossível.

E a voz de Plant também era incrível. O alcance, os lamentos que ele podia fazer, o volume. Quero dizer, dava para ouvir os primeiros contornos de "Dazed and Confused" naquela noite. Ele também tinha o visual perfeito, com seu cabelo encaracolado e aquelas calças justas que ele usava, que provavelmente davam uma oitava extra. Ele e Bonham estavam levando o blues para uma direção totalmente nova e muito mais pesada, e foi uma das coisas mais empolgantes que já ouvi.

E isso foi *antes* de você adicionar Jimmy Page na guitarra e John Paul Jones no baixo.

De qualquer forma... com o passar dos anos, o Zeppelin e o Sabbath decolaram, então fiquei sabendo que Bonham vivia a uma hora de mim, e começamos a beber juntos.

John não tinha apenas uma casa. Ele comprou uma fazenda inteira. De verdade, com cavalos, galinhas e um touro Hereford premiado chamado Bruno. Old Hyde Farm, como era chamado o local. Era perto de Cutnall Green, em Worcestershire. Tinha 40 hectares ou algo assim, no topo de uma colina, com uma vista incrível do campo. Era um lugar tão bonito e tranquilo. Adorava ir lá. John ficava sempre muito feliz ao dirigir seu trator, usando um chapéu de fazendeiro. O pai de John, Jacko, também estava lá muitas vezes. Ele trabalhava com construção, e estava sempre trabalhando duro para reformar as antigas instalações da fazenda. Uma das razões pelas quais John bebia tanto, ouvi dizer mais tarde, era porque ele ficava com muita saudade da fazenda e da sua família quando estava em turnê do outro lado do mundo.

Para chegar à casa principal, havia um caminho longo e sinuoso com uma cerca branca ao lado. E do lado da entrada da garagem, onde ela se encontrava com a estrada, havia um pub. John não era o dono do pub, mas poderia ter sido. Eles o deixavam entrar a qualquer hora do dia ou da noite.

Sóbrio, John era uma pessoa excelente. Mas adicione o suco da alegria e ele ficava absolutamente doido. Simplesmente bebia até cair. Ele também gostava muito de Quaaludes, que eram chamados de Mandrakes na Inglaterra. Ele sempre levava um saco plástico cheio deles. As pessoas tomavam para relaxar naquela época.

O assistente de John se chamava Matthew, eu me lembro, e pedíamos que ele nos levasse aos clubes de Birmingham em meu XJ12. Uma noite, John ficou tão aniquilado que, ao sair do clube, pensou que o carro era *dele* e tentou ir embora sem mim. Tudo o que me lembro é de bater na janela dizendo: "John, esse é meu carro, caralho!". E ele simplesmente disse: "Vá se foder, estou indo para casa!", e trancou as portas pelo lado de dentro.

Em um determinado momento, pensei que teria que pegar um táxi de volta a Stafford.

Ou dormir por ali.

"JOHN, ESSE CARRO É MEU, PORRA!", continuei gritando com ele.

Por fim, algo fez clique em sua cabeça.

"Bem, então é melhor você entrar, não é?", disse ele, destrancando as portas.

Eu era tão amigo de John que uma vez confiei a ele todo o meu estoque de cocaína.

Eu ia deixar o país para sair de férias com a esposa e os filhos – estávamos indo para um lugar muito caro nas Ilhas Canárias, eu me lembro, na costa noroeste da África –, e não queria deixar a droga em casa, onde a governanta ou um dos roadies que estavam sempre entrando e saindo poderiam encontrá-la. Então, antes de sair, coloquei um saco plástico enorme de coca no porta-malas do XJ12 e dirigimos até a Old Hyde Farm. Encontrei John em uma das oficinas, ao lado do celeiro que ele havia transformado em garagem para sua coleção de carros antigos.

"Você pode cuidar disso para mim?", perguntei, segurando a bolsa.

"Que porra tem aí dentro?", disse ele.

"Pó de waffle", eu disse a ele. Nós a chamávamos de pó de waffle na época porque isso te fazia falar muito.[11]

"Puta merda, Ozzy. Isso é *muito* pó de waffle."

"Eu sei. Posso colocá-lo em seu cofre? Eu tenho que deixar o país por um tempo."

"Tudo bem", disse ele, "você sabe onde fica. Garanto que ninguém vai tocar nisso."

"Valeu, John", eu disse. "Eu te devo uma."

Lembro-me de ter me sentido um pouco estranho com isso enquanto dirigia de volta para Stafford pela M6. Mas isso não foi nada comparado ao modo como me senti quando cheguei ao aeroporto com minha então esposa e as crianças. De repente, pensei: "*Esse maldito vai cheirar minha coca, não vai sobrar nada quando eu voltar.*" Eram dez ou 15 mil libras de farinha em dinheiro

11 Além de dar nome ao conhecido doce, waffle também significa falar muito, tagarelar. (N. E.)

de hoje. Mais importante, era extremamente difícil conseguir na Inglaterra naquela época. *Por que diabos eu achei que John Bonham era o melhor guardião de um saco de cocaína grande o suficiente para levar o exército boliviano à lua e trazer de volta?* Assim que ele tomar umas cervejas, pensei, ele vai abrir o saco e cheirar sem parar. Ele vai jogar para o ar como confete. Dar às ovelhas. Metade de Cutnall Green estará subindo pelas paredes graças à minha coca.

Achei que me acalmaria e esqueceria o assunto assim que chegássemos às Ilhas Canárias.

Mas não.

Por algum motivo, fiquei cada vez mais chateado com toda a situação.

Eu pensava nisso quando estava no toboágua com as crianças.

Pensava nisso quando estava tomando daiquiris e garrafas de Guinness à beira da piscina.

Pensava nisso durante um jantar romântico com a esposa na praia.

Por fim, ela me perguntou o que havia de errado. Não podia falar a verdade. "Estou muito preocupado com meu... com o futuro do mundo, sabe?", respondi.

Acabei indo para casa mais cedo, pois estava muito mal.

Assim que o avião aterrissou em Heathrow, eu fui correndo para o estacionamento de longa permanência. Depois, dirigi a 170 km/h de volta para Old Hyde Farm.

Durante toda a viagem, tudo o que eu conseguia pensar era: "*Ele acabou com tudo, desapareceu com tudo.*"

Duas horas depois, eu estava subindo a entrada da garagem do John. Nem sequer desliguei o motor ou fechei a porta do carro quando cheguei no celeiro, corri direto para o cofre no canto onde eu havia deixado a cocaína, quase arrancando as portas de suas dobradiças, remexendo em tudo, jogando martelos e cinzéis e tudo o que ele guardava, e então – lá estava! – vi a ponta do saco plástico. Eu o retirei. *Haha*! Eu falei. *Eu sabia!!*

Então...

Na verdade... *espera um minuto.*

A sacola ainda parecia cheia.

Eu a pesei em minha mão.

Dei uma olhada no interior.

Pesei novamente para ter certeza.

Sim.

Ele não tinha tocado. Nem uma fungada.

Não conseguia acreditar naquilo.

John, meu velho amigo, se estiver lendo isso aí em cima, desculpe por ter duvidado de você.

Três meses depois daquela noite com Bon no Bingley Hall, eu estava em casa, em Stafford, me preparando para ir ao Ridge Farm Studios para começar a gravar *Blizzard of Ozz*. Não me lembro se Randy já estava lá ou se ainda estava tentando obter o visto ou algo do gênero. O telefone toca. É Jean, minha irmã mais velha.

"Você soube que um cantor foi encontrado morto no carro em Londres?", ela diz.

Meu sangue ficou frio. "Quem?", respondi. "Qual é o nome dele?"

"Bon Scott." Ela estava lendo o jornal. "Da banda AC/DC. Você o conhecia?"

Não ouvi nada depois do nome do Bon. Eu me senti como se tivesse levado um soco na cara.

Isso me deixou muito assustado. Eu disse: "Mas acabei de vê-lo!". Também não conseguia entender como isso havia acontecido. Quer dizer, sim, eu fiquei surpreso com o fato de ele beber tanto Jack & Coke antes de um show, mas não achava que ele bebia *tanto* assim. Disseram que ele havia se engasgado com o próprio vômito enquanto dormia. Mas em meu mundo, naquele momento, isso não parecia ser algo que poderia te matar. Eu costumava vomitar enquanto dormia *o tempo todo*. Na Inglaterra inteira, as pessoas faziam isso toda noite de sexta-feira e sábado, sem falta, e nem todos morriam. Então, como isso aconteceu com Bon?

Estava em choque quando desliguei o telefone. E me senti muito triste por ele. Eu sabia exatamente como ele devia estar quando isso aconteceu, quanta pressão deve ter sentido, porque eu mesmo já havia passado por isso quando estava na estrada.

Eles faziam muitas turnês, o AC/DC. E quando a turnê se arrasta – quando você se cansa dos constantes check-ins e check-outs de hotéis, todas as horas no ônibus, a comida ruim, os banheiros químicos, as discussões ridículas, dia após dia, dando entrevistas, forçando sua voz – isso pode te esmagar. Quando é ótimo, é ótimo. Mas se você não fizer pausas, pode ter problemas reais. A música do AC/DC "It's a Long Way to the Top (If You Wanna Rock 'n' Roll)" resume melhor a situação do que eu jamais conseguiria.

Bon passou 15 anos na estrada – ele começou em 1964, muito antes de se juntar ao AC/DC – ralando para conseguir. E com *Highway to Hell*, ele finalmente chegou lá, aos 33 anos de idade, uma época da vida em que muitos cantores estão começando a se perguntar se terão sucesso. Ele estava prestes a se tornar um dos maiores astros do rock do planeta. Tinha muito a conquistar... muito a oferecer. Foi uma calamidade o que aconteceu.

Bon, sentimos sua falta, cara.

Então, sete meses depois, outra ligação.

Dessa vez, eu estava em Liverpool. Em um telefone público no lobby de um hotel onde eu estava hospedado, creio eu. Minha esposa estava na linha, dando a notícia de que John tinha sido encontrado morto na casa de Jimmy Page após um dia e uma noite de consumo excessivo de álcool durante os ensaios. Ao que parece, foi John Paul Jones que o encontrou na tarde seguinte, com o tour manager da banda. Eles tentaram acordá-lo. Depois, tiveram que contar a Robert e Jimmy.

Deve ter sido uma cena terrível. Não consigo nem imaginar.

A morte do John me abalou muito. Ele tinha apenas 32 anos e deixou a esposa Pat e os dois filhos, Jason e Zoë. Também decretou o fim do Zeppelin. No final do ano, eles divulgaram uma declaração dizendo que "a perda de nosso querido amigo e o profundo respeito que temos por sua família, juntamente com a sensação de harmonia indivisível sentida por nós e por nosso manager, nos levaram a decidir que não poderíamos continuar".

Ele tinha forçado, John, realmente tinha. Ele era um homem duro. Ele bebia, bebia e bebia. Eu também bebia, mas depois fumava um baseado e desmaiava. John nunca parava.

No dia de sua morte, ele havia bebido quarenta doses de vodca, aparentemente, começando no café da manhã. Disseram que a causa da morte foi a mesma do Bon, engasgando com o vômito no sono. Quando fiquei sabendo, comecei a perceber que isso pode acontecer facilmente se você tiver o hábito de beber até cair.

Mas, sabe, eu me achava um bêbado *inteligente*. Achava que conhecia todos os truques para evitar esse destino, embora já tivesse dormido uma vez em meu Range Rover na entrada da garagem de Bullrush Cottage, uma situação muito semelhante à que tinha matado Bon. Foi nessa noite que alguém teve que vir e colocar um saco de dormir sobre mim. Quando acordei, meus olhos estavam congelados e não conseguia abrir. Eu poderia ter morrido de hipotermia, além de engasgar com meu próprio vômito. Quando conheci a Sharon, por outro lado, ela não permitia isso. Sempre enchia meu saco.

"Ninguém *nunca* pensa que isso vai acontecer com eles!", gritava comigo. "Você acha que Bon pensou que seria assim que a noite terminaria? Ou John? Acorde, Ozzy!"

A mensagem deve ter sido captada, pois depois de perder Bon e John, comecei a dormir de lado, depois de dormir de costas durante toda a vida antes disso. Ainda durmo de lado até hoje, só para o caso de vomitar.

Quanto a partir com um estrondo quando se é jovem, o problema é tudo o que você perde. Lemmy provou estar errado de certa forma, porque ele teve uma vida plena. Eu tive uma vida plena. Mas Bon e John deixaram este mundo com muito tempo ainda pela frente. Gostaria que eles tivessem ficado por aqui.

Muitos anos depois de sua morte, em um intervalo entre as turnês, voltei de carro para a Old Hyde Farm. Parei ao lado do pub na entrada da garagem e apenas fiquei sentado ali, olhando para a cerca de estacas e para os campos além dela. Na última vez em que estive lá, o pai de John ou um dos trabalhadores da fazenda tinha acabado de dar uma mão de tinta branca na cerca. Mas agora estava tudo podre e desgastado e descascando.

Os bons tempos sempre acabam, suponho, eu me lembro de ter pensado.

E, às vezes, acabam cedo demais.

11

Tomei algumas

A Covid acabou nos pegando.

Andrew foi o primeiro a pegar. Tenho que dizer que, até esse momento eu nunca, *jamais*, quis usar o Zoom. Reuniões já são intragáveis. Mas uma reunião on-line elevava o sofrimento a outro patamar, como se estivessem arrancando meus dentes. Porém, quando Andrew disse "Por que não vou até aí, posso usar uma máscara?", eu me peguei dizendo: "Ah, você já ouviu falar dessa coisa chamada Zoom?".

Pegar o vírus era a última coisa de que eu precisava além de todas as outras merdas médicas com as quais estava lidando. Ao contrário de muitas pessoas em meu mundo – incluindo minha Kelly –, eu não *via a hora* de tomar a vacina. A Kelly ficava falando: "De jeito nenhum eu vou tomar essa merda". Cara, eu já tomei gasolina. Não me importava se havia sido testada por cinco minutos ou cinquenta anos. Eu simplesmente nunca, *jamais*, iria querer terminar na UTI novamente. Ainda mais com um tubo de respiração enfiado na traqueia. Não, obrigado.

Então, pouco antes do Natal, Sharon pegou. Ela é quatro anos mais jovem do que eu e muito mais saudável, mas o vírus a derrubou com força. Ela ficou hospitalizada por dois dias. Depois, ficou em quarentena na casa do Elton John, em Beverly Hills. É incrível que eu não tenha pegado.

"Talvez seja verdade o que dizem", disse Sharon para mim pelo telefone uma noite, enquanto tossia e fungava. "Talvez você seja realmente indestrutível."

"Deve ser por causa da adoração ao demônio", eu falei.

Mas o pior da pandemia para Sharon ainda estava por vir.

Na minha opinião, as pessoas estavam enlouquecendo durante aquele período. Elas ficaram muito estressadas por causa do *lockdown* no mundo todo. Ficaram presas em casa por quase um ano com suas caras metades e seus filhos. Discutiam sobre política, vacinas, de onde tinha vindo esse vírus. Algumas pessoas faliram. Outras estavam surfando na onda do Covid. E muitas pessoas haviam morrido, era inacreditável.

Foi uma época muito fodida, sabe? E com o mundo enlouquecendo, tornou-se um tipo de esporte cancelar as pessoas e destruir suas carreiras se tivessem a opinião "errada". Por um tempo, as pessoas estavam sendo canceladas a torto e a direito. E como Sharon aparecia no *The Talk* todos os dias, discutindo o que estava no noticiário – *que era seu trabalho* –, isso aconteceu com ela. Não quero repetir a coisa toda, mas ela basicamente defendeu seu colega Piers Morgan, que ela conhece desde que ambos eram jurados no *America's Got Talent* há muito tempo. Piers havia feito alguns comentários sobre não acreditar em uma palavra que saísse da boca da esposa do Príncipe Harry,

Meghan Markle. No segundo em que ele disse isso, é claro, todas as forquilhas apareceram, com todo mundo chamando Piers de racista pra baixo. E Sharon apenas disse que seu amigo tinha direito à opinião dele, mesmo que ela não concordasse. Também falou que o fato de não acreditar em Markle não significa automaticamente que ele era racista. Até onde sei, foi só isso. *Foi tudo que ela disse.*

Honestamente, Sharon estava ferrada no momento em que o assunto surgiu. O que aconteceu foi um massacre completo. Ela está convencida de que a pessoa que armou tudo isso – e não vou citar nomes, porque a última coisa que quero fazer é revirar toda essa merda de novo – sabia o que estava fazendo, acho. E Sharon, quando sente que está pra ser nocauteada, vai cair lutando.

Como eu disse antes, esse mundo da TV é horrível pra caralho, cara. Eu dizia a Sharon antes disso acontecer: você precisa tomar cuidado. As facas sempre aparecem quando menos se espera. Foi realmente terrível vê-la passar por isso. Ela ficou arrasada por muito tempo. Você acha que tem amigos na TV, mas eles não são seus amigos.

Foi duro, cara. Realmente difícil.

O fato é que Sharon já lutava para manter a cabeça fora da água antes que isso acontecesse. Minha lesão e meu Parkinson, os shows cancelados, depois a pandemia... essas coisas foram um fardo pesado para ela. Não me entenda mal, você nunca ouvirá a Sharon reclamando. Esse não é o estilo dela. Ela é uma rocha. Além disso, nós dois temos muita sorte na vida. Muitas pessoas têm uma vida bem mais difícil. Mas ela ainda é um ser humano.

Seu trabalho no *The Talk* era uma grande parte de sua vida. Ela era uma das apresentadoras originais. Participou daquilo por *11 anos*, uma eternidade no showbusiness. Ela se entregou de corpo e alma para aquele programa, era uma grande personagem, amava o trabalho. Estar na frente das câmeras sempre foi o sonho de Sharon, depois de passar tantos anos nos bastidores.

Eles acabaram pausando o programa por algumas semanas enquanto faziam uma "investigação" – e duas semanas depois, Sharon foi demitida. Algumas semanas antes, quando Sharon estava no hospital com Covid, as mesmas pessoas tinham ido ao Instagram para dizer "Sra. O, nós amamos você".

Que bando de farsantes.

A pior parte foi Sharon ser chamada de racista por apoiar Piers. Posso dizer, sem dúvida alguma, que minha esposa não é racista. Isso vai contra tudo o que ela sempre defendeu. Qualquer pessoa que tenha passado mais de cinco segundos com ela sabe disso. As pessoas com quem ela trabalhava no programa sabiam disso. Ficar com esse rótulo era algo totalmente errado. Porque você nunca consegue um trabalho na TV se é isso que as pessoas pensam de você. É o fim do jogo. Eles sabiam disso quando a demitiram.

Ela ficou arrasada nas primeiras semanas. Isso realmente a quebrou. Mas o que eu admiro na Sharon é que ela chega a um ponto em que pensa: "Tudo bem, acabou".

Eu ainda estaria me contorcendo até hoje, revivendo cada segundo de tudo isso na minha cabeça, repetidamente, querendo vingança.

Mas não é assim que Sharon funciona. Depois que ela chora tudo o que tem para chorar e supera algo, simplesmente deixa para lá e nunca mais fala sobre o assunto. Na verdade, ela ainda tem uma relação amigável com muitas das moças que trabalhavam no set. Minha esposa é uma mulher incrível. Quanto ao

The Talk, a justiça poética foi feita no final. Ele foi cancelado. E assim que tirou a faca das costas, Sharon voltou a rugir.

Muitos casamentos terminaram durante a pandemia, pelo menos foi o que ouvi. O nosso ficou mais forte.

Sinceramente, acredito que você só terá um amor de verdade na vida. A Sharon é o meu. Ela é meu coração e minha alma. Ela me salvou. Não tenho dúvidas de que eu não estaria vivo sem ela. Não saberia como sobreviver sem ela.

Senti-me atraído pela Sharon desde o momento em que a vi. Mas foi durante o verão de 1980, depois que terminamos de gravar *Blizzard of Ozz*, que eu me apaixonei muito por ela. Eu morava com o Randy em Londres na época, enquanto estávamos nos preparando para a turnê. Nosso primeiro show seria no início de setembro em uma casa noturna próxima ao Norbreck Castle Hotel, no calçadão de Blackpool. Sharon queria que usássemos um nome de banda falso – "The Law" – para tentar despertar mais interesse. Ela estava sempre um passo à frente com a imprensa.

O apartamento do Randy ficava na área de Shepherd's Bush, creio eu, perto da rotatória. Sharon ia para lá e nós dois ficávamos bêbados. Foi quando percebi que ela era tão louca quanto eu. Quando saíamos as pessoas pensavam que éramos irmãos, por sermos tão parecidos.

Certa vez, fomos a um pub em grande estilo e ficamos absolutamente chapados, mal conseguimos passar pela porta da frente quando voltamos para a casa do Randy. Simplesmente desmaiamos, ali mesmo no chão. Quando Randy se levantou na manhã seguinte, achou que estávamos mortos. Isso realmente o assustou, pobre coitado.

Em outra ocasião, fiz um ensopado de carne para Sharon, e posso ter colocado – acidentalmente ou não – um pouco de haxixe nele. Quando Sharon percebeu que estava começando a viajar, ela ficou completamente louca comigo. Eu me lembro dela pegando o telefone no apartamento – um daqueles grandes e antigos com dial – e o jogando em mim com toda a força que tinha. Eu me abaixei bem a tempo, ele bateu na parede, ricocheteou e acertou no queixo dela. Parecia cena de um filme de Laurel e Hardy. Ela estava furiosa, segurando o queixo e rindo ao mesmo tempo. Então ela pegou uma das guitarras do Randy e a destruiu contra a parede como se fosse Pete Townshend. Sobrou apenas o braço da guitarra na sua mão. Não me lembro da reação do Randy, ou se ele estava lá no momento. Ele não deve ter ficado muito feliz.

Foi uma época louca, pensando bem. Eu estava em um limbo estranho, sem saber se minha carreira solo decolaria ou não, preso entre a mulher com quem eu ainda era casado no momento e a mulher por quem eu estava me apaixonando.

Em algum ponto no meio de tudo isso, houve um momento surreal quando a mãe de Randy, Delores – todos a conheciam como Dee – veio visitá-lo. Randy adorava a mãe. Ele tinha composto uma peça acústica para ela, "Dee", que colocamos no *Blizzard*. É a coisa mais linda. Não consigo ouvi-la sem chorar. De qualquer forma, Dee tinha voado de Los Angeles para ver como ele estava. Ela também queria me conhecer. A primeira vez foi quando acordei no sofá uma tarde, depois de uma noite daquelas, e lá estava Randy na sala de estar com essa mulher mais velha.

"Ei, Ozz", ele diz, "quero que conheça a minha mãe!"

Demorei um pouco para me dar conta de onde estava. Eu estava fedendo, suando e peidando, totalmente de ressaca. Então Bob Daisley e Lee Kerslake, que estavam tocando baixo e bateria na turnê, entraram na sala. Também de ressaca. Eu me levanto para cumprimentá-la e, de repente, fica muito claro que a mãe de Randy não faz ideia de quem somos.

"Então, Randall, quando vou conhecer o Aussie Osbourne?", ela fala. "E sua nova banda?"

Fazia sentido, eu acho. Randy era o Sr. Certinho, e lá estávamos nós, três velhos gordos e bêbados. Parecíamos a equipe de dardos do clube de trabalhadores local. Sem dúvida a mãe do Randy pensou que éramos a equipe da turnê.

Algumas semanas depois, fomos ao Shepperton Studios perto do aeroporto de Heathrow para iniciar os ensaios. Normalmente eu não me lembraria desse tipo de coisa. Mas foi em Shepperton que as coisas finalmente começaram a acontecer com a Sharon. Estávamos todos hospedados no hotel em frente, e certa noite usei minha cantada especial com ela. "Posso ir para o seu quarto para ver televisão?"

Meu quarto *também* tinha uma televisão, é claro. O que a Sharon sabia. Então, como ela não respondeu "Vá se foder, veja sua própria televisão", tive a sensação de que talvez ela gostasse de mim tanto quanto eu gostava dela. Mas eu estava nervoso, sabe? Ainda não tinha certeza.

Quando dei por mim, ela estava tomando banho e eu tinha entrado na banheira com ela.

"Então, vamos transar agora?", perguntei quando entrei.

"Oh, que romântico..."

E então finalmente comecei a beijá-la. Ou talvez ela tenha tomado a iniciativa, não me lembro. De qualquer forma, a partir desse momento, não conseguíamos tirar as mãos um do outro.

E não conseguíamos parar de rir. Nós simplesmente ficávamos gargalhando *o tempo todo*.

Por um período, tentei manter as coisas com a Sharon e com minha esposa ao mesmo tempo – para o bem das crianças, ou era isso que eu dizia a mim mesmo. Mas isso nunca funciona. A verdade é que você não pode se casar tão jovem e depois continuar na estrada por quase uma década – enquanto sustenta um vício em álcool e cocaína – e manter tudo dando certo. Minha esposa e eu estávamos vivendo vidas totalmente diferentes. Por outro lado, Sharon foi a primeira mulher que conheci que não se importava com o fato de eu ser louco, porque ela mesma era louca. Éramos como os malucos que haviam tomado conta do manicômio. Estávamos apaixonados e com muito tesão e nos divertindo ao máximo. Éramos almas gêmeas. Isso era óbvio para qualquer pessoa.

Eu me diverti muito com a Sharon. Mais tarde, eu me lembro de estar em Nova York com ela e o soldador que se tornou roadie que se tornou assistente pessoal, Dave Tangye. Nós estávamos num bar antigo no lado leste de Midtown chamado P.J. Clarke's. Aparentemente, o local ainda existe. Uma noite, na hora de fechar, só restávamos nós três no bar, junto com um casal que acabara de se casar naquele mesmo dia, e uma prostituta. E, veja só, o casal tinha tanta cocaína com eles que dava para afundar um navio de guerra, então todos fomos andar por Manhattan até o sol nascer.

Foram bons tempos, cara.

Mas Sharon logo percebeu que não conseguiria acompanhar meu ritmo de consumo de álcool.

Não sei quanto tempo tinha se passado desde que começamos a namorar, mas um dia ela simplesmente se virou para mim e disse: "Eu não quero mais me sentir assim. *Um* de nós tem que ficar sóbrio". Pensei comigo mesmo: "Até parece, ela vai voltar a beber amanhã". Mas, além de uma taça de vinho ou um coquetel de vez em quando, ela nunca mais tocou na bebida. Não sei como ela fez isso, realmente não sei. Se você não é viciado, suponho que não precise chegar ao fundo do poço. Pode ver o dano que está causando e parar.

Gostaria de ser assim...

O que não mudou foi o tempo que passamos juntos. Éramos inseparáveis e nos casamos em 4 de julho de 1982, apenas alguns meses depois de perdermos o Randy. Parecia algo bonito a ser feito em um momento de tanta tristeza. Sharon escolheu a data para que eu nunca esquecesse nosso aniversário. Mas isso não me impediu de esquecer o casamento. Fiquei completamente chapado, algo que me arrependo até hoje.

Olhando agora para trás, foi quando me amarrei com a Sharon que eu realmente me tornei Ozzy.

Minha primeira esposa se recusava terminantemente a me chamar de Ozzy. Para ela, eu sempre fui o John. Ozzy era apenas meu apelido da escola, uma versão abreviada de Osbourne. Claro, os caras do Sabbath me chamavam de Ozzy. Eu era Ozzy no Hand & Cleaver, o pub próximo ao Bullrush Cottage. Eu era Ozzy para meus antigos colegas de Aston. Mas só isso. Eu era John para a família e os amigos de minha esposa. Eu era John para minha mãe e meu pai. Eu era John para meus irmãos e minhas irmãs, meus tios e minhas tias, e para todos os outros parentes. Na verdade, minha irmã Jean me chama de John até hoje, o que é estranho, porque quando vejo isso em suas mensagens de textos, não me *sinto* o John. Agora estou num ponto em que, se alguém gritar "John!" na rua, eu nem olho.

Antes de conhecer Sharon, Ozzy era como uma identidade à parte. Ele era a pessoa que eu me tornava no palco, o roqueiro suado de cabelo comprido, sem camisa, com tatuagens por toda parte, uma risada doida e um sorriso maligno. Enquanto isso, John era o cara que morava em uma pitoresca vila inglesa, que dirigia um Range Rover e usava galochas no jardim. Que tinha uma esposa normal, e dois filhos em boas escolas. Que colocava seu nome nos contratos e sabia como se manter limpo antes de um show.

Mas no momento em que as luzes se acendiam e *Carmina Burana* começava a tocar, John se transformava em Ozzy, a bola de demolição humana, e eu ficaria como Ozzy a noite toda e a maior parte do dia seguinte, enquanto me destruía com drogas e bebidas. Depois, era um dia trancado no quarto com as cortinas fechadas para me recuperar e voltava a ser o John... antes que tudo recomeçasse.

No final, é claro, tive que abandonar a bebida e as drogas. Mas, por alguma razão, depois que me divorciei da minha primeira esposa e me casei com Sharon, John nunca mais voltou.

Uma vez, perguntei a Sharon por que ela nunca me chamava pelo meu nome de batismo.

"Eu gosto de você como Ozzy", foi tudo o que ela disse.

Agora sou Ozzy o tempo todo.

De modo geral, não acredito em arrependimentos. Quando deixei a escola Birchfield Road Secondary Modern sem nada mais do que um pedaço de papel que dizia "John Osbourne frequentou esta escola entre tal e tal data", eu nunca poderia ter imaginado o tipo de vida que acabaria tendo. Saí de uma casa popular sem banheiro interno, para ter mais diamantes, carros e casas do que em meus sonhos mais loucos. Como poderia me arrepender se foi esse o resultado? Eu devo ser uma das pessoas mais sortudas do mundo.

Dito isso, quando eu tinha todo esse tempo em minhas mãos depois da minha lesão, e durante a pandemia, houve ocasiões em que me vi olhando para trás, para os momentos em que poderia ter sido um marido melhor, um pai melhor, um filho melhor, um colega de banda melhor. Todos já fizemos coisas das quais não nos orgulhamos, inclusive eu. Do meu ponto de vista, é assim que se aprende, cometendo erros. Mas alguns erros são maiores do que outros. E se há uma pessoa que merece um pedido de desculpas, é a Sharon.

O fato de minha esposa ter me apoiado é incrível, porque fui um cara muito ruim ao longo dos anos. Se há um arrependimento que tenho, uma coisa que eu gostaria de poder voltar atrás e refazer, seria a noite de setembro de 1989, quando fomos ao restaurante chinês perto de nossa antiga casa em Little Chalfont, Buckinghamshire. Estávamos comemorando o sexto aniversário da Aimee. Não que eu me lembre muito sobre aquela noite. Eu tinha acabado de voltar do Moscow Music Peace Festival com Mötley Crüe e Scorpions, e estava misturando vodca russa pura com analgésicos. Eu estava doido há cinco dias direto. Foi demais. Tinha ido longe demais. Estava sem controle.

Eu e a Sharon vínhamos discutindo há algum tempo por causa de pequenas coisas. Apenas a merda de sempre sobre se sentir sobrecarregada, porque naquela época eu via as turnês como algo que nunca abandonaria. Mas os pequenos problemas foram se acumulando, como sempre acontece... antes de explodirem em algo muito maior.

Foi isso basicamente o que aconteceu. Mas como eu estava muito chapado, quase se tornou mortal.

Sinto-me péssimo e me dá arrepios só de pensar nisso. Não acredito em um demônio com cauda e pequenos chifres vermelhos, mas tenho quase certeza de que ele estava comigo naquela noite.

A primeira vez que soube de tudo isso foi quando acordei no chão de uma cela na delegacia de polícia de Amersham com a pior ressaca da minha vida. Havia grades na minha frente, um balde ao meu lado. As paredes estavam borrifadas com merda. Nunca me esquecerei do mau cheiro daquele lugar. Boa parte dele provavelmente vinha de mim. Em seguida, entra um policial com uma careta no rosto e me diz que fui preso por tentativa de homicídio. Meu primeiro pensamento foi: "Caralho, eu devo ter dirigido bêbado". "Não", disse ele, "você tentou matar sua esposa".

Foi como um pesadelo. Quando ele leu as acusações, não conseguia acreditar naquilo.

Talvez eu *esteja* realmente louco, lembro-me de ter pensado.

Ao que parece, depois de sair do restaurante chinês, eu tinha levado Sharon e as crianças de volta para Beel House, onde morávamos na época. Era uma mansão antiga que eu tinha comprado no início dos anos 1980. O Duque de Buckingham já tinha morado lá e, mais tarde, o ator Dirk Bogarde. Ela ficava em um terreno de cinco hectares com uma quadra de tênis e piscina, pacote completo.

Enquanto Sharon colocava Kelly e Jack na cama, eu devo ter continuado bebendo e tomando mais pílulas. Então, de acordo com o que Sharon disse aos policiais – porque eu quase não tenho lembrança disso –, entrei na sala de estar, completamente calmo, enquanto Sharon estava no sofá lendo um livro. E eu disse a ela algo como: "Tivemos uma pequena conversa e está claro que você tem que morrer". Só que eu não estava brincando como normalmente fazia. O que quer que estivesse naquelas pílulas, era uma merda muito, *muito* ruim. Eu fiquei psicótico.

Então, eu a ataquei, colocando minhas mãos ao redor de sua garganta.

De acordo com Sharon, acabamos no chão, eu em cima dela, tentando estrangulá-la. Ela entrou em pânico, arranhando meu rosto, até que acabou se soltando e apertou o botão de pânico em nosso sistema de alarme contra roubo. Ela disse que, se tivesse uma arma, teria atirado em mim em autodefesa. Não duvido disso nem por um segundo. Sou muito maior e mais forte do que ela, e eu estava completamente enlouquecido, com olhos vazios, simplesmente fora de mim. Ela deve ter ficado aterrorizada. Alguns minutos depois, metade da polícia de Thames Valley apareceu.

Tentei aliviar o clima com os policiais enquanto estive preso na cela, o que não foi muito inteligente, dada a gravidade da situação. "As coisas que as pessoas fazem para ganhar publicidade, não é?", brinquei com um deles. Mas Amersham não era Los Angeles. Ninguém acreditava nas besteiras que eu falava bancando o astro do rock naquele lugar. Eles adorariam me mandar para a HMP Belmarsh[12] pelos próximos trinta anos.

A primeira coisa que os policiais fizeram foi voltar para Sharon e contar a ela o que eu havia dito. Ela estava mais do que irritada. Não houve comunicação com ela durante os dois dias em que fiquei trancado naquele lugar, nada. Tive certeza de que a havia perdido, que ela nunca mais iria querer ver minha cara. Enquanto isso, o pai dela tentou me ligar, sem dúvida para destilar um pouco de veneno, mas não conseguiu. Ninguém conseguiu. Eu estava na cadeia, não em uma suíte de hotel.

Após comparecer ao Tribunal de Beaconsfield, que foi um verdadeiro show de horrores graças à multidão de repórteres e fotógrafos que apareceu, foi concedida fiança com a condição de que eu me internasse em uma clínica de reabilitação e ficasse longe de Beel House, de Sharon e das crianças.

---

12 Prisão de segurança máxima localizada em Thamesmead, sudeste de Londres. (N.T.)

Fui parar em um lugar chamado Huntercombe Manor, não muito longe do tribunal, onde passei os seis mais longos meses da minha vida. A vontade de beber naquele lugar foi a pior que eu já havia experimentado. Eu tremia e vomitava, cagava nas calças, tudo isso.

Sharon levou cinco meses para fazer contato comigo novamente e vir me visitar. Foi quando ela contou que havia retirado as acusações. Disse que não acreditava que a minha versão no mundo sóbrio fosse capaz de matar. Mas ela nunca queria ver o Ozzy do mundo bêbado de novo.

Um ano depois, eu estava no apartamento de Lemmy em West Hollywood, com lágrimas escorrendo pelo rosto, enquanto lia a letra de "Mama, I'm Coming Home".

Sharon, desculpe.

E obrigado por me dar outra chance quando qualquer outra pessoa teria se afastado.

Não me orgulho em dizer que essa não foi a única ocasião em que pensei que havia perdido Sharon.

A outra vez foi após a última turnê do Black Sabbath, quando meu vício começou a me dizer que seria uma ótima ideia começar a sair com várias outras mulheres.

Sharon tinha todo o direito de me deixar quando descobriu o que estava acontecendo. Eu tinha me tornado um viciado em sexo, basicamente. Não era diferente de quando eu era viciado em bebida, pílulas, charutos, sorvete ou a porra do chá de Yorkshire.

Quando você diz que é viciado em sexo, é claro que as pessoas não acreditam em você. Elas dizem: "Sim, certo, isso é apenas uma desculpa para fazer besteira". Mas o que é preciso entender é que, depois, você se *odeia*. Não é diferente de beber quatro garrafas de conhaque até desmaiar no chão em uma poça do seu próprio mijo. Não tem nada a ver com amor ou sentimentos românticos. É uma obsessão, isso está preenchendo um vazio dentro de você, e não pode parar, mesmo sabendo que pode destruir sua vida e ferir as pessoas que você mais ama. Gostaria de ter sido mais forte.

O que percebi é que, quando você começa a sair com outra mulher regularmente, você é como uma criança em uma loja de doces. Pega os doces, come metade do saco e depois fica tipo... *merda, estou me sentindo mal agora.* Mas você come o resto dos doces de qualquer maneira, porque eles estão lá. Então, em algum momento, você fica preso e não consegue parar de sair com elas, porque acha que irão para a imprensa ou algo assim. Foi basicamente o que aconteceu. A Sharon falou: "Que porra você esperava, Ozzy? Se você está saindo com muitas mulheres, uma delas vai querer mais. E é essa pessoa que vai fazer tudo desabar sobre a cabeça de todos".

Naquele momento, ergui as mãos – eu era o culpado. Transei por aí por um tempo. Parti o coração da minha esposa e tenho sorte que ela me perdoou. Só espero que todas as pessoas que machuquei saibam o quanto lamento – inclusive as crianças, que ficaram muito afetadas.

E isso é tudo o que quero falar sobre o assunto, porque falar sobre isso causa mais dor.

As pessoas estão sempre perguntando para mim e para a Sharon: como caralhos vocês ainda estão juntos? Como sobreviveram a toda merda pesada pela qual passaram quando tantos outros casamentos se desfazem por muito menos? Você ouve falar de celebridades que se separam por não suportarem o gosto do outro em sapatos. Alguns deles se divorciam por mensagens de texto. Outros não sobrevivem aos primeiros dias.

É o seguinte: sempre que você vê um desses casais que fazem uma grande demonstração de que tudo é amoroso e perfeito, eu digo, não acredite. Ninguém consegue manter isso. Não é a vida real. Mais cedo ou mais tarde, a máscara vai cair. E depois? E se você se afastar porque não consegue aceitar que existem coisas positivas e negativas, quem disse que na próxima vez será mais fácil?

Pessoas são pessoas. A vida é uma bagunça. E quanto mais tempo você viver, mais bagunçada ela fica. E adivinhe só? O casamento pode ser difícil, mas passar por um divórcio não é exatamente um passeio no parque, sei por experiência própria.

A única outra coisa que posso dizer sobre o casamento é que levei muito tempo para perceber que o amor não é apenas sexo gostoso. E que você pode amar sua esposa sem precisar concordar com tudo o que ela diz ou faz.

Mas quando o casamento está funcionando, e quando você tem uma família cheia de amor – como é a nossa –, é a melhor coisa no mundo. Outro dia, recebi uma mensagem de texto do Jack, e tudo o que ele disse foi: "Eu te amo, pai". Antigamente, eu teria dito, *uh... o que ele quer agora?* Mas eu não penso mais dessa forma. Eu me senti muito bem pelo resto do dia.

O que mais eu poderia querer?

Às vezes, você não percebe suas cagadas na vida até muito tempo depois de terem acontecido.

Alguém me perguntou recentemente, por exemplo: "Qual é o melhor presente que você já recebeu?". Não consegui pensar em nada. Como disse, sou um cara de sorte, não preciso de muito. Então, alguns dias depois, me dei conta. De repente, eu estava de volta a Birmingham em 1967, pegando o ônibus com meu pai para a loja de música de George Clay, perto do clube Rum

Runner. Depois de andar meio atordoado pelo local, eu escolhi um sistema de PA Vox de 50 watts. Então, meu pai pegou sua caneta e seu talão de cheques e deu uma entrada de 250 libras.

Para um cara que vivia em uma casa popular, tinha seis filhos e trabalhava em uma fábrica de ferramentas, era uma quantia astronômica. Provavelmente o equivalente a duas ou três mil libras em dinheiro de hoje. E ele nem gostava do tipo de música que eu queria tocar. Ele gostava de cantar "Knees Up Mother Brown" nos pubs. Ele me dizia que os Beatles "não têm nenhuma melodia".

Sem aquele sistema de PA, eu nunca teria saído de Aston. Nada disso – Sabbath, minha carreira solo, *The Osbournes* – jamais teria acontecido. Foi só porque eu tinha um PA que o Geezer respondeu ao meu anúncio na vitrine da Ringway Music. E foi só porque conheci o Geezer que o Sabbath foi criado.

Mas nunca sentei com meu pai para agradecê-lo.

Não acredito nisso.

Assim que comprei aquele PA, as coisas começaram a acontecer, e nunca olhei para trás. Depois, com o sucesso do Sabbath, pensei tipo, *certo, agora a festa começou*. Pra ser sincero, achei que conseguiria viver no máximo dois anos como astro do rock. Quando me dei conta, cinquenta anos haviam se passado e meu pai tinha morrido há muito tempo e lá estava eu, me perguntando por que caralhos nunca disse o quanto era grato pelo que ele havia feito por mim. Porque ele poderia facilmente ter dito, filho, você foi reprovado na escola, foi parar na prisão, por que devo comprar algo para você? *Compre seu próprio PA*. O cara até me deu uma nota de dez libras quando Tony deixou o Earth para se juntar ao Jethro Tull, porque ele percebeu como eu fiquei arrasado. Estava sempre cuidando de mim, meu velho, e eu gostaria de ter diminuído a velocidade por um segundo para que ele soubesse o quanto isso foi importante para mim.

A outra falha que cometi naqueles primeiros dias foi não dedicar tempo para me familiarizar com as palavras usadas em contratos. Mas, para ser justo, a culpa não foi só minha. Nenhum de nós no Sabbath tinha a menor ideia. E as pessoas que nos aconselhavam eram as mesmas que tentavam nos enganar. Se eu pudesse voltar no tempo e aprender um termo jurídico, seria "perpetuidade". Graças a essa única palavra, perdemos controle dos direitos de publicação do Sabbath para sempre.

Direitos de publicação: eles são o feijão com arroz do negócio da música. É assim que você recebe por uma música que está tocando no rádio ou no Spotify, que é usada em um filme ou programa de TV, prensada em vinil ou impressa como partitura.

Às vezes, é possível obter os direitos de volta se você fizer um mau negócio quando se é jovem... *a menos* que a palavra "perpetuidade" tenha sido usada. Em vez disso, nossos direitos foram para um empresa chamada Essex Music, que era dirigida por um cara chamado David Platz, que faleceu na década de 1990. Os filhos dele assumiram agora, acredito.

Certa vez, perguntei ao nosso contador quanto dinheiro perdemos por causa dessa única palavra. Ele respirou fundo. "Veja, tem *certeza* de que quer saber?", ele me perguntou.

"Quero."

"Sério? Você tem absoluta..."

"Apenas me diga, porra!"

"Cem milhões de libras. Mais ou menos."

Tive que me sentar. Mas, novamente, como disse antes, é difícil lamentar o fato de não termos conseguido tudo o que merecíamos. Sinceramente, não acho que nós quatro ainda estaríamos vivos hoje se isso tivesse acontecido. Éramos jovens que tinham vindo do nada. Leva tempo para aprender a lidar com esse tipo de grana. E nós tivemos todo o dinheiro do mundo por um tempo. Após o adiantamento de nosso primeiro disco – minha parte foi de 105 libras – foi uma loucura a rapidez com que nossas vidas mudaram. A primeira coisa que comprei foi um frasco de colônia, porque eu era paranoico com o meu cheiro. O fedor da pobreza não sai no banho. Ele segue você por todo lado. Na minha infância, meus pais nunca tinham comprado *cuecas* para mim. Eles diziam que era um desperdício de dinheiro. Mas, de repente, eu podia comprar quantas cuecas eu quisesse. Outra coisa que eu podia comprar eram cigarros, e pacotes de *vinte*, não de dez. Melhor ainda, eu podia caminhar até um bar, sabendo que não precisaria pedir emprestado ou mendigar para comprar uma cerveja. Esse era o luxo máximo em meu mundo de classe trabalhadora. E continuamos subindo a escala. Primeiro foram os *lock-ins* de pubs, quando eles ficavam depois do horário de fechamento e podíamos beber até ficarmos tontos. Depois, estávamos em Miami, nadando em uma piscina na cobertura à meia-noite, comendo baldes de frango do KFC, gastando sem pensar mais de cem dólares por um grama de cocaína. E quando recebemos nosso primeiro cheque pela turnê nos Estados Unidos, foi dez vezes o valor do primeiro adiantamento.

O único arrependimento *real* que tenho em relação ao Sabbath foi ter deixado o Bill de fora do álbum *13* e da turnê. Nosso último show foi em Birmingham, e deveria ter sido um retorno incrível e emocionante para todos nós. Mas havia uma espécie de sentimento pesado no palco, porque Bill não estava lá. Não falamos muito sobre isso, mas todos nós sentimos. Eu pude perceber. Foi triste, cara. Todos começamos juntos. Todos tivemos que nos arrastar pela merda juntos. Todos alcançamos o sucesso juntos. Todos viajamos juntos pelo mundo. Todos nos fodemos juntos. Não há nem o que falar, Bill deveria ter estado lá, e deveria estar no álbum.

Sem ele, não era o Black Sabbath. Era apenas uma imitação.

Suponho que tudo isso esteja levando ao que aconteceu com Randy e Rachel. Não passa um dia sem que uma parte de mim não se pergunte: *por que eles? Por que não eu?*

Como não gosto de falar sobre isso, vou começar pelo final, quando eu e Sharon estávamos tentando manter uma banda e uma turnê na estrada, mesmo estando muito abalados com tudo isso. Uma das coisas mais estranhas depois de deixar o Sabbath foi virar o chefe, ser o responsável por tudo. Eu tentava deixar o máximo possível para a Sharon. Mas, no final do dia, eu era o cara cujo nome estava nos ingressos e nos pôsteres da turnê, e eu tinha que tomar as decisões sobre quem estava dentro e quem estava fora. E era no momento em que eu estava em choque e de luto, e tentava lidar com tudo isso ficando bêbado o tempo todo.

Após o acidente, fizemos uma pausa de duas semanas na turnê do *Diary of a Madman*. Isso foi tudo – *duas semanas*. Naquela época, não havia seguro de turnê, então *nunca* se cancelava uma turnê. Você seria processado e provavelmente nunca mais conseguiria agendar datas. Além disso, todos nós pensamos que era o que Randy iria querer, que o show continuasse. Mas, na verdade, não tínhamos condições.

Aconteceram dois funerais durante essas duas semanas, e não poderiam ter sido mais diferentes um do outro.

O da Rachel foi como uma coisa evangélica. Foi em algum lugar no sul de Los Angeles. A Rachel era uma pessoa muito ligada à igreja. Ela nem mesmo queria estar na turnê conosco, secando nosso cabelo todas as noites, costurando nossas roupas de palco, fazendo nossa maquiagem. Ela tinha 58 anos, creio eu, e não tinha uma boa saúde. Ela sentia falta de Los Angeles. Sentia falta dos amigos da igreja. Ela aceitou o emprego para conseguir dinheiro para comprar um novo telhado ou um computador para sua igreja ou algo do gênero.

Eu, Sharon e a banda éramos provavelmente as únicas pessoas brancas no enterro. Todos estavam chorando e cantando e louvando a Deus. "Jesus ama você, Rachel!" Foi uma coisa linda e alegre. Mas, obviamente, devastadora ao mesmo tempo. Eu nunca havia experimentado nada parecido.

Então, um ou dois dias depois, estávamos no funeral do Randy em uma igreja luterana em Burbank. Muito reservado, muito tradicional.

Eu era um dos carregadores do caixão, junto com Tommy Aldridge e nosso baixista Rudy Sarzo, que tinha tocado no Quiet Riot com o Randy e até lecionou na escola de música da mãe dele por um tempo. Todos usando ternos e gravatas pretas. Na igreja, tudo o que se via – e cheirava – eram flores brancas. Me disseram que eram gardênias. E havia fotos do Randy espalhadas pelo altar. Foi de partir o coração. Terrível. Simplesmente terrível. Especialmente ao ver a mãe dele, Delores, tentando aguentar firme. O pior pesadelo de qualquer mãe, de qualquer pai, é enterrar um filho. E Randy adorava muito a mãe, sabe? Houve muito choro. E me senti muito culpado. Ele fazia parte da minha banda. Eu o tirei de sua mãe, levei-o para a Inglaterra e depois para uma turnê. E eu era o único que atraía desastres o tempo todo enquanto ele era o mais sensato.

Quando a missa terminou, seguimos em carreata até o cemitério Mountain View, em San Bernardino, no deserto. Os avós de Randy estavam enterrados lá. Por isso também o colocaram lá. Todo ano envio flores para seu túmulo.

Então, de repente, nos vimos em uma sala de ensaios em Los Angeles, tentando encontrar um novo guitarrista. Estávamos simplesmente atordoados, com uma sensação ruim e vazia. Eu me sentia bem por um segundo e então, de repente, as lembranças voltavam e eu começava a tremer e chorar. Ninguém conseguia dormir. Ninguém estava falando muito. Era difícil aceitar que o que havia acontecido tinha sido real.

A única maneira de lidar com as ondas de emoção era afogando-as com álcool.

O guitarrista que encontramos – ou alguém da Jet Records encontrou – foi Bernie Tormé. Ele era um irlandês que tinha tocado com Ian Gillan, do Deep Purple. Deve ter sido incrivelmente difícil para Bernie pegar um avião de Londres e entrar nesse tipo de ambiente pesado. Ele teve até que usar alguns dos equipamentos do Randy, porque tinha vindo sem os seus. E precisou aprender todos os solos, nota por nota, em pouco tempo – acho que foi o nosso tecladista Don Airey que sentou-se com ele enquanto ele fazia isso –, tudo isso enquanto Sharon fazia uma mudança completa no visual. Ele tinha um visual meio boêmio dos anos 1960 e não combinava com a atmosfera gótica vitoriana do *Diary of a Madman*. Bernie irradiava bondade e tinha um coração de ouro. Ele nos ajudou em uma época em que poucos músicos estabelecidos queriam assumir esse trabalho. Musicalmente, ele tinha um estilo mais solto, mais blueseiro do que Randy. Mas nos ajudou a cumprir seis ou sete shows.

O único show de que me lembro com Bernie foi no Madison Square Garden. Todos sabíamos que era o local onde Randy sempre quis tocar, então foi difícil. Realmente difícil. Toda vez que eu olhava para o lado, esperava que Randy estivesse parado ali. E é claro que toda a multidão estava tentando nos animar. Todos tinham cartazes dizendo "Nós te amamos, Randy" e "Não se pode matar o rock 'n' roll". Foi muito para absorver. Eu vi uma foto do show uma vez e dá para ver como todos nós parecemos entorpecidos. Foi uma batalha para não desistir.

O mais estranho é que Zakk estava na plateia naquele dia. Ele tinha apenas 16 anos. Ainda morava com os pais em Jackson, Nova Jersey. Ele idolatrava Bernie por causa desse show.

Assisti a uma entrevista com Bernie uma vez, na qual ele falou sobre como eu era durante aquele período, as coisas que eu dizia. O cara estava completamente sóbrio, portanto deve ter acontecido da maneira que ele disse que aconteceu. Mas eu não conseguia me lembrar de nada. Não consegui assistir à entrevista inteira. Tive que desligar. Parecia que eu estava revivendo aquele momento terrível novamente.

Na verdade, eu me encontrei com Bernie logo no início da *No More Tours II*. Foi a primeira vez que o vi desde aqueles shows após a morte de Randy. Nós dois estávamos no Sweden Rock Festival. Alguém entrou e disse: "Você não vai adivinhar quem está aí fora". Eu nem o reconheci, pois tinha passado muito tempo. Zakk estava comigo e tirou uma selfie com ele. Todos nos abraçamos. Foi bom vê-lo, mas a dor voltou logo em seguida. Provavelmente para ele também. Um ano depois, eu fiquei muito triste ao ficar sabendo que ele havia morrido de pneumonia dupla.

Deus o abençoe, Bernie. Obrigado por salvar nossos traseiros durante aquele período terrível.

Depois de Bernie, Brad Gillis assumiu até o final da turnê. Como Bernie era um cavalheiro, ele permaneceu enquanto Brad aprendia as músicas. Ele até ficou na lateral do palco nos primeiros shows, caso precisasse intervir.

Brad era um músico muito diferente, mas ele se saiu tão bem quanto era possível nas circunstâncias. Ele gostava mais dessas coisas chamativas e com a alavanca que Eddie Van Halen havia popularizado. Mas também tinha seu próprio estilo. Ao final da turnê, ele quis ir embora e fazer suas coisas. Não posso dizer que o culpo, já que minha vida estava muito caótica. Ele acabou formando o Night Ranger. Eles tiveram um grande sucesso com a música "Sister Christian", alguns anos depois.

A única coisa que Brad foi obrigado a fazer junto conosco foi o álbum ao vivo *Speak of the Devil*, ou *Talk of the Devil*, como foi chamado no Reino Unido.

Odeio esse maldito disco.

Foi uma coisa contratual que tivemos que fazer para o pai da Sharon. Basicamente, nós devíamos um álbum ao vivo para ele, então a ideia era – isso foi quando Randy ainda estava vivo – fazermos uma coletânea das músicas do Sabbath que tocávamos na turnê. Mas quando Randy morreu, não havia como lançar um disco ao vivo tão perto do acidente. Randy nunca gostou muito do Sabbath. "Iron Man" simplesmente não era o tipo de música de que ele gostava. Ele me dizia: "É muito simples, uma criança poderia tocá-la". Nós discutíamos sobre isso. "Nem tudo precisa ter dez mil notas", eu dizia a ele. "Dê uma olhada em 'You Really Got Me'. Uma criança também pode tocar isso." Mas eu nunca o convenci.

No final, colocamos as fitas ao vivo com Randy no cofre e levamos a nova banda – com Brad na guitarra – para o salão de baile do Ritz Hotel, em Nova York, e gravamos as músicas ao vivo dessa forma. O Sabbath achou que tínhamos feito isso para ferrá-los, pois foi lançado logo antes do disco ao vivo *deles*. Mas não teve nada a ver. Precisávamos nos livrar do contrato com Don, porque queríamos continuar com *Bark at the Moon*. Foi por isso.

Cinco anos depois, homenageamos o Randy com o álbum *Tribute*, gravado principalmente durante a turnê *Blizzard of Ozz*.

"Randy ficaria muito orgulhoso disso", a mãe do Randy escreveu para seus fãs nas notas do encarte, antes de agradecê-los por todo o amor e apoio que lhe deram. "Ele realizou muitas coisas em sua curta vida. Somente Deus sabe o quanto mais ele poderia ter dado a nós. Que Deus abençoe cada um de vocês."

Depois de Brad, sabíamos que tínhamos que encontrar um substituto permanente para o Randy – não podíamos ficar mudando de guitarrista a cada cinco minutos. Mas foi difícil, porque tudo o que queríamos era ter o Randy de volta. Devemos ter feito testes com centenas de pessoas.

Então Jake E. Lee apareceu. E aí falamos tipo, certo, podemos parar de procurar agora.

Jake não era apenas um ótimo guitarrista. Ele era o pacote completo, sabe? O cara é meio galês, meio japonês, o que significava uma formação e um estilo muito diferente da maioria dos outros caras por aí. Ele tinha uma enorme juba de cabelos negros, não sorria muito e segurava sua guitarra de forma baixa e ampla. Naquela época, muitos guitarristas de metal estavam ficando um pouco teatrais e exagerados, mas não o Jake. Ele era legal pra caralho. Quanto ao trabalho que ele fez no *Bark at the Moon* e no *The Ultimate Sin*, nem preciso falar nada.

Depois de Jake entrar na banda, o maior problema que enfrentamos foi com nosso baixista. Principalmente porque tivemos que contratar alguém muito rapidamente após a saída de Rudy Sarzo. Rudy era muito próximo do Randy, e o acidente o deixou devastado. Ele não podia continuar. Disse que precisava de uma pausa. Então, acabamos contratando um cara chamado Don Costa, que tinha acabado de deixar o W.A.S.P.

Don era um ótimo músico. O problema é que era maluco.

E quero dizer *realmente* maluco.

Tipo, ele tinha um ralador de queijo parafusado na parte de trás do seu baixo e, durante o show, ele o usava para ralar a pele dos nós dos seus dedos. E outras partes dele. A dor devia ser irreal. Ele tinha um cabelo grande e crespo e nunca usava camisa, apenas uma calça jeans branca que terminava salpicada de sangue até o final da noite. Eu falava: "Don, *qual é o seu problema, caralho*?". Dá para imaginar? O cara literalmente se ralava como se fosse um pedaço de queijo Wensleydale. Além disso, era o cara mais tarado que eu já havia conhecido. Ele transava com qualquer coisa. Ele teria transado com uma abelha se conseguisse fazer com que ela parasse de zumbir. Nada era absurdo demais para ele. Ele já tinha sido stripper em uma época, creio eu, o que fazia sentido. Ele também colecionava calcinhas. Ele me fazia lembrar de Rasputin, o monge louco.

Fui ao Texas com ele uma vez, e em uma noite de folga fomos assistir ao show do ZZ Top. Na metade do show, vejo um tumulto na frente do palco. Pedaços do palco estão se movendo, mas está fora de sintonia com a música. Então a segurança é chamada, e lá está Don, embaixo do palco, calças abaixadas, mandando ver com uma mulher. Enquanto o ZZ Top tocava logo acima dele.

Ele era demais, Don, desde o início. Seu tempo com a banda chegou ao fim quando ele tentou transar comigo na parte de trás do ônibus. Não é piada. Ele chegou perto de mim, tentando enfiar a língua na minha garganta. Não sei por que ele fez isso, a não ser porque estava completamente louco. Não gostei disso. Meu buraco do traseiro é somente saída. Então, dei um soco no nariz dele.

Não o vi novamente por pelo menos vinte anos.

Então, uma manhã, eu estava indo para a cabana de madeira em West Hollywood para uma reunião do AA às 8h, e lá estava ele, no estacionamento. Ele me chamou quando me viu. Eu perguntei: "Você está no programa?". Ele disse: "Ah, não, eu só vim aqui para tomar uma xícara de café".

Eu pensei, certo, isso é um pouco estranho. Por outro lado, estávamos falando do Don Costa. Então, percebi. O AA oferece café gratuito em todas as suas reuniões. E Don não estava apenas no estacionamento. Parecia que ele estava *morando* lá. Antes que eu pudesse falar qualquer coisa, ele disse: "Sou um sem-teto agora".

Não sabia o que dizer. Fiquei com pena do cara. Então, eu falei: "Sinto muito por isso, Don", e dei-lhe toda a grana que eu tinha comigo, algumas centenas de dólares.

Essa foi a última vez que o vi.

A única coisa de que me arrependo desse período foi a forma como Jake E. Lee deixou a banda.

O fato é que, depois de Randy, e depois de toda a merda com Don, eu simplesmente não ficava muito com a banda. Todas as reclamações e queixas que ocorriam no backstage começaram a parecer algo muito infantil para mim.

A questão é que ter um relacionamento com alguém é muito importante para mim. Vejamos o Tommy Aldridge. Ele sempre foi um baterista que eu respeitei e admirei. Ele subia no palco, noite após noite, e sempre fazia um show perfeito, incluindo um solo de bateria no qual tocava sem baquetas. Era fenomenal. Não havia nada de errado com o cara quando se trata de sua confiabilidade. Mas ele nunca ficava muito tempo depois de um show. Ele não era ofensivo. Ele não me maltratava ou qualquer outra coisa. Só tinha a sensação de que ele não gostava muito de mim. E pensei, bem, se você não gosta de mim, é melhor seguir em frente. Então, ele acabou indo para o Whitesnake. Éramos apenas parceiros de trabalho no fim das contas. Ele era como um músico contratado.

O mesmo aconteceu com Jake. Nunca me conectei de verdade com ele em um nível pessoal. E, na época, eu tinha um inglês chamado Phil Soussan no baixo, com Randy Castillo, que mais tarde se juntou ao Mötley Crüe, na bateria. E Phil e Randy tinham algum tipo de problema com o Jake. O que era eu não sei. Nunca tive problemas com ele. Certo dia, Phil e Randy me procuraram e disseram que Jake vinha falando muitas coisas ruins sobre mim. Eles estavam armando algo contra ele, sabe? E como eu não tinha muito contato com o Jake, simplesmente acreditei nessas besteiras. Foi muito triste e me senti mal quando descobri o que realmente aconteceu. Depois disso, nunca mais falei com Jake. Soube depois que ele formou uma banda chamada Badlands, que era muito respeitada.

Mas, sabe como é, tudo acontece por um motivo. Quando Jake foi embora, tive que sair em busca de um novo guitarrista novamente. E então alguém me deu uma demo gravada pelo garoto de Nova Jersey que estava naquele show no Madison Square Garden. A essa altura, ele já tinha vinte anos.

Fiquei impressionado com o que ouvi e o contratei imediatamente.

Isso foi em 1987.

Quase quarenta anos depois, Zakk ainda está comigo.

Já evitei o assunto por tempo suficiente. Então, suponho que, pela última vez, devo falar sobre o que ocorreu em 19 de março de 1982.

Não é preciso muito para me levar de volta àquela manhã em Leesburg, na Flórida.

Antes da Internet, eu podia passar semanas sem esse filme passando em minha cabeça de forma repetida. Mas hoje em dia é impossível evitar, especialmente na época do aniversário das mortes de Randy e Rachel. Estou pesquisando algo no Google, vendo vídeos no TikTok ou olhando o YouTube, e algumas imagens aparecem. Aí me pego de volta ao campo com os cavalos, sem saber onde caralhos estou, o que aconteceu, e o pesadelo retoma.

A fotografia que sempre me surpreende é a do meu velho ônibus de turnê marrom e laranja com o revestimento de aço inoxidável. Randy e Rachel estão de pé ao lado dele, Randy com um chapéu de palha, Rachel com algum tipo de chapéu de capitão e os braços em volta de Randy. Não sei se foi tirada na manhã do acidente ou não. Se foi, eu estava desmaiado em meu beliche lá dentro. Eles estavam prestes a entrar no avião.

Assim que vejo essa foto, já sou levado de volta àquilo. A mansão branca queimada. A garagem destruída com a asa de um pequeno avião saindo dela. Os exames toxicológicos. Páginas de investigação do acidente. O policial da Flórida em uma coletiva de imprensa. Ou aquela reportagem de merda do *Eyewitness News* do Channel Nine sobre Randy dar um "passeio matinal depois de ficar mais de vinte e quatro horas acordado", o que me irrita todas as vezes. É difícil, porque você não consegue parar de olhar, mas sempre que vê ou ouve alguma informação nova, fica abalado, chora, seu coração acelera, o resto do dia está perdido.

Na noite anterior ao acidente, tínhamos tocado no Knoxville Civic Coliseum, no Tennessee. Nunca ficávamos na cidade depois de um show – essa era a regra número um da Sharon –, então entramos direto no ônibus e começamos a viagem de dez horas até o que na época era o Tangerine Bowl em Orlando, na Flórida.

O ônibus foi ficando cada vez mais quente à medida que avançávamos para o sul. Aparentemente, o ar-condicionado estava quebrado. Não sabia disso na época. Naquela noite, eu estava tomando gim, uma garrafa atrás da outra. Também não sabia que nosso tour manager e o motorista tinham falado de parar para consertar o ar-condicionado.

Só me lembro de ficar na área de convivência do ônibus com Randy e a banda. Ele me dizia que queria ir para a universidade, obter um mestrado em violão clássico. Eu não entendia. Eu disse a ele: "Randy, se você continuar fazendo o que está fazendo, você pode comprar sua própria universidade".

Ele apenas riu e foi para a cama. Os beliches ficavam atrás de uma porta no meio do ônibus, cada um com sua própria cortina privativa. Continuei bebendo até ver o sol nascendo. Depois, também fui para o fundo, como Randy. Provavelmente fui o último a deitar.

Sharon já estava dormindo. Assim como Randy, Rachel, Tommy e Rudy.

Enquanto isso, o motorista do ônibus estava na frente, mascando chiclete, olhando para a estrada diante dele.

Quando adormeci, pude sentir as canaletas da estrada enquanto saíamos da rodovia.

Orlando ainda estava a algumas horas de distância.

BANG.

Quase fui jogado para fora do meu beliche pelo impacto.

Que...?

Batemos, penso, enquanto pisco os olhos.

Merda. Essa é a última coisa que nós...

Eu estou olhando pela minha pequena janela de vigia. Onde estamos? Cadê a estrada?

Tudo o que estou vendo é... grama. Há um cheiro forte. Fogo. Algo está queimando. Combustível. Não é gasolina. Mais forte que gasolina. Estou começando a me engasgar com isso...

Onde estamos? Por que não estamos nos movendo?

Cadê a estrada?

Sharon e Rudy estão acordados, saindo de seus beliches. Eles estão confusos, com os olhos turvos. "O que houve?", Rudy está perguntando. "Onde estamos?"

Depois gritos.

Do lado de fora.

Eles estão vindo de fora.

Gritos horríveis e sem esperança.

Eu me levanto.

Minha cabeça está latejando por causa da porra do gim.

Estou sacudindo o trinco da porta da área de convivência. Forço com o ombro...

Que...?

Há um corte de 2,5 metros na lateral direita da área de convivência, onde eu estava sentado apenas uma ou duas horas antes. Como se alguém tivesse cortado com uma faca. As janelas estão estouradas. Há vidro por todos os lados. O assento do motorista está vazio.

Estou saindo do ônibus.

Luz solar ofuscante.

Estou respirando o ar pesado e pantanoso da Flórida.

Vejo... cavalos? Uma mulher com equipamento de montaria está cavalgando um cavalo como se fosse uma coisa normal de se fazer em um campo cheio de pessoas de joelhos, gritando e chorando.

Como nos afastamos tanto da autoestrada?

Onde estão os outros carros?

Em que batemos?

Por que todo mundo está tão chateado?

Por que não consigo ouvir as sirenes?

Onde está o motorista do ônibus?

QUE MERDA ESTÁ ACONTECENDO?

Agora estou vendo os destroços. Metal retorcido. Uma roda. Plástico quebrado. Outras coisas...

E estou notando o hangar e a pequena pista que parece de traficantes de drogas à distância. Uma faixa com a inscrição "Flying Baron Estates". Uma placa alertando sobre jacarés.

O cheiro do combustível está começando a me incomodar. Estou tendo problemas para respirar.

Don está correndo com o menor extintor de incêndio do mundo.

Estou me virando para ver a grande mansão branca atrás de mim. Está pegando fogo. O telhado está começando a desmoronar. Há uma garagem ao lado da casa, totalmente destruída. Fumaça preta subindo. Como se alguém tivesse jogado uma bomba sobre ela.

Don está jogando espuma na direção do fogo. Seria cômico, se não fosse tão fodido.

Estou vendo outros destroços nas árvores. A ponta do que parece ser uma asa em chamas.

Don está de joelhos agora, como todo mundo.

Isso ainda não faz sentido.

Estávamos em uma rodovia. De onde veio o avião? Por que estamos em um campo?

Sharon está tentando fazer uma contagem de pessoas. Não sei onde estão Tommy ou Rudy. Estamos todos entrando em choque, com aquele olhar morto e entorpecido. Sharon está tirando um sapato. Batendo na cabeça de Jake Duncan, nosso tour manager, tentando que ele volte a pensar direito. Ele não consegue falar.

"O que aconteceu?", Sharon está gritando. "Onde está o Randy? Onde está a Rachel?"

Ele está apenas apontando para o fogo.

Estou cambaleando em direção à mansão, ainda de cueca, para ter certeza de que não há ninguém dentro.

Dois meses antes, eu estava em um bar de hotel em Chicago.

O motorista do ônibus tinha acabado de puxar um banco ao lado do meu. Seu nome era Andrew Aycock. Ele usava esses óculos de aviador meio escuros, como Hunter S. Thompson. Estava me contando que costumava trabalhar no Oriente Médio, voando com esses empresários por aí, porque era piloto além de motorista. Disse que a esposa havia fugido com um deles, então agora estava se divorciando dela. Disse que não a suportava, embora não tenha dito isso de forma tão amigável assim.

Enquanto ele está me contando tudo isso, Randy se aproxima. Ele me perguntou quanto tempo levaria para ir de carro de Nova York até a Georgia. Havia um intervalo na turnê, quando todos nós estaríamos de folga e faríamos coisas diferentes, e Sharon havia reservado voos para todos nós dez dias depois para Atlanta, onde seria o próximo show. Apenas Randy estava pensando em alugar um carro em vez disso.

"Devem ser 13 ou 14 horas de carro", eu disse para ele. "Por que você quer fazer isso?"

"Acho que nunca mais quero entrar em um avião", ele falou.

Não precisou explicar, muitas pessoas estavam se sentindo da mesma forma. Havia ocorrido um acidente de avião realmente terrível em Washington DC. Um avião da Air Florida decolou do Aeroporto Nacional de Washington com gelo nas asas, não conseguiu ganhar altitude suficiente e colidiu com a ponte da 14th Street. O que tornou tudo ainda mais fodido foi o fato de que havia um helicóptero de uma empresa de notícias sobrevoando o local no momento, e havia transmitido a operação de resgate ao vivo. Apenas seis pessoas sobreviveram. Uma delas se afogou depois que ficou no rio para ajudar os outros a sair. Atualmente, a ponte leva seu nome: Arland D. Williams, Jr.

Não pensei mais nessa conversa no bar até o dia do show em Knoxville, quando uma mulher estranha apareceu de repente no ônibus. Eu perguntei ao Jake, nosso tour manager: "Quem caralhos é essa mulher?".

"Ah, é a esposa do motorista", disse ele. "Wanda, acho que é o nome dela. Precisa de uma carona."

"Eles não estão se divorciando?"

"Acho que ele está tentando fazer as pazes com ela."

"Ele a xingou de todos os nomes existentes, da última vez que falei com ele."

"Talvez estivessem apenas passando por uma fase ruim."

"Era mais do que uma fase ruim se eles estavam se divorciando. Mas tudo bem."

Foi aí que tudo começou.

Depois de pegar a esposa e perceber que o ar-condicionado estava com defeito, o motorista disse a Jake que morava em um lugar chamado Leesburg, a caminho de Orlando. Mais uma vez, eu não tinha ideia de nada disso na época. Só fiquei sabendo mais tarde. E, por acaso, a empresa que era dona do ônibus também ficava em Leesburg. Assim, o motorista disse: por que não paramos no depósito de lá e consertamos o ar-condicionado? Era a Flying Baron Estates, a sede dessa empresa de ônibus, que aparentemente era de propriedade de uma dupla country chamada The Calhoun Twins. E eles não possuíam apenas ônibus. Também tinham helicópteros e aviões pequenos, uma operação completa. É por isso que havia um pequeno hangar e uma pista de pouso lá. A grande mansão branca era onde os Calhoun moravam.

O ônibus deve ter chegado a Leesburg por volta das 8h da manhã, apenas uma hora ou mais depois de eu ter ido dormir. Como Randy e Rachel tinham ido para a cama cedo, já estavam acordados. Assim como Jake e Don.

Agora, o que nenhum de nós sabia era que, quando o motorista estava trabalhando no Oriente Médio, ele se envolveu em um acidente fatal com um helicóptero. E, embora fosse qualificado para pilotar um avião de pequeno porte, seu certificado médico estava vencido. Não que alguém pensasse que ele iria pilotar um avião. Ele dirigia nosso ônibus.

Enquanto isso, os Calhoun estavam fora da cidade, e com base no que disseram aos policiais mais tarde, nunca deram permissão ao motorista do ônibus para pegar qualquer um de seus aviões. Mas foi exatamente o que ele fez. Assim que chegou ao depósito, começou a oferecer a todos voos panorâmicos num pequeno monomotor Beechcraft Bonanza, que estava guardado ali para alguém. Embora tenha ficado acordado o tempo todo dirigindo à noite e, como se descobriu mais tarde, cheirando cocaína.

Don e Jake subiram com ele primeiro. Ao que parece, ele fez uma passagem baixa sobre o ônibus, mas nada muito louco. Em seguida, ele perguntou a Randy e Rachel se eles queriam dar uma volta.

Nunca entenderei por que aceitaram. Randy tinha tanto medo de voar que pensou seriamente em passar 13 horas em um carro em vez de uma hora em um avião. Rachel tinha mais de 50 anos e sofria de problemas cardíacos. Eles nem sequer se davam bem um com o outro, porque Randy era bagunceiro e Rachel estava sempre limpando tudo para ele. O que ouvi dizer é que Randy tinha uma câmera e teve a ideia de tirar algumas fotos aéreas para a mãe. E acho que o motorista deve ter prometido a Rachel que não faria nenhuma pirueta, ou ela não teria subido.

Ninguém jamais saberá o que estava passando pela cabeça do motorista do ônibus naquele avião. Mas de acordo com os policiais, ele fez três rasantes no nível da copa das árvores sobre o ônibus da turnê. Tudo isso enquanto a esposa estava parada na porta do ônibus, e enquanto Don tirava fotos do chão com sua própria câmera.

Mas quando chegou o quarto rasante, o cara estava tão baixo que teria se chocado contra as árvores mesmo se tivesse conseguido subir a tempo. Estamos falando de 1,80 a 3 metros do chão, o que é uma loucura. Don teve que se esquivar, soube mais tarde. Também dizem que Don viu algum tipo de briga no cockpit, mas há muita besteira por aí, não sei em que acreditar. Algumas pessoas acham que Randy estava tentando fazer com que o motorista do ônibus parasse. Algumas pessoas acham que Rachel pode ter tido uma emergência médica.

Tudo o que se sabe com certeza é que as asas do avião estavam balançando de um lado para o outro enquanto se aproximava do ônibus da turnê, e uma delas o acertou. Foi isso que causou o corte na lateral. A asa se desprendeu, o avião rodopiou contra as árvores, ricocheteou e explodiu ao cair de nariz no hangar.

Com base no que os investigadores disseram depois, todos morreram instantaneamente devido à força do impacto. Isso pelo menos gera algum conforto. Todavia, por causa do fogo, os corpos tiveram que ser identificados usando joias e registros dentários.

Não pude acreditar no tempo que levou para os bombeiros chegarem.

Quando finalmente apareceram, a quantidade de água que tinham era uma piada. Acabou quase antes de começarem. O incêndio simplesmente se extinguiu sozinho.

Então os policiais chegaram e, é claro, foram hostis desde o início. Acusaram Randy e Rachel de estarem dando um passeio regado a drogas. Possivelmente foi daí que tiraram as informações para a reportagem do *Eyewitness News*. Mas é claro que quando os relatórios toxicológicos chegaram, mostraram que a única droga no sistema de Randy era a nicotina. Até onde eu sei, não foi feita nenhuma autópsia em Rachel, porque quando perguntaram a Sharon se deveriam fazer, ela não conseguiu decidir. Entretanto, eles encontraram cocaína na urina do motorista do ônibus.

Não me lembro muito bem do que aconteceu depois. Ficamos em um hotel de merda, o Hilco Inn. Tivemos que nos esconder em nosso quarto porque a imprensa acampou do lado de fora. Sharon acabou conseguindo ligar para o pai, que veio voando. Os policiais não estavam muito interessados em descobrir o que realmente havia acontecido. Eles só queriam que saíssemos da cidade deles. Sharon teve que ligar para a mãe do Randy. Não consigo nem imaginar. Depois teve que ligar para a melhor amiga de Rachel, Grace.

Sharon ficou arrasada depois dessas ligações. Simplesmente destruída. Ela não tinha mais lágrimas para chorar. E eu nem quero pensar em como deve ter sido *receber* uma dessas chamadas. Ninguém deveria ter que ouvir esse tipo de notícia.

Enquanto isso, em casa, todo mundo estava surtando. Minha mãe viu uma manchete de jornal: "Horror na queda de avião de Ozzy" ou algo assim, e pensou que eu havia morrido. Não era tão fácil conseguir notícias dos EUA naquela época. Os caras do Sabbath pensaram a mesma coisa. Todos eles falaram comigo, assim como os caras do AC/DC, que sabiam o quanto estávamos sofrendo depois da perda de Bon dois anos antes.

Esses contatos significaram muito para mim.

Alguns dias depois, quando o pai da Sharon chegou, nós tivemos que voltar ao local do acidente como parte da investigação. Ainda era uma área isolada com a fita policial. E quando estávamos saindo do hotel, vi um grupo de jovens e, com o canto do olho, notei um deles usando um agasalho do Ozzy Osbourne. Tínhamos feito especialmente para a banda e a equipe. Perguntei à Sharon: "Não estamos *vendendo* isso, estamos?". Ela disse que não. Então eu parei e fui confrontar o garoto, e ele confessou que havia roubado do ônibus da turnê. Perdi totalmente a cabeça, cara.

Pura raiva.

Tiveram que me afastar.

Não foi apenas o fato de o garoto ter passado despercebido pela fita policial, invadido o ônibus da turnê e roubado nossas coisas. Foi toda a situação. A injustiça dessa merda toda. Randy e Rachel eram as duas pessoas mais sensatas entre todos na turnê. Por outro lado, era eu que agia como um louco durante o último ano, bebendo até desmaiar.

Por que *eles* morreram?

Por que não *eu*?

Deveria ter sido eu.

Deveria ter sido eu.

Quanto mais velho eu fico, mais acredito em destino.

Quando chega sua hora, não tem o que fazer. Mesmo quando é cruel. Mesmo quando é injusto. Mesmo quando é cedo demais. Acreditar nisso não torna mais fácil quando perdemos as pessoas que amamos. Mas é uma forma de aceitar melhor, imagino.

O que eu sei, sem sombra de dúvida, é que se eu estivesse acordado quando Randy e Rachel entraram naquele avião, eu não apenas teria ido com eles, mas teria ido sentado na asa. Isso me assombra até hoje.

Para que fique registrado, não tenho uma teoria sobre o que causou o acidente. Parece muito estranho que o motorista do ônibus tenha voado tão baixo que não conseguiu se recuperar mesmo se quisesse; e que a esposa, que ele me disse que não suportava algumas semanas antes, estivesse lá na porta do ônibus. Se ele estava tentando matá-la, impressioná-la ou assustá-la, ou fazer alguma coisa kamikaze, não dá para saber. Também é totalmente possível que ele estivesse apenas brincando e se exibindo, e calculado mal, porque tinha ficado acordado a noite toda cheirando cocaína.

Todos esses anos depois, ainda não há como evitar essas lembranças.

Toda vez que ouço a música "Flying High Again", do disco *Diary of a Madman*, vejo o rosto sorridente de Rachel. Em todos os lugares que íamos, ela recolhia garrafas de bebida de nosso camarim, colocava em uma bolsa especial e escondia em seu beliche para mim. Sempre que a minha acabava, seus olhos brilhavam e ela dizia: "Eu tenho uma garrafa!". Então ela me dizia para não ficar muito louco, porque a "Mamãe vai ficar preocupada". É um verso da música.

Quanto ao Randy, como eu já disse muitas outras vezes, ele foi o único músico de verdade com quem já toquei. O único cara que em casa dava aulas na escola de música da mãe, também tocava em um recital clássico e vestia suas botas de salto alto e fazia um solo de metal na frente de vinte mil fãs. Eu era oito anos mais velho que o Randy, e, ao contrário dele, já tinha participado de uma banda de sucesso. Em teoria, eu deveria ter sido *seu* mentor. Mas foi mais ao contrário. Ele até dava aulas de música para nossas *bandas de abertura*.

Quando ele foi introduzido ao Rock & Roll Hall of Fame há quatro anos – eu gostaria de ter estado lá, mas não pude viajar por causa de minha lesão –, Tom Morello levantou-se e disse: "Dá para estudar as músicas do Randy em uma aula de musicologia em nível universitário e bater a cabeça com elas em um estacionamento do 7-Eleven."

Isso resume tudo perfeitamente para mim.

Durante muito tempo, não consegui aceitar a perda de Randy. Essa foi uma das razões pelas quais passei o resto da década bebendo tanto até quase morrer.

Não conseguia lidar com a realidade.

Parte de mim ainda não consegue.

12

O Dr. Conserta Tudo

Quase dois anos e meio após minha cirurgia na coluna, eu finalmente fui buscar uma segunda opinião.

A essa altura, já era início do verão de 2021. Toda a situação da Covid estava começando a melhorar. Os lugares voltavam a abrir. O único problema é que o cara que Sharon queria que eu visse ficava a mais de três mil quilômetros de distância, em algum lugar especializado nos arredores de Minneapolis.

Voar para qualquer lugar ainda era uma dor de cabeça inacreditável. Basicamente, você tinha que se vestir com um traje de proteção completo antes de colocar os pés em um aeroporto. Mas eu não tinha escolha. Era óbvio que eu precisava de mais cirurgias, além das que o Dr. Sem Meias havia feito. Não se tratava apenas do fato de que a fisioterapia não estava mais funcionando: eu estava *piorando*. Alguns meses antes, eu já tinha desenvolvido resistência suficiente para dar oito voltas no quarteirão com minha bengala. Agora eu mal conseguia dar uma. Além disso, toda vez que eu movia a cabeça, ainda sentia como se estivesse sendo despedaçado. Do jeito que as coisas estavam indo, não precisaria apenas de um andador para o resto da vida, mas de uma cadeira de rodas. E usaria um colar cervical até ser enterrado.

Sharon me dizia para não ter muitas esperanças com os novos médicos. Mas eu não conseguia evitar. Tinha a fantasia de que me aplicariam uma anestesia local, ajustariam alguns parafusos no meu pescoço e eu sairia pulando de lá direto para o Madison Square Garden.

Então, fomos para Minnesota.

Não lembro qual foi o hospital, mas fiquei lá por três dias. Um teste após o outro, após o outro. Fui cutucado, espetado, escaneado, espremido, picado, radiografado, passado por uma máquina de ressonância magnética, por ela de novo, conectado a todos os tipos de dispositivos de monitoramento. Eles coletaram sangue suficiente para encher uma piscina. Fizeram todas as perguntas sobre minha saúde e meu histórico médico. Enquanto isso, sentaram com Sharon e perguntaram a ela... quanto queríamos doar para o hospital.

As pessoas na Grã-Bretanha não percebem o quanto são privilegiadas com o NHS, de verdade. Nos Estados Unidos, eles verificam seu saldo bancário antes de verificar seu pulso. Acho que todo esse dinheiro é o motivo pelo qual eles continuam inventando novos tratamentos. Mas é um pouco demais. Especialmente se você também está lidando com o sistema de seguro de saúde. Depois de qualquer tipo de procedimento, você recebe contas de todo mundo na sala de cirurgia. Além de uma conta pelo uso da sala de cirurgia. Em seguida, outra conta do cara que envia as contas. E, claro, tudo é aumentado em 10.000%. Cada parafuso que colocaram em minha coluna provavelmente custou alguns milhares de dólares. Quero dizer, tenho muita sorte, posso pagar. Algumas pessoas acabam falindo.

Finalmente, assim que todos os testes foram concluídos, sentamos com o especialista de cabeça.

"Bem, depois de ver seus exames, analisar seus registros médicos e analisar seus sintomas, recomendamos mais uma cirurgia", disse ele.

Graças a Deus, pensei. *Eles podem me consertar.* Eu poderia aguentar mais uma cirurgia. Tudo bem, eu não gostava da ideia de ficar de cama novamente e fazer mais uma rodada de fisioterapia. Mas, se isso me fizer a voltar a andar...

"Cirurgia para fazer *o quê*?", Sharon entrou na conversa.

"Bem... teremos que implantar hastes de metal no pescoço de seu marido para mantê-lo no lugar. Isso aliviaria a dor que ele sente ao mover a cabeça."

"E ele vai caminhar?", disse ela. "Ele precisa voltar a fazer shows."

O médico apenas suspirou. "Bem, infelizmente, por causa do Parkinson do Sr. Osbourne..."

Aqui vamos nós, pensei. "Mas essas hastes", eu disse, "elas vão consertar meu pescoço?" Isso já seria alguma coisa, pelo menos. Era meu pescoço que estava me causando mais dor.

"Elas vão estabilizá-lo, com certeza", afirmou o médico.

Melhor do que nada, pensei. Então percebi uma coisa. "Espere um pouco", eu disse. "Se meu pescoço estiver preso com hastes, como vou movê-lo?"

"Bem, hã... ele ficaria fixo."

"Como assim, *fixo*?", perguntou a Sharon. Ela estava com aquele tom de irritação na voz.

"Não haveria movimento autônomo do crânio. Ele ficaria travado, por assim dizer."

"Quer dizer... que eu ficaria com a cabeça totalmente rígida?", perguntei, lutando para acreditar no que o cara estava propondo. "Eu apenas olharia em uma direção o tempo todo?"

"Não haveria mobilidade à esquerda ou à direita, correto", disse ele. "Apenas usando seu tronco."

"E para cima e para baixo?", perguntei.

"Mais uma vez, uh... você precisaria usar o tronco. Mas você não sentiria mais tanta dor."

"Olhe, sem querer ofender", eu disse, "mas não vim até aqui para me juntar ao elenco de *Thunderbirds*. Você estaria me transformando em uma porra de uma marionete!"

"Sei que é muita coisa para assimilar", disse ele. "Mas levando em conta sua lesão e sua doença de Parkinson, não há muitas opções. Por que não pensa nisso?"

Eu já tinha pensado a respeito.

Uma hora depois, estávamos no aeroporto, com o equipamento de proteção novamente, voltando para Los Angeles.

Mais uma vez, o que me salvou de perder a esperança foi trabalhar em um novo álbum. Sempre que eu me sentia chafurdando na autopiedade – o que era frequente, não me orgulho de dizer – eu a canalizava em uma música. Se há uma faixa em *Patient Number 9* que realmente resume onde estava minha cabeça é "God Only Knows". Foi inspirada naquele momento em que eu engatinhava pela porta dos fundos depois da primeira cirurgia, percebendo que a fisioterapia não estava funcionando.

O problema, é claro, foi que o álbum *Ordinary Man* tinha saído tão facilmente e sido tão bem recebido... como eu conseguiria superar isso? Ninguém nunca diz, certo, fiz um álbum ótimo, já estava na hora de eu ir lá e fazer um álbum de merda. Mas isso acontece *o tempo todo*. "Quanto mais alto você sobe", como diz Sharon, "só há uma direção a seguir: para baixo."

Eis uma das razões pelas quais eu sempre tive tanto respeito por David Bowie.

Lembro-me perfeitamente de quando *The Rise and Fall of Ziggy Stardust and the Spiders from Mars* foi lançado. Deve ter sido em 1972, o mesmo ano do *Vol. 4*. Foi a maior coisa do planeta, um disco absolutamente grandioso. Qualquer outro cantor teria continuado a fazer a mesma coisa até o fim de sua carreira. Não o Bowie. Ele matou o Ziggy em pleno auge. Simplesmente se afastou e começou de novo. A coragem de fazer isso, a crença em si mesmo, foi incrível. E funcionou para ele. Se ele não tivesse matado Ziggy, nunca teria feito *Young Americans*, *Station to Station* ou os álbuns de Berlim – muito menos *Let's Dance*.

Percebia-se que os riscos eram maiores com *Patient Number 9* porque Sharon e Andrew estavam discutindo muito mais. Sharon o chamou de "merdinha teimoso" em uma ocasião, o que não foi muito bem recebido. Mas Andrew dava o melhor de si. E, pelo menos, eles podiam falar *o que pensavam* um para o outro, sabe? Sempre que estiver trabalhando duro, fazendo algo que é importante para você, haverá alguma fricção.

A outra dificuldade de fazer a sequência de *Ordinary Man* foi o fato de termos conseguido Elton John para o single principal do álbum. Não podíamos ligar para ele de novo e dizer: "Oi, Elton, você poderia voltar ao estúdio novamente?".

Nesse meio-tempo, Andrew citava vários outros nomes. Eric Clapton isso. Jeff Beck aquilo. Eu respondia: "Esses caras estão fora do nosso alcance, cara. Eles são *megaestrelas*". Elton também era, mas ele é um dos amigos mais próximos de Sharon.

O mais louco, porém, é que *todos disseram sim* – inclusive Tony Iommi. Isso nos deixou com um problema muito diferente. "Como é que vamos fazer outro álbum, caralho?", disse ao Andrew em um determinado momento. "Já usamos todo mundo!"

Mesmo agora, eu vejo os créditos do álbum e quase não acredito no time que conseguimos. Além da santíssima trindade de Eric, Jeff e Tony nas guitarras, tivemos Duff McKagan e Chad Smith novamente, junto com a compositora e colaboradora de Andrew, Ali Tamposi. Também tivemos Robert Trujillo, do Metallica. Ryan Tedder, do OneRepublic. Chris Chaney e Dave Navarro, do Jane's Addiction. Josh Homme, do Queens of the Stone Age. E o grande Mike McCready, do Pearl Jam. E é claro que Zakk tocou tanto guitarra solo quanto guitarra base na maioria das músicas do álbum. Ele tocou até o órgão em "Nothing Feels Right". A única razão pela qual Zakk não tinha participado de *Ordinary Man* foi porque tudo aconteceu muito rapidamente. Se fosse um álbum normal, eu o teria chamado imediatamente. Mas, como eu disse antes, Andrew, Duff e Chad aprontaram as músicas em apenas quatro dias.

As duas músicas que fiz com o Tony ficaram entre as melhores para mim. "No Escape from Now" nos levou de volta a "Planet Caravan" e "Into the Void". O riff do Tony é simplesmente enorme. Mas ele também tem um toque um pouco mais moderno, mais melódico. Enquanto isso, mergulhamos de cabeça em "Degradation Rules". Não tenho certeza se Tony percebeu que se tratava de um cara sórdido se masturbando, porque a letra não tinha sido terminada quando ele gravou a guitarra. Mas foi uma boa surpresa para ele em entrevistas, *he-he-he*. Uma das frases que eu grito lá – "RedTube rules!" – veio de Taylor Hawkins, do Foo Fighters, que Deus o tenha.

Taylor não participou dessa música, mas tocou em "Parasite", "Mr. Darkness" e "God Only Knows". Infelizmente, foram algumas das últimas coisas que gravou antes de morrer de infarto. Ele estava em Bogotá, na Colômbia, para um show do Foo Fighters quando isso aconteceu. Taylor tinha um espírito tão jovem e brincalhão. Era como uma criança. E que baterista fenomenal.

Ele tinha apenas 50 anos quando morreu.

Outro grande talento que perdemos cedo demais.

Quase me empolguei *demais* com o fato de Eric Clapton tocar no disco. No passado, fui um grande fã do Cream. Ainda sou. Toda vez que ouço "White Room", volto ao verão de 1968. Eu disse ao Andrew: "Já faz tanto tempo que não ouvimos o velho blues psicodélico do Eric – por que não escrevemos algo assim para ele?". Então tive uma ideia. "Por que não perguntamos se ele pode usar seu pedal de wah-wah?" Wah-wah é o efeito que soa como se a guitarra estivesse falando, se você não estiver familiarizado.

Andrew não precisou ser persuadido.

O que acontece com Eric é que ele coloca tanto sentimento em cada nota que tudo o que ele precisa fazer é tocar. E a loucura é que dá para dizer que é ele *imediatamente*, mesmo que seu nome não esteja no disco. Ele é daquela época mágica, antes de os guitarristas começarem a inventar todos os tipos de truques para se destacar.

A música em que ele acabou tocando se chamava "One of Those Days".

No entanto, antes de ele gravar sua parte, comecei a ficar paranoico de que Andrew esqueceria o wah-wah. Ele está presente em todos os primeiros discos do Cream e em muitas outras coisas psicodélicas daquela época – e, claro, Isaac Hayes também usou em "Theme from Shaft".

"Pode deixar comigo", Andrew continuou me assegurando. "Vou falar com o Eric."

"Eu quero *muito* o wah-wah", eu dizia.

"Eu sei! Eu também quero o wah-wah."

Não parei de pensar nisso. Eu me convenci de que Andrew ia se esquecer, ou que Eric ia aparecer no estúdio com um pedal de overdrive ou chorus em vez disso. A cada dois dias, eu enviava uma mensagem de texto. "Wah-wah?"

Ele respondia imediatamente: "SIM! WAH-WAH!".

Cheguei a enviar alguns e-mails sobre o assunto no meio da noite quando não conseguia dormir.

De: Ozzy
Para: Andrew
Assunto: WAH-WAH...?!

No final, foi um exagero. Andrew teve que me dizer, "Olha, estamos falando de Deus, o próprio Slow Hand[13], um dos três melhores guitarristas de todos os tempos. Não podemos forçar demais a coisa do wah-wah. Teremos que ver como ele vai estar no dia". Mas eu queria tanto o wah-wah que não ia correr riscos. Então, procurei o endereço do estúdio onde ele gravaria a parte da guitarra – Church Studios em Crouch End, Londres, creio eu – e enviei por FedEx um pedal wah-wah, caso ele esquecesse de levar o seu próprio.

---

13 Além de ser um dos discos mais famosos de Eric Clapton, também é um apelido dado ao guitarrista nos anos 1960, quando tocava no The Yardbirds. (N.T.)

Ele o usou, graças a Deus. Se foi o meu ou o dele, não sei.

É uma das minhas faixas favoritas. O som é absolutamente espetacular.

Foi engraçado trabalhar com o Eric, porque durante muito tempo – no auge de meu período paranoico e drogado – eu achei que ele me odiava. Foi por causa da época em que nós dois posamos para uma foto com Grace Jones no International Rock Awards. Deve ter sido em 1989. Grace estava de calcinha e sutiã com um vestido de tiras pretas por cima. Estava incrível. Ela estava lá para entregar um prêmio comigo.

De qualquer forma, quando posamos para a foto na entrada, fiz minha cara de Ozzy doido no momento em que a lâmpada do flash piscou. E, embora Eric estivesse sorrindo, tive a sensação de que ele ficou chateado. Então, como não vi a foto em nenhum lugar, pensei que Eric havia ligado para seus assessores de imprensa e mandado tirá-la de circulação. As pessoas podem fazer isso. Elas mesmas compram os direitos da imagem. Durante semanas, procurei por ela em revistas, mas não apareceu em lugar nenhum. Eu me senti como um daqueles generais na Rússia de Stalin que foram retocados e apagados da história.

Durante anos, achei que um dos guitarristas mais famosos da Terra tinha virado meu inimigo porque eu fiz uma careta no momento errado. Sempre que eu o via em um evento, me afastava. Então, um dia, ele estava lá na cabana de madeira em West Hollywood durante uma reunião do AA. Eu estava sentado logo atrás dele. É claro que no momento em que a reunião acabou quase saí correndo de lá para não termos um encontro embaraçoso. Mas ele voltou no dia seguinte. Dessa vez, ele me seguiu até o meu carro.

"Ei, Ozzy!", ouço.

Ah, merda, pensei, ele vai me dar um esporro daqueles por aquela fotografia. Então eu me viro, pronto para dizer, "Olha, Eric, eu sinto muito, *muito* mesmo, eu estava bebendo, aquela cara é apenas uma coisa que faço quando estou na frente das câmeras, eu realmente não queria estragar sua foto", mas Eric simplesmente diz "Olá, é bom vê-lo novamente", e temos uma ótima conversa, como se nada tivesse acontecido.

Comecei a pensar comigo mesmo: *"Espera aí, talvez ele nunca tenha ficado puto comigo, afinal de contas..."*.

Alguns dias depois, estou em uma estação de rádio em Los Angeles para dar uma entrevista, e lá está a foto de nós dois com Grace Jones – e eu fazendo minha cara de louco –, bem ali na capa de uma revista antiga. Não me lembro se estava emoldurada ou simplesmente em cima de uma mesa. Mas não acreditei quando me vi olhando para aquilo. Eric não tinha vetado, eu apenas não havia visto. E descobri que ela também apareceu em algumas outras revistas.

Que loucura. Graças a toda a cocaína que eu cheirava, passei a maior parte de uma década evitando o cara que cantou "Cocaine", sem nenhuma razão válida.

Depois que o cara em Minneapolis propôs me transformar em um Thunderbird, eu quis obter uma terceira opinião.

O problema era encontrar um cirurgião que não quisesse pegar imediatamente a furadeira elétrica e a chave de fenda. E como a combinação de uma lesão na coluna e a doença de Parkinson é algo relativamente raro, não é como se eu tivesse muitas opções.

Não faço ideia de como Sharon encontrou o Dr. Robert Bray em Marina del Rey, perto de Santa Monica. Ela deve ter pesquisado na Internet. Ele trabalhava antes no Cedars, aparentemente. Mas agora tinha seu próprio consultório.

Sharon gostou do que ele falou porque toda a sua filosofia era ser o menos invasivo possível. Ele também é cirurgião neurológico de coluna, não apenas ortopedista, que é o que você precisa se está lidando com Parkinson. E Sharon disse que muitos de seus pacientes eram surfistas, alpinistas, pilotos de motocross, esse tipo de coisa. Não estou dizendo que ser um astro do rock seja a mesma coisa que isso, mas ser *eu* é uma espécie de esporte radical sem dúvida. Portanto, parecia que estaria em boa companhia.

No entanto, tenho que dizer que, por melhor que o Dr. Bray *parecesse*, depois do que aconteceu em Minneapolis, eu fui para a primeira consulta sem grandes esperanças.

Estávamos no início de agosto de 2021 quando fomos até lá.

Em dois minutos, ficou óbvio que o Dr. Bray era muito diferente de todos os outros que havíamos visto. Depois de me colocar na máquina de ressonância magnética e de fazer algumas radiografias – minha coluna já tinha mais closes do que Meryl Streep nesse ponto –, ele me disse o que realmente estava acontecendo.

Em primeiro lugar, ele explicou que as placas que o Dr. Sem Meias havia instalado estavam muito apertadas. Isso significa que, sempre que eu movia a cabeça, não *parecia* apenas como se estivesse rompendo os músculos do pescoço... eu *realmente* estava rompendo os músculos do pescoço. Quero dizer, puta que pariu. *Não é de admirar que eu estivesse sentindo tanta dor.* Quase chorei, porque eu estava preocupado que tudo fosse coisa da minha cabeça, que a dor era apenas meu vício brincando comigo de alguma forma. O Dr. Bray disse que, na sua opinião, as placas foram excessivas para o que eu precisava. Em seguida, ele me mostrou algumas manchas em um raio-X que ele disse serem "restos de ossos". Como as placas estavam muito apertadas, os parafusos que as mantinham no lugar estavam começando a se soltar. Isso estava fazendo com que o osso ao redor deles se desintegrasse, e os detritos ficavam presos entre minhas vértebras.

"Você tem sentido algum desconforto na parte inferior das costas?", ele perguntou.

Quase chorei novamente. "*O tempo todo*", respondi. "Sinto como se estivesse vivendo dentro de um daqueles instrumentos medievais de tortura! Só que ninguém sabe disso a não ser eu..."

Não sei dizer o quanto foi um alívio, finalmente saber *por que* eu estava em um estado tão terrível.

"Então, o que vamos fazer?", Sharon perguntou.

"Bem, antes de mais nada, precisamos remover as placas e os parafusos", disse ele. "Então, podemos continuar a partir daí. LENTAMENTE. Sem causar mais danos à sua coluna."

"Doutor, seja sincero comigo", eu disse, ainda tentando me conter. "Você acha que pode consertar isso?"

"Honestamente, Ozzy?", disse ele. "É muito cedo para dizer. Mas... *é* assim que me chamam."

Eu fiquei confuso. "O quê?", respondi. "Do que eles te chamam?"

"Dr. Conserta Tudo", disse ele com um grande sorriso, apontando para algo na parede acima de minha cabeça.

Eu me virei para olhar. Foi então que notei o artigo de revista emoldurado na parede. Era uma fotografia do Dr. Bray com seu jaleco azul, usando óculos especiais com lente de aumento e gorro cirúrgico, com a manchete "DR. CONSERTA TUDO" embaixo.

De repente, eu me lembrei de tudo. De forma completamente acidental, Sharon tinha encontrado exatamente o mesmo cara que Zakk havia recomendado no dia seguinte à minha queda.

O cara para quem nunca ligamos.

Até agora...

Não conseguia acreditar naquilo. Se minhas pernas estivessem funcionando, eu teria me dado um chute na bunda.

Enquanto isso, Sharon deu um gemido quando percebeu a mesma coisa.

Quando finalmente nos olhamos, simplesmente explodimos em uma gargalhada. Quero dizer, o que mais podíamos fazer? O médico deve ter se perguntado que porra havia de errado conosco antes de explicarmos tudo a ele. Eu queria ligar para o Zakk naquele momento, para pedir desculpas por não ter ouvido ele.

Mas não importa, cara.

Tudo acontece por um motivo.

E como se costuma dizer... antes tarde do que nunca.

Sharon levou muito a sério a ideia de nos mudarmos para Las Vegas naquele verão. A pandemia estava deixando todo mundo doido. As pessoas estavam mudando de casa à esquerda, à direita e ao centro. Jack tinha até comprado uma fazenda no norte de Idaho, divisa com o Parque Nacional de Yellowstone. Eu quis saber, Jack, que caralhos você vai fazer com 50 hectares? Virar pastor? Mas ele e sua nova namorada Aree – isso foi pouco antes de ficarem noivos – estavam decididos. Welders Ranch, foi o nome que Jack deu por causa da Welders House, em Buckinghamshire. Fomos visitá-lo um fim de semana. É muito tranquilo lá. Entendi por que ele gosta do lugar. Eu adorava brincar de lorde no campo quando tinha a idade dele. Acima de tudo, foi ótimo ver Jack tão feliz, apaixonado e animado.

Para Sharon, a mudança para Las Vegas tinha a ver com fazer uma residência em alguma casa de shows. Ela estava *desesperada* para me tirar de casa. Mas tenho que ser honesto, nunca achei que isso fosse acontecer. Eu não teria durado muito tempo fazendo o mesmo show, repetidamente. Quero dizer, meu amigo Billy Morrison fez isso por um tempo quando tocava na banda do Billy Idol, e ele disse que era normal. Eles encontravam maneiras de mudar as coisas, para que não parecesse que estavam presos no enredo de *Feitiço do Tempo*. Mas eu gosto de fazer um show e seguir em frente. Não me importaria com um par de semanas no mesmo local, mas uma residência precisa ser mais longa do que isso.

A outra coisa é... que realmente não *entendo* a Las Vegas moderna. É chata. Quero dizer, tudo bem, você tem a Strip, que tem todas as luzes e tudo mais. Mas nos velhos tempos, era mais descolada, mais legal. Costumava ter um clima de *saloon* do Velho Oeste. Os quartos de hotel eram todos da década de 1930. Agora é como uma gigantesca Disneylândia para adultos. Todo o estilo foi sugado daquele local.

Lembre-se de que, nos primórdios do Sabbath, sempre fomos muito cautelosos com Vegas. Se você fosse pego com cocaína na Sin City, estava ferrado. Os policiais de lá eram muito certinhos, não como os de Los Angeles. Eles te prenderiam na hora por causa dessa merda. Ou te levariam para o deserto, se você fosse realmente azarado. Todos se lembram da foto de Jim Morrison de quando ele foi preso lá. E não foi nem por drogas, pelo que me disseram. Ele estava dando uma volta, fingindo fumar um baseado – a imprensa disse algo assim na época – e eles o prenderam por vadiagem, imagine. E por estar muito bêbado, obviamente.

Hoje em dia, a maconha é legalizada em Las Vegas, Jack me contou. Eu me preocupo com isso, de verdade. É tão forte agora. Quero dizer, tudo bem, nem todo mundo é viciado como eu, mas se você começou com a maconha, tende a passar para outras coisas.

Ainda pior são as armas em toda parte. Você pode comprar uma metralhadora automática em Las Vegas, desde que tenha sido montada antes de uma determinada data. É ridículo. Lembre-se, o atirador no festival de música Route 91 Harvest simplesmente modificou um rifle semiautomático normal para fazer mais ou menos a mesma coisa. Ele disparou mais de mil tiros, segundo disse o noticiário. Sessenta pessoas foram mortas – e cerca de novecentas ficaram feridas. Foi absolutamente atroz. Para mim, a música é uma das poucas coisas que ainda pode unir as pessoas, então, isso ter acontecido em um show... simplesmente não tenho palavras. A violência com armas nos Estados Unidos – especialmente os tiroteios em escolas – está fora de controle, cara. Não aguento mais ouvir sobre todos esses assassinatos. Isso realmente me deixa deprimido.

Sobre o mesmo assunto, fiquei chocado ao descobrir que Jake E. Lee foi baleado perto de sua casa em Las Vegas, não faz muito tempo. Ele estava passeando com o cachorro nas primeiras horas da manhã, ou assim disse o noticiário, e um cara aleatório descarregou uma pistola nele. Ele foi atingido várias vezes, mas, por algum milagre, conseguiu sobreviver, graças a Deus. Jake é um cara incrivelmente talentoso, e como eu disse anteriormente, lamento a maneira como ele deixou a banda durante aquele período de merda. Que Deus o abençoe, Jake. Desejo a você uma recuperação total de seus ferimentos.

A única outra coisa que posso dizer sobre a residência em Las Vegas é que as pessoas esquecem que o primeiro grande show do Black Sabbath foi uma residência no Star-Club em Hamburgo, na Alemanha. O mesmo lugar em que os Beatles fizeram sua famosa residência em 1962, quando Stuart Sutcliffe e Pete Best ainda tocavam na banda. Sutcliffe foi o cara que deixou os Beatles para ser artista, depois morreu de uma hemorragia cerebral seis meses antes de "Love Me Do" ter sido lançada. Só que quando chegamos ao Star-Club – sete anos depois, no início de agosto de 1969 – o local estava muito destruído. Fomos uma das últimas bandas a tocar lá. Fechou alguns meses depois. Agora, sequer existe mais. O prédio inteiro pegou fogo.

Que verão louco foi aquele, cara. A chegada na Lua. Woodstock. Os assassinatos da Família Manson em Los Angeles. A Guerra do Vietnã acontecendo no outro lado do mundo. Ainda nos chamávamos Earth e fazíamos covers de blues, mas já havíamos decidido mudar nosso nome para Black Sabbath. Lembro-me de ter dado a notícia sobre o novo nome em um cartão postal para minha mãe. Pareço uma criança na foto da banda que tiramos. Tony, Geezer e Bill com bigodes feios e jaquetas de couro, e eu de cara limpa, vestindo um suéter velho e esfarrapado, e sandálias.

Há algumas fitas desses shows por aí em algum lugar. Tocávamos coisas como "Early One Morning", de Little Richard. É estranho, porque soávamos como o Black Sabbath fazendo um cover de Little Richard. Também fazíamos longas jams que foram o início de músicas como "N.I.B." e "War Pigs".

Naquela época, Hamburgo era como uma *verdadeira* cidade do pecado deveria ser. Lojas de pornografia duvidosas. Peep shows. O cheiro do suor e da fumaça. E essas ruas de paralelepípedos fechadas, onde as prostitutas posavam atrás de vitrines de lojas embaçadas sob luzes vermelhas.

Estou feliz por termos feito isso, mas também é uma daquelas coisas que você pensa "nunca mais". Começávamos a tocar ao meio-dia e terminávamos às 2h da manhã. Às vezes, fazíamos sete shows por dia entre as bandas visitantes. Ficávamos totalmente exaustos. Tenho certeza de que acabamos fazendo mais shows lá do que os Beatles. Tomávamos qualquer coisa para ficar acordados. Bebida. Anfetamina. Um monte de droga. Então, no final de cada noite, dormíamos em um hotel infestado de pulgas na esquina.

No entanto, não há melhor maneira de tornar uma banda mais unida. Você aprende a ler o outro. Quantos drinques você pode beber antes de esquecer como marcar o tempo. Como fazer o público se animar quando estiverem entediados. Sempre que a plateia estava ficando inquieta, Tony gritava para mim: "Ozzy! Fale com eles!". Mas o melhor de tudo na residência foi ganhar um salário regular, algo que, até então, tinha sido apenas um sonho para nós.

Se há uma música em *Patient Number 9* que me leva de volta aos nossos dias de Star-Club, é "Darkside Blues". Na maior parte do início da pandemia, eu ficava andando pela casa cantando essa frase estilo Muddy Waters, repetidamente, até que Jack disse: "Pai, quantas vezes mais você vai cantar isso? Não dá para transformá-la em uma música?". Foi o que fiz. Eu até toco gaita nela. Se alguém quer saber qual teria sido o som do Sabbath se tivéssemos continuado como Earth e feito um álbum de blues... isso é o mais próximo que se pode chegar.

Eu estava quase *animado* para fazer minha primeira cirurgia corretiva em setembro. Qualquer coisa para reduzir a dor e que me fizesse caminhar novamente. Então fui até o consultório do Dr. Bray em Marina del Rey, na esperança de um novo começo. Foi totalmente diferente da minha primeira operação. Não precisei ficar um longo período na UTI. Sem cateter. Sem alucinações com o Elvis. Não me lembro quanto tempo durou a operação, mas não foi nada parecido com as cinco horas que passei com o Dr. Sem Meias. O Dr. Bray simplesmente entrou no local, removeu os parafusos, removeu as placas, sugou os detritos ósseos, fez os ajustes que precisava fazer, e me fechou novamente. Fácil.

Mas não havia boas notícias no final.

Embora meu pescoço estivesse muito melhor agora – e melhoraria com a fisioterapia – ainda havia muito mais trabalho a ser feito para consertar as vértebras abaixo do crânio. Além disso, meu antigo acidente de quadriciclo começava a me incomodar de maneiras que não estavam relacionadas à minha queda dois anos antes. Mais abaixo em minhas costas, disse o Dr. Bray, duas das minhas vértebras, quebradas pelo quadriciclo, agora estavam basicamente desintegradas.

O resumo é que eu precisaria de *pelo menos* mais duas cirurgias corretivas. E elas não iriam acontecer tão cedo. Todos haviam adiado seus tratamentos durante a pandemia, de modo que era quase impossível reservar um bloco cirúrgico para qualquer coisa que não fosse questão de vida ou morte. Em termos realistas, demoraria alguns anos antes de todo o trabalho ser feito.

Foi um golpe duro, especialmente porque eu ainda estava todo machucado por causa da cirurgia.

Mas... pelo menos era um plano.

O que eu não sabia, é claro, e ainda bem que não sabia, era que cada cirurgia acabava com todos os avanços da fisioterapia da operação anterior. Isso significa que eu começaria do zero a cada vez. E é claro que eu não estava ficando mais jovem, e o Parkinson estava progredindo, o que tornaria ainda mais difícil a recuperação. A única coisa que eu *sabia* com certeza era que não faria nenhum show tão cedo. Não que isso importasse. O mundo estava muito longe de voltar ao normal. As restrições da Covid ainda seguiam em vigor para grandes multidões. E voar para o exterior era um grande risco, porque se você pegasse o vírus lá, ficaria preso. Portanto, em novembro adiamos a turnê europeia por mais um ano.

Os shows agora estavam marcados para maio de 2023.

Não haveria mais adiamentos, eu já tinha decidido. Se não conseguíssemos fazer os shows naquela época, seria hora de me aposentar. Mas eu ainda tinha esperança.

Não *muita* esperança, para ser honesto. E ela foi desaparecendo a cada dia. Mas se ainda houvesse uma pequena chance de conseguir fazer os shows, eu não ia desistir.

A única coisa que eu tinha para esperar no Natal era *The Beatles: Get Back*, o documentário do cara do *Senhor dos Anéis*, Peter Jackson. Como fã, eu mal podia esperar para ver todas as filmagens sem censura e dos bastidores de John, Paul, Ringo e George gravando o álbum *Let It Be*. Depois de todos os meus altos e baixos com o Sabbath ao longo dos anos, esperava que fosse reconfortante saber que os Beatles tiveram que lidar com a mesma merda. Especialmente quando Yoko Ono começou a participar de suas sessões de gravação.

Tudo o que posso dizer é... que decepção. Simplesmente não me pareceu real. Você não está falando *sério* que nas sessenta horas de filmagem que o diretor tinha, todos estavam sempre felizes e de bem com a vida? Se alguém no Sabbath dissesse: "Bom, minha namorada vai ficar aqui a partir de agora", haveria sangue no chão do estúdio. Eu pensei que seria um daqueles documentários tipo *fly on the wall*[14]. Mas a mosca na parede devia ser surda e cega, porque não viu nem ouviu nada de interessante.

Meu humor não melhorou muito quando 2022 chegou.

Esse seria um ano marcante para mim, em muitos aspectos. O quadragésimo aniversário da coisa do morcego. Das mor-

14 Documentário em que a câmera pretende ser invisível, capturando cenas mais reais. (N.T.)

tes de Randy e Rachel. Não que eu quisesse ficar preso em casa, pensando no passado. Que se foda. Eu nunca fui de ficar olhando para trás. Sempre me preocupei com o próximo grande evento. Mas houve momentos em que a única coisa importante na minha frente parecia ser uma lápide com meu nome escrito. Isso me deixava puto. Queria lutar contra isso. Mas não há muita forma de lutar quando seu corpo está falhando.

Então, do nada, recebi uma ligação.

Não sei quem foi exatamente que entrou em contato com a Sharon, mas trabalhava para o ainda príncipe Charles na época. Ele se tornaria rei apenas alguns meses depois.

O assunto era a próxima edição dos Jogos da Commonwealth, que o príncipe Charles abriria. Ele também é o patrono de toda a organização dos jogos, como descobri depois. Eu não sabia disso na época, porque estava por fora de tudo com minha lesão e recuperação, mas os jogos de 2022 seriam realizados em Birmingham. O local principal seria o Alexander Stadium, que é em Perry Barr, bem ao lado de onde ficava minha antiga escola. Eles estavam até expandindo a quantidade de assentos do estádio para a ocasião, para que coubessem trinta mil pessoas, o dobro da capacidade original.

Sharon ficou agitada quando desligou o telefone. Seriam os maiores jogos da história da Commonwealth, ela disse. Eles estavam gastando oitocentos milhões de libras naquilo. Setenta e dois países iriam participar. Cinco mil atletas. Enquanto isso, um milhão de ingressos já haviam sido vendidos para o estádio principal e para os outros locais da cidade. Era algo *muito* grande, disse ela. Comparável com as Olimpíadas.

Mas eu estava confuso. "E por que eles estão ligando para *nós*?", perguntei. "Não tenho nenhuma previsão de conseguir correr os cem metros. Suponho que eu poderia cortar uma fita..."

"Na verdade...", disse Sharon. Então ela parou. De repente, ficou chateada. Como se tivesse más e boas notícias ao mesmo tempo. Ela teve que respirar e enxugar uma lágrima do rosto. Eu estava começando a ficar assustado.

"O quê?", respondi. "Qual é o problema? O que *aconteceu*?"

"Eles queriam saber...", ela continuou, se recuperando, "se você estaria interessado... em tocar nos jogos. Com o Black Sabbath."

"Tipo... na abertura ou algo assim?"

"Não."

"Então... *o quê*? Um evento paralelo?"

"Na cerimônia de encerramento." Sharon estava chorando muito agora. "No final. Enquanto os fogos de artifício explodem. Na sua cidade natal, Ozzy. Literalmente a algumas ruas de distância de onde você estudou. Estão perguntando se você tocaria 'Paranoid'."

"Puta... merda.." Agora eu também estava chorando. E sorrindo com tanta força que meu rosto doía.

"Vai ser no dia oito de agosto", disse Sharon. "MAS, Ozzy..."

Não ouvi mais nada do que ela disse. Eu estava no mundo da lua, pensando em Aston... pensando em como daria a notícia a Tony, Geezer e Bill... pensando no príncipe Charles. Tinha me encontrado com o príncipe Charles várias vezes. Sempre que o vejo, damos boas risadas. Ele é uma ótima pessoa. Após meu acidente de quadriciclo, ele me enviou uma garrafa de uísque, o que foi muito gentil da parte dele. O único problema é que Sharon a confiscou antes que eu pudesse colocar minhas mãos nela. Foi para o "sótão sem retorno" onde Sharon esconde todas as coisas que ela quer guardar, mas não quer que eu veja.

Na minha infância, se eu tivesse dito a alguém que o futuro rei da Inglaterra me enviaria uma bebida pelo correio, teriam me internado em um hospício.

Quando eu nasci, o avô de Charles, George VI, era o rei. Eu era muito jovem para me lembrar de seu reinado. Mas minha primeira lembrança, curiosamente, é da Coroação da Rainha Elizabeth. Eu devia ter quatro anos.

Só me lembro disso porque meu pai se vestiu como seu herói Al Jolson, inclusive colocando aquela horrível maquiagem preta por todo o rosto. Só de escrever isso já parece absolutamente horrível, mas estávamos em 1953. Era o tipo de atração musical vitoriana com a qual todos haviam crescido – embora, já naquela época, as pessoas estivessem começando a perceber como aquilo era uma merda.

Com quatro anos de idade, tudo o que eu sabia era que não queria nem chegar perto daquilo. Eu chorava e gritava e não deixava minhas irmãs passarem uma partícula desse produto em meu rosto.

O que mais me deixou empolgado depois de receber a ligação dos jogos era poder ir para casa. Fazia oito ou nove anos que eu não ia para a Inglaterra, ainda mais Birmingham. Mas vinha pensando na minha cidade natal desde minha queda, especialmente durante todos os meses em que estive deitado.

Antigamente, quando eu morava em Staffordshire, na época Buckinghamshire, eu entrava no carro e ia dirigindo para Aston sempre que estava tendo algum tipo de surto grave. Mesmo se fosse quatro horas da manhã. Eu estacionava minha Range Rover na Lodge Road e ficava lá por trinta minutos, pensando nos dias em que eu era jovem e faminto. E estou falando faminto *literalmente*. Tínhamos um ditado em nossa casa: o primeiro a se levantar, come melhor. As cantinas escolares me salvavam. Muitas das outras crianças não tocavam na comida que eles serviam. Eu comia porções triplas de purê de batata e pedaços de uma carne misteriosa dura como pedra.

Surpreendentemente, ainda está lá, no número 14 da Lodge Road. Da última vez que voltei, percebi como aquela casa era *minúscula*. Dava para ver onde eu havia escrito "IRON VOID" em um tijolo no degrau da frente. Eu devia ter 15 anos quando fiz isso. Achei que seria um nome legal para uma banda. Ainda dava para ver os pregos que colocaram na parede para pendurar as bandeirinhas para a Coroação.

É engraçado como as coisas mais aleatórias nos levam de volta. Basta o cheiro de algodão-doce para eu me lembrar imediatamente da Aston Onion Fair, que era realizada todos os anos no Serpentine Grounds, antes de o local ter sido substituído por uma rodovia. Disseram que o nome da feira vinha de quando eles realmente vendiam cebolas lá. As pessoas chegavam de lugares distantes, até da França, para montar barracas. Então se tornava um verdadeiro carnaval vitoriano. Boxeadores famosos realizavam grandes lutas lá. Faziam exposições itinerantes de leões e tigres, além de atrações secundárias, como a mulher mais feia do mundo ou o cavalo de duas cabeças. Mas quando eu era criança, o local havia se transformado em um parque de diversões. Eles tinham jogos de tiro. Arremesso de argola. Mas eram os carrinhos de bate-bate e carrosséis que eu mais adorava.

Então, de repente, simplesmente desapareceu, foi demolido para abrir espaço para a Aston Expressway. Embora tenham colocado uma curva no caminho para salvar a cervejaria Ansells. E uma tubulação na parte superior para transportar vinagre entre diferentes partes da fábrica da HP Sauce. Eles não deveriam ter se dado ao trabalho – a Ansells e a HP já desapareceram há muito tempo.

O cheiro de casas antigas também traz muitas lembranças. Quando eu era criança, ainda havia muitas mansões vitorianas em Aston que haviam sido bombardeadas durante a Blitz de

Birmingham. Basicamente, eram escombros. Mas eram bem mais do que isso para mim e meu amigo Patrick Murphy. Eram playgrounds.

Quebrávamos as janelas, iniciávamos incêndios, abríamos buracos nas paredes, levantávamos as tábuas do assoalho.

O que mais me chama a atenção é que todas as janelas eram pintadas de preto. Fizeram isso para os apagões em vez de pendurar cortinas. Não queriam que nenhuma luz escapasse, porque isso daria aos pilotos alemães algo para mirar. Nessas casas, nossa imaginação corria solta. Mas eu estremeço só de pensar como deviam ser perigosas, sem mencionar toda a merda tóxica que devemos ter respirado.

É uma loucura pensar em como deve ter sido viver nas Midlands durante os quase três anos da Blitz. Fogo e morte choviam sobre você todas as noites. Você não sabia se acordaria na manhã seguinte ou o corpo de qual vizinho retiraria dos escombros. E ainda tendo que trabalhar na fábrica todos os dias, produzindo mais Spitfires, tanques e armas. Sempre que parece que as coisas estão ficando fora de controle neste mundo, eu penso nisso, e ajuda a manter as coisas em perspectiva.

"Sim!", falei para a Sharon. "Ligue de volta para eles e diga que sim! A cerimônia de encerramento? Dos Jogos da Commonwealth? Isso será incrível! Será exibido na televisão? Podemos tocar 'Iron Man', também? Preciso ligar para o Tony. Não vejo a hora de voltar para lá..."

"OZZY! *Ozzy...*"

Eu não entendia por que Sharon parecia tão abatida. Eu achei que ela ficaria animada.

"Qual é o problema?", perguntei. "Eu consigo fazer isso, não? Eu só vou ter de ficar sentado enquanto canto..."

"É o Dr. Bray", ela disse.

"O que tem?"

"Já conversei com ele. Ele precisa fazer outra cirurgia. Em meados de junho. É o mais rápido que ele consegue colocá-lo em uma sala de cirurgia. É muito séria. A cirurgia que decidirá sua qualidade de vida daqui para frente."

"Mas o show é em *agosto*."

"Você teria apenas sete semanas. Sete semanas para se recuperar completamente."

"É o suficiente... não é?"

"Ozzy, é uma grande cirurgia na coluna. Ele vai consertar vértebras até o meio das costas. Você vai ficar de cama por um longo período. Vai começar a fazer fisioterapia do zero. Não sabemos se vai acabar na UTI novamente. Qual será a intensidade do inchaço? Quanto tempo será necessário até que você possa *fazer* fisioterapia? Há muitas incógnitas, Ozzy. Você sabe disso. Você viveu isso nos últimos três anos e meio. Todos nós vivemos isso. E você estaria dizendo ao príncipe Charles e a todos nos jogos, sim, que poderia fazer isso, mesmo sabendo que no fundo há uma grande chance de não estar pronto. E não é apenas o show, Ozzy. São as 11 horas de voo. O *jet lag*. A longa viagem de carro. O hotel..."

Ela teve que parar, estava ficando muito emocionada novamente.

Eu também comecei a me sentir bastante emocionado.

Sharon tinha razão.

Senti que estava me afogando em um oceano de merda.

Eu teria de recusar o que teria sido um dos melhores shows de minha vida.

13

O melhor que dá

Cheguei ao fundo do poço algumas vezes em minha vida, mas sempre por causa da bebida e das drogas.

Em junho de 2022, cheguei ao fundo do poço devido a uma cirurgia na coluna e ao Parkinson.

Tudo começou em abril, quando finalmente peguei Covid. Felizmente, já tinha tomado cerca de um galão de vacinas, pois como eu disse antes, minha doença de Parkinson me torna parte do grupo de risco. Sharon se assustou quando perdi o olfato e comecei a fungar, temendo o pior. Mas eu fiquei bem. Não tive pneumonia. Parecia um resfriado muito ruim que se arrastou por um tempo.

Mas como sempre acontece comigo, houve um efeito dominó.

Como fiquei de cama por muito tempo, comecei a ter coágulos de sangue. Se você tiver o estômago fraco, talvez seja melhor pular umas páginas. Basicamente, um técnico em hematologia teve que fazer um furo na minha virilha, encontrar uma veia grossa e enfiar um cateter lá dentro. Em seguida, ele inseriu um filtro dobrado no cateter e o empurrou para dentro da veia. Depois de entrar, ele se abriu como um guarda-chuva. É como se eu tivesse um pequeno coador de chá ao lado do saco, basicamente. Ele permite que o sangue flua e retém os coágulos antes que eles cheguem ao coração. Quando os coágulos são pegos, eles simplesmente se decompõem naturalmente ou o médico entra lá e os remove manualmente.

Mas é claro que tudo virou um show de horrores, porque na metade do procedimento, um coágulo desgarrado foi parar no meu estômago. Então, várias enfermeiras começaram a correr de um lado para o outro, me enchendo de anticoagulantes – diluentes de sangue – quando cerca de dez alarmes diferentes dispararam. Os efeitos colaterais foram absolutamente horríveis. Mijando sangue. Sangramento nas gengivas. Hemorragias nasais. Hematomas.

Mas, pelo menos, quando tudo acabou, pude relaxar.

Até parece.

Assim que me recuperei, fui levado para o hospital para minha segunda cirurgia corretiva com o Dr. Bray. Essa foi a GRANDE. Metade da minha espinha dorsal seria reconstruída. Eles precisariam de cones de trânsito, capacetes e furadeiras pneumáticas. Eu estava nervoso desta vez. Parte de mim esperava acordar na UTI. Ou não acordar nunca mais. Mesmo que tudo corresse bem, eu sabia que seria um longo e difícil caminho de volta. E eu estava cansado, cara. Eu tinha 73 anos. Oficialmente velho demais para essa merda.

Dizer que eu fiquei arrasado quando terminou seria pouco.

Sentia como se tivesse sido cagado em uma parede. Nada funcionava. Nem meu braço. Nem minhas pernas. Meu pescoço ficou melhor sem os parafusos, mas ainda assim estava fodido.

Tudo estava fodido.

Perdi a esperança novamente.

O fato é que, quando cada dois passos à frente são seguidos por oito passos para trás, chega um ponto em que você não quer mais dar os dois passos. Esse é o problema de fazer várias cirurgias. Você perde a vontade, é sério. Porque, como eu estava começando a descobrir, toda vez que você fica de cama, toda a resistência que acumulou desaparece em uma semana. Isso significa que você precisa escalar para o topo da montanha mais uma vez... sabendo que será jogado de volta para o fundo do poço quando a *próxima* cirurgia for realizada. Começa a não fazer mais sentido. Você pensa, que se foda. Você meio que desiste de tudo. Para de querer fazer o esforço. Não que eu tenha chegado ao ponto em que quisesse acabar com tudo. Quero dizer, sou tão azarado que estragaria tudo se tentasse. Em vez de me suicidar, eu acabaria ateando fogo em mim mesmo ou algo assim, e acabaria em um estado ainda pior do que antes.

Enquanto estive ali deitado, percebi que era a minha *sexta* cirurgia em quatro anos. A cirurgia na mão para a infecção por estafilococos. A cirurgia da clavícula. A primeira cirurgia da coluna vertebral com o Dr. Sem Meias. A primeira cirurgia corretiva da coluna vertebral com o Dr. Bray. A cirurgia do "guarda-chuva" para os coágulos sanguíneos. E, agora, a segunda cirurgia corretiva da coluna. Eu subi e desci a escada da recuperação tantas vezes, cara. Eu simplesmente não queria mais fazer isso.

Ao chegar em casa, minhas pernas estavam tão inchadas que a fisioterapia não era nem mesmo uma opção.

Apenas fiquei na cama, me sentindo um lixo.

Enquanto isso, no Instagram, tentei me mostrar corajoso, dizendo que eu estava "me recuperando confortavelmente" e "sentindo o amor e o apoio de todos os meus fãs". E claro que agradeci a todos por seus votos de que eu me recuperasse.

Mas a verdade é que eu nunca havia me sentido tão mal.

É apropriado que tenha sido na mesma semana em que "Patient Number 9" foi lançada – uma música sobre estar preso em um hospital psiquiátrico querendo sair. E era exatamente assim que eu me sentia. Foi o single principal do álbum – que nós anunciamos que seria lançado em setembro –, com Jeff Beck na guitarra.

Ouvir a música no rádio levantou meu ânimo por um tempo, pelo menos. Foi bom saber que eu ainda podia trabalhar, ainda podia lançar discos. E foi uma grande honra ter Jeff Beck tocando. Seu solo é de altíssimo nível. Foi um grande choque quando o perdemos seis meses depois por causa da meningite. Que lástima. Ele era o verdadeiro guitarrista dos guitarristas. Para alguém que esteve no The Yardbirds, e teve uma banda com Rod Stewart e Ronnie Wood, ele sempre foi muito discreto, mas estava no mesmo patamar de Clapton, Page, Hendrix... sem dúvida. Enquanto isso, o videoclipe que lançamos foi dirigido pelo quadrinista Todd McFarlane e o animador M. Wartella. Eles fizeram um trabalho fenomenal. Até animaram um dos meus demônios desenhados à mão. Foi ótimo ver isso ganhar vida.

Eu só queria poder me livrar dos que estavam vivendo dentro da minha cabeça.

Nosso quadragésimo aniversário de casamento aconteceu umas semanas após a cirurgia.

Eu não estava em condições de bancar o Romeu. Sharon e eu não íamos colocar nossos velhos discos do Lionel Richie e agitar as molas da cama, isso era certo.

Era uma loucura pensar que nos conhecíamos há 52 anos. Primeiro como conhecidos. Depois, como amigos. Então, como manager e cliente. Depois, como amantes. Por fim, como marido e esposa... depois pais... agora avós.

Embora não pudéssemos comemorar, fiquei muito feliz de que cinco anos antes, em 2017, tenhamos renovado nossos votos na capela de casamento do hotel Wynn, em Las Vegas. Fizemos isso no Dia das Mães, uma ocasião perfeita, porque sou muito grato a Sharon por ter nos dado nossos três filhos.

A melhor parte da cerimônia de renovação foi que eu estava sóbrio. Portanto, foi o *verdadeiro* Ozzy que disse "aceito", não o Ozzy do mundo bêbado. E eu me lembrava de tudo no dia seguinte.

Quando nos casamos pela primeira vez, foi na ilha de Maui, no Havaí. Eu estava totalmente bêbado. Havia sete garrafas de Hennessy apenas no bolo de casamento. Eu também fiquei muito chapado graças à erva local – eles chamam de "Maui-wowy". Tommy Aldridge foi meu padrinho. Minha mãe e minha irmã mais velha, Jean, viajaram de avião para lá. O pai de Sharon estava à espreita em algum lugar.

Não houve consumação do casamento. A única consumação que ocorreu foi entre mim e cada uma das garrafas que eles tinham no bar do hotel. Adormeci no corredor às 5h da manhã. O gerente do hotel teve que ligar para Sharon para me buscar, porque as funcionárias não conseguiam passar por mim e estavam reclamando do cheiro. Eu até perdi minha despedida de solteiro porque desmaiei antes de começar. *Quem faz isso?* O mais engraçado é que, por causa de meu passaporte britânico, tive que fazer um exame de sangue antes de nos darem a certidão de casamento.

"O que vocês estão procurando exatamente?", Sharon perguntou ao cara que veio para coletar a amostra. "Traços de sangue em seu álcool?"

Quando voltamos para Los Angeles, fizemos um casamento judaico apropriado. E, mais uma vez, eu fiquei totalmente fora de mim. Quase não tenho lembrança nenhuma.

Depois de renovarmos nossos votos, Sharon disse que foi como se apaixonar novamente. Mas eu não precisava me apaixonar novamente. Não importa o quanto eu tenha feito merda nas duas primeiras cerimônias, Sharon é a única mulher que já amei. Sem ela, não sou nada. Não me entendam mal, não estou dizendo que tudo está perfeito agora. Sempre que ouço: "Ah, nós nunca discutimos", fico pensando, "Bem, você deve ter morte cerebral". Mas o que entendo agora é que estar casado é como montar em um cavalo selvagem. Se você puder se manter firme, as coisas ficarão cada vez melhores. Nós ainda brigamos – é claro que sim. Mas o que acontece agora é que, se tivermos um desentendimento, eu simplesmente pedirei desculpas. Eu quero amenizar. Não vou ficar insistindo como costumava fazer. É libertador quando você consegue colocar seu ego de volta na caixa e não desperdiçar tanto seu tempo e sua energia.

Além disso, temos filhos e netos para nos preocuparmos agora. Não podemos ficar brigando entre nós. E ganhamos mais um neto alguns dias após nosso aniversário – o bebê Maple, de Jack e Aree. Minha nona neta. A quarta da Sharon. Além disso, Kelly anunciou que estava grávida de seu pequeno Sid. Seu namorado, também Sid, toca na banda de metal Slipknot. Ele virou amigo de Kelly em um Ozzfest em 1999. Anos mais tarde eles se reencontraram quando ela entrou em sua loja de discos na Melrose Avenue. O que me surpreende é que ele é de Des Moines, Iowa. Essa é a mesma cidade onde eu... bem, você sabe o que eu fiz. Que estranha coincidência.

É quase tão estranha quanto quando perguntei ao Sid o que ele tocava no Slipknot, e ele disse: "Eu sou o DJ". E eu falei: "Mas que merda faz um DJ em uma banda de metal?". Então Kelly lembrou que eu já havia cantado "Iron Man" com Busta Rhymes.

Eu pensei: "Bom argumento, muito bem dito".

Seis semanas após a cirurgia, finalmente comecei a me sentir mais humano novamente.

Na verdade, eu estava desesperado para sair de casa.

E então Sharon sugeriu que fizéssemos uma viagem até San Diego, algumas horas ao sul de Los Angeles. Foi na semana da Comic-Con, que eu sempre tive curiosidade de conhecer, mas nunca tinha ido antes.

A Comic-Con acontece desde que eu comecei a cantar, como descobri depois. Começou como um pequeno encontro de fãs de quadrinhos e ficção científica no porão de um hotel. Agora é um evento enorme de quatro dias que enche todo o Centro de Convenções de San Diego. Mais de cem mil pessoas do mundo todo participam anualmente. Há todos os tipos de merdas à venda lá, eles têm exibições e painéis especiais, sessões de autógrafos, participações de caras como Chris Pratt, de *Guardiões da Galáxia*, e Patrick Stewart, de *Jornada nas Estrelas*, pessoas vestidas como todos os personagens da Marvel Comics e de videogames que você possa imaginar, é uma loucura.

Sharon disse que Todd McFarlane estaria lá, autografando um quadrinho que ele havia feito para uma das edições limitadas do álbum *Patient Number 9*.

"Por que você não autografa com ele?", disse ela. "É perto de casa. Você estaria sentado. É a maneira perfeita de voltar tranquilamente ao ritmo das coisas."

Sinceramente, eu teria ido à abertura de um maldito envelope apenas para mudar de cenário.

Quando dei por mim, estava em um desses carrinhos de golfe elétricos, passando pelo centro de convenções depois de ir ver um Ozzy inflável de sete metros de altura que alguém havia colocado do lado de fora. Parecia outro mundo. Todas essas pessoas adultas andando por aí com capas, capacetes e perucas de neon, segurando espadas de espuma. Eu adorei. O estande em que estávamos ficou completamente lotado. A fila se estendia até a saída do prédio. As pessoas estavam esperando há horas. Era uma loucura. No final, Sharon disse que nossa sessão de autógrafos tinha sido a maior de toda a convenção.

Assim que chegamos em casa, o telefone tocou.

Mais uma vez, os Jogos da Commonwealth. Alguém no escritório deles era um grande fã de ficção científica, e eles estavam de olho nas notícias da Comic-Con. E, claro, me viram, vivo e bem, autografando pôsteres, com uma aparência muito melhor do que eles esperavam. Não tenho certeza se isso foi um elogio. A impressão era que queriam que eu me parecesse com um cruzamento monstruoso entre Herman Munster e um daqueles corpos antigos que desenterram nos pântanos de turfa na Dinamarca.

Quando Sharon me disse que eles haviam ligado, a primeira coisa que passou pela minha cabeça foi: merda, eu realmente devo ter irritado esses caras, recusando o show e depois aparecendo em uma convenção. Mas não foi o caso.

"Certo, então não há absolutamente nenhuma pressão, Ozzy, eles foram muito claros com relação a isso", disse Sharon. "Mas queriam informá-lo, caso haja *alguma* chance..." Ela estava sorrindo, porque já sabia o que eu ia dizer. "Se você ainda quiser se apresentar na cerimônia de encerramento..."

Não conseguia acreditar naquilo. Porra, não conseguia acreditar mesmo. Quais eram as chances de convidarem novamente?

Eu estava quase pulando.

"Eu vou!", falei.

"Tem *certeza* de que está..."

"Eu vou! Quando é mesmo?"

"Sobre isso, Ozzy. É... muito em breve."

"Quando???"

"Em seis dias. Contando hoje."

No meu ponto de vista, não havia escolha. Se me pedirem para fazer *qualquer coisa* por Birmingham, eu faço. É uma regra que eu tenho. Embora eu não more lá já faz algum tempo, Birmingham faz parte do meu coração e da minha alma. Assim que passo pela alfândega em Heathrow e começo a dirigir pela M6, eu me torno um Brummie novamente.

É claro que dizer sim foi a parte mais fácil. Seria o primeiro show que eu faria desde que me apresentei com Post Malone, e isso já fazia três anos. Seria também o primeiro show desde as duas cirurgias corretivas com o Dr. Bray, e que eu tinha colocado o coador de chá na virilha.

A verdade é que agora eu não conseguia mais andar. Eu estava *muito* instável. Portanto, havia muita coisa prática para pensar. Sharon estaria lá para me ajudar, é claro, assim como uma enfermeira. E eles precisariam me içar com um guindaste para o palco ou algo assim. Além disso, como eu não conseguia ficar em pé por muito tempo, precisava me apoiar em algum tipo de suporte enquanto cantava. Foi estranho pensar nisso. Sempre gostei de me sentir parte da plateia quando estou fazendo um show. Mas eu estava em um novo mundo agora. Era assim que seria de agora em diante.

Enquanto isso... não havia como reunirmos o Sabbath em um prazo tão curto. Mas Sharon já havia telefonado para Tony, e ele topou participar. Ela também ligou para Tommy Clufetos, que aceitou imediatamente, assim como Adam Wakeman, que se ofereceu para tocar baixo em vez de seus teclados habituais.

Não consigo expressar em palavras o quanto isso significou.

Eu estava me cagando de medo.

Tudo o que eu conseguia pensar era: será que isso realmente vai funcionar? Eu conseguiria fazer isso? Posso fazer isso?

Não que isso importasse.

Enquanto eu ainda estivesse respirando, nada iria me impedir de tentar.

Não havia nenhum jato particular esperando no aeroporto de Van Nuys para nos levar a Londres. Se você não está trabalhando – ou pelo menos em turnê – a velha conta bancária começa a ficar um pouco mais leve. Portanto, era um voo comercial normal saindo de LAX para mim e para a Sharon.

Nos bons velhos tempos, é claro, comercial significava Concorde. É uma loucura termos voltado no tempo quando se trata de aviões. Quem diria que voar hoje seria mais *lento* do que nos anos 1970 e 1980?

O Concorde era incrível, cara. Tenho saudade dele.

No entanto, era muito mais básico do que as pessoas imaginam. Se você se sentava na parte de trás, dava para sentir o cheiro de combustível de avião. Aquela coisa era realmente uma bomba voadora. E era *pequeno* por dentro. Era como estar em um tubo de ensaio. Mas era rápido e divertido.

Eu costumava pensar no Concorde como um carro esportivo no céu – embora não houvesse ruído do motor, porque você se movia muito rápido. Você simplesmente ultrapassava a barreira do som, era incrível. Dava pra sentir alguns pequenos solavancos ao quebrar a barreira do som, e era isso, *BOOM*, já era. E se você fosse na frente, o comandante permitia que você olhasse pelo cockpit e dava para ver a curva da Terra, com a escuridão do espaço acima.

Que experiência, cara.

E, é claro, era a *melhor* maneira de viajar se você era um alcoólatra furioso. O que acontecia com o lounge do Concorde em Heathrow é que você poderia liberar a alfândega americana enquanto ainda estivesse em Londres, o que significava que dava para chegar lá no último minuto e ainda ter tempo para algumas vodcas duplas no bar. Então, você decolava às 9h30 da manhã, voava por três horas na velocidade de um caça F-16 enquanto comia perdiz no café da manhã em um conjunto completo de porcelana Wedgwood, seguido de um prato de queijo, uma garrafa de vinho do Porto e duas doses de single malte de vinte anos. Em seguida, saía cambaleando pela pista de pouso no aeroporto Kennedy. E como você cruzou o Atlântico mais rápido do que a diferença de horário, você estava bêbado antes de tecnicamente começar a beber.

Confie em mim... era muito *bom*.

O maior problema do Concorde era que só havia quatro banheiros para pouco mais de cem pessoas bastante alegres com a bebida. E todos seguravam até o último segundo antes da aterrissagem – caso contrário, poderiam perder a bebida pré-pouso, algum Madeira servido em um decantador de cristal soprado à mão ou algo do gênero, então sempre havia uma fila. Fiquei preso nela uma vez e simplesmente mijei nas calças. Eu tinha tomado uma garrafa inteira de um Armagnac francês vintage, além de cerca de três galões de cerveja belga. Simplesmente não consegui esperar. Pensei tipo, ah, que se foda. É incrível que a British Airways não tenha me banido. Acho que eu era um cliente muito bom. Lembro que houve uma época em que eu usava o Concorde como se fosse um táxi de Londres.

Nem todos se sentiam confortáveis com o nível de serviço do Palácio de Buckingham que tinha no Concorde. Bill Ward era um deles. Ele levava duas bolsas plásticas cheias de todas as provisões necessárias para o voo.

Eu dizia: "Bill, por que caralhos você está comendo uma torta de porco do dia anterior e bebendo cidra Kwik Save? Qual é o seu problema? Eles vão servir champanhe da coleção particular do Napoleão em um minuto!".

"Oh, eu não quero criar nenhum problema", ele murmurava.

O calibre das pessoas com quem você voava no Concorde também era incrível. Titãs da indústria. Realeza. Políticos. Certa vez, eu estava no saguão do Concorde e entra Paul McCartney. Eu o tinha visto tocar umas semanas antes no Forum, em Los Angeles. Fiquei como uma criança alucinada. Foi na época em que Hamish Stuart, da Average White Band, estava em turnê com ele, e eu disse a Hamish – porque eu o conhecia: "Diga ao Paul que acabei de ver vocês tocarem em Los Angeles e foi fenomenal pra caralho". Então eu me escondi. Paul estava sentado bem na frente quando decolamos. Eu não ousei ir até lá.

Eu já tinha parado de voar de Concorde quando ele caiu. Não houve nenhuma razão lógica para eu parar de usar. Foi apenas pura superstição. Eu estava assistindo a algo no noticiário e o locutor disse que ele estava voando há vinte e poucos anos sem um único acidente fatal, e eu pensei: "Tudo bem, isso é ficar provocando o destino". Ou seja, quando aquela coisa corria pela pista, era tão rápido que não havia como abortar. Fiquei com muita pena das pessoas que estavam no avião que caiu nos arredores de Paris. Elas sabiam da gravidade da situação. Deve ter sido horroroso. Não tiveram nenhuma chance. E, é claro, quando um caiu, todos foram desativados.

Isso me mostrou algo. Naquela época, já era uma antiguidade. E havia tão poucos voando, deveria custar uma fortuna mantê-los no ar.

Mas o fim da era supersônica foi triste.

Duvido que eu fique por aqui tempo suficiente para ver a próxima... se isso acontecer.

É impressionante como os voos mudaram ao longo dos anos. No começo da minha carreira, não precisava passar por scanners corporais. Ninguém revistava você. Dava para entrar com todo tipo de merda num avião, desde que você não fosse estúpido o suficiente para passar com isso pela alfândega.

Depois que Leslie West, do Mountain, apresentou a cocaína ao Black Sabbath – estávamos abrindo para ele na época, então deve ter sido em 1971, provavelmente em Seattle ou Denver – acabou chegando a um ponto em que viajávamos para todos os lugares com nosso traficante. Para ver como era tranquilo carregar drogas por aí. Ele era basicamente um membro da banda.

Lembro-me perfeitamente de quando conheci o cara, porque eu estava voltando de um show na Austrália e nosso avião ultrapassou a pista de pouso quando parou no Havaí. Tomei um susto tão grande que foi muito difícil voltar a embarcar para seguir para Los Angeles. Mas eu subi. Então, quando aterrissamos, peguei uma limusine para Beverly Hills e fiz meu check-in no hotel Beverly Wilshire – aquele que mais tarde ficou famoso pelo filme *Uma Linda Mulher* – e encontrei Glenn Hughes, do Deep Purple, no bar. Ele tinha *acabado* de entrar no Deep Purple, então deve ter sido alguns anos após o show com o Mountain. Começamos a conversar, e eu contei a ele como adorava cocaína, e ele me deu o número de telefone de uma pessoa que poderia conseguir para mim.

Então liguei para o cara, uma coisa levou a outra, e foi o início de uma longa e bela amizade. O cara nunca saiu do nosso lado. Ele era como nosso próprio mordomo de cocaína. Mesmo quando voltei para a Inglaterra após a turnê, ele me enviava a coisa pelo correio. Tenho quase certeza que foi assim que consegui a cocaína que escondi no celeiro de John Bonham enquanto eu estava de férias. Provavelmente é por isso que fiquei querendo tanto guardá-la – porque não era possível comprar na Inglaterra, a única maneira de conseguir era se alguém enviasse dos Estados Unidos.

Mesmo na época em que a segurança era leve, veja bem, consumir cocaína enquanto você estava no aeroporto nunca foi a ideia mais brilhante. Mas se você estivesse em um longo voo interno com uma escala, *precisava* de um rápido chute no saco para evitar que desmaiasse. Lembro-me de uma vez num aeroporto no Texas, não me recordo qual, eu estava tão mal e para baixo que não sabia o que fazer comigo mesmo. Eu tinha calafrios e dores no corpo. Fadiga. Aquela sensação de nervosismo e paranoia.

Assim, vou ao banheiro para resolver isso. Encontro uma baia. Tranco a porta. Me sento na privada. Pego uma pequena caixa de fósforos e começo a tirar uma colher de coca dele. Em seguida, tiro um pouco de cocaína da minha "caixa de rapé" – *ahhhh, sim, isso vai funcionar* – mas quando estou prestes a dar uma boa cheirada, noto um par de botas muito brilhantes entrando na baia ao meu lado.

Eu congelo.

Poderia ser um...

Provavelmente não, pensei.

Mas é melhor verificar...

Guardo a colher de coca. Me abaixo o máximo que consigo sem deixar isso muito óbvio. E, com certeza, sob a divisória – porra! – vislumbro a bainha de uma calça azul escura de policial.

Então, quase pulo de susto com o resto de sua calça, incluindo o cinto, as chaves, o coldre da arma e as algemas batendo no chão quando ele se senta para fazer o que veio fazer.

Não conseguia acreditar naquilo.

Eu realmente precisava daquela cheirada, cara. Eu estava tremendo. O suor escorria pelo meu rosto. Mas eu dificilmente conseguiria fazer *SSSHHHRRRKK!!!* em uma baia quase totalmente silenciosa com o Capitão Cagão sentado a um metro de distância de mim. Eu pensei em desistir e voltar mais tarde. Mas então outra parte de mim pensou assim, tipo, não, foda-se, estou aqui, foi um longo dia, *eu mereço essa coca.*

Foi então que ouvi o som familiar de páginas sendo viradas.

O policial estava lendo a porra de um livro.

No final, decidi esperar que ele saísse. Deve ter lido metade de *Moby Dick* quando finalmente ouvi o cocô na água. Então, de repente, eu estava sentado ereto, com a colher pronta quando – PHHHWWOOOOOOSSSSHH!!! – ele deu a descarga no vaso sanitário e eu aspirei o resto da minha coca ao mesmo tempo, para que ele não pudesse me ouvir *SNNNFFF-GAH!!*

Nós dois saímos de nossas baias ao mesmo tempo.

Eu me senti como se estivesse a trinta centímetros do chão com um arco-íris duplo saindo do meu traseiro.

“Ah, olá, policial”, disse, com um grande sorriso amigável, sabendo que, mesmo que ele me revistasse, as provas agora estavam seguras na minha narina esquerda.

Ele apenas me olhou de cima a baixo com uma careta. Os policiais não gostavam de roqueiros de cabelos compridos naquela época. Eles achavam que éramos todos viciados em drogas. O que, para ser justo...

Depois, dei o fora rapidinho.

Pouco tempo depois, peguei um voo de volta para Londres do festival California Jam. Glenn Hughes estava sentado perto de mim na primeira classe, junto com alguns outros caras do Deep Purple.

Eu devia estar com quatro gramas de cocaína na meia quando entrei naquele avião, cara. Eram tempos... realmente *muito* diferentes. E, é claro, no segundo em que decolamos, tiro a meia, aparece a cocaína e todos nós nos divertimos muito. Então, em algum momento, a chefe de cabine vem até mim. "Posso falar com você, por favor?", ela diz. *"Na parte de trás."*

Eu pensei: "Que droga, aqui vamos nós". Meus globos oculares estavam latejando. Meu coração disparou. Não conseguia parar de balbuciar todas as coisas que ficavam aparecendo em minha cabeça. E ela me levou até o fundo do 747. Algumas outras aeromoças estavam reunidas ali. E eu estava esperando que me prendessem, que me dissessem que haveria policiais esperando para me prender após o pouso.

"Sabemos o que você está cheirando", ela diz enquanto meu sangue congela. Achei que estava ferrado, realmente achei.

"Como assim?", disse, me esforçando muito para não fungar. "Não estou cheirando na..."

"Pode *nos* dar um pouco?", diz ela.

Foi um dos melhores voos da minha vida. Estávamos tão chapados, quase chegamos antes do avião em Heathrow. Mas depois, é claro, tivemos que entrar na fila da imigração, e a rebordose foi a pior que já tive. Eu estava obviamente em um estado de abstinência catastrófica de cocaína. Glenn Hughes me puxou de lado antes de chegarmos à alfândega e disse: "Olha, Ozzy, ainda tenho duas carreiras na minha reserva extra especial, que estava guardando para mais tarde, mas é *impossível* você passar pela alfândega com essa aparência, você vai passar o próximo mês em uma mesa com uma luva de borracha enfiada no rabo". Então ele me deu seu último suprimento e eu passei pela porta "nada a declarar" enquanto todos os funcionários da alfândega olhavam com cara de espanto.

Esse era o truque – *sempre* se livrar de qualquer merda que tivesse *antes* de chegar à alfândega. Isso era especialmente importante para mim, porque eu havia sido preso por porte de drogas na Inglaterra logo no início, então tinha um código especial em meu passaporte, me sinalizando para ser bem revistado. No caminho de volta para Los Angeles, lembro-me de que o oficial de imigração folheou meu passaporte, viu o código e me perguntou o que eu tinha feito para ter aquilo. "Posse de drogas", tive que responder.

"Deixe-me contar uma coisa, filho", disse ele. "Nem *pense* em trazer qualquer uma dessas coisas para *este* país. Nós o trancaremos e jogaremos a chave fora."

Tudo o que eu conseguia pensar era: *"Do que você está falando?"*. Levar cocaína para Los Angeles em 1975 teria sido como levar carvão para Newcastle em 1913.

"Não, senhor", eu respondi, "é claro que não, senhor policial, eu nem sonharia em fazer isso, senhor."

THUMP. Ele carimbou meu passaporte com mais força.

"Tenha um bom dia."

Foi uma sensação incrível aterrissar na Inglaterra pela primeira vez em oito ou nove anos, sabendo que iria representar meu país e minha cidade natal.

O velho medo do palco estava voltando com tudo, no entanto. Especialmente porque a cerimônia de encerramento dos jogos seria transmitida ao vivo pela BBC One.

Mesmo sem as câmeras, um evento especial como esse é muito diferente de estar em turnê. Você só tem uma chance. Se cometer um erro, já era. Adicione as câmeras e isso leva o medo a um nível totalmente novo. Nove de dez vezes, quando há câmeras envolvidas, eu estrago tudo. Além disso, não há absolutamente *nada* pior do que assistir a si mesmo mais tarde. Quando me vejo cantando, eu consigo lembrar exatamente onde minha cabeça estava em cada momento. E se faço um falsete – o que significa que minha voz quebra e eu pareço gorjear – eu me encolho tanto, cara. É como me ouvir dando entrevistas. Não suporto aquilo. Tenho que desligar.

No entanto, eu não estava muito preocupado com o *jet lag*. Tenho uma maneira testada e comprovada de lidar com isso – assim que aterrisso, mudo para o horário local, não importa a dificuldade que enfrento nas primeiras 24 horas. Se eu consigo fazer isso, estou bem. Se você tenta permanecer em seu próprio horário, acaba adormecendo em horários aleatórios do dia.

O que não consigo superar é o clima. Quando era criança, a única coisa que você podia garantir em agosto era a porra da chuva. Mas estava um céu azul sem nuvens e sol, com o tipo de calor que é comum no sul da França. Tão quente que tivemos que usar um hotel como camarim, pois não havia ar-condicionado no estádio. Eu me lembro de dizer para a Sharon: "*Temos* que colocar ar-condicionado na Welders House, ou nunca poderemos ficar lá no verão". Pensei: o aquecimento global deve estar deixando a Inglaterra mais quente, isso deve ser normal agora. Mas desde então sempre que perguntava a alguém da Inglaterra como foi o verão, a resposta era a mesma: *"Nós não tivemos verão"*.

Minha família estava lá para me encontrar antes do show. Foi ótimo vê-los. Mas também foi muito estranho, porque meu irmão Tony havia falecido em 2014, e minha irmã Iris, dois anos depois disso. Minha irmã Jean também havia perdido seu marido Norman – ele era como o irmão mais velho que eu nunca tive – pouco antes do início da *No More Tours II*. Então éramos só eu e Jean, minha outra irmã Gillian e meu outro irmão Paul. Foi um sentimento muito peculiar, porque sempre éramos nós seis nas reuniões de família ao longo dos anos, e agora estávamos aqui, apenas quatro. Enquanto isso, a maioria dos meus velhos amigos de Aston não estava mais lá.

O trajeto até o Alexander Stadium também foi estranho. Eu conhecia Perry Barr como a palma de minha mão. O mesmo com Birchfield e Newtown, meus outros antigos lugares favoritos. Mas muitas ruas e edifícios foram reformados desde os anos 1970, não conseguia me orientar. Nenhuma das ruas que eu via existia na minha época. Eu esperava que algumas das velhas lembranças voltassem... mas era tudo tão diferente que eu poderia estar em qualquer lugar. Eu também estava nervoso, suponho, o que dificultava a concentração em qualquer coisa por muito tempo.

O engraçado é que eu não cheguei a ver muito do estádio em si, apesar de termos feito uma passagem de som algumas horas antes do show. A área dos bastidores era basicamente *embaixo* do palco principal. Era um mundo completo lá embaixo. Havia malabaristas, ginastas e dançarinos se alongando. Tudo completamente fechado, portanto, invisível para o público.

A primeira coisa que fizemos foi conversar com o diretor do palco.

Tudo o que eu tinha que fazer, disse ele, era ficar em uma plataforma mecânica que se elevaria por uma abertura no chão do palco. É assim que eu faria minha entrada. Ia *parecer* que eu estava de pé – e estaria, tecnicamente –, mas teria um assento curvo para me apoiar, preso a um poste. E ninguém veria isso, pois eu usaria um longo e esvoaçante sobretudo preto. Por baixo dele, haveria também um cinto especial, só para garantir.

Eu não ia mergulhar no meio da plateia, isso com certeza.

A possibilidade de eu cair com meio mundo assistindo aterrorizava Sharon. Eu repetia: "Eu vou ficar bem! Eu vou ficar bem!".

Tony demorou muito tempo para chegar. Ele mora longe de Birmingham agora, então fez uma longa viagem de carro. Quando chegou lá, tudo estava muito corrido, muito profissional. Não era hostil ou algo do gênero. Tínhamos um trabalho a fazer – e Tony provavelmente estava tão nervoso quanto eu. E, claro, havia câmeras por toda parte, gravando cada palavra nossa.

Era difícil acreditar que eu estava em ação novamente. Eu me senti como Douglas Bader, o famoso piloto que perdeu as pernas em um acidente de avião, mas foi autorizado a sair da aposentadoria para voar na Batalha da Grã-Bretanha. Bader era incrivelmente forte, aparentemente, pois conseguia subir na cabine do piloto usando apenas os braços.

Ele acabou sendo abatido e capturado. Mas mesmo os alemães pensaram: caralho, esse cara está pilotando um avião sem pernas, ele merece algum respeito...

As horas entre a passagem de som e o show foram algumas das mais longas de minha vida.

Uma tortura absoluta, cara.

Fiquei sentado em um canto, concentrando-me em minha respiração, tentando me manter estável.

"Lembre-se", disse Tony, pouco antes de entrarmos, "nós vamos fazer a abertura de 'Iron Man', sem verso, apenas o riff... depois 'Paranoid', certo?"

"Certo."

"Quebre uma perna, Ozzy."

"Você também, Tony."

Além da passagem de som, não houve nenhum ensaio. Nem sequer tínhamos pensado nisso quando planejamos a coisa toda. Quero dizer, nós tocamos essas duas músicas praticamente todas as noites, em grande parte dos últimos cinquenta anos.

Se não as soubéssemos agora, nunca as saberíamos.

Escuridão total. Tornando-se lentamente avermelhado.

Fumaça.

THUD. THUD. THUD. THUD...

Um rugido ensurdecedor é ouvido quando a multidão reconhece a música.

Cantando.

Batendo palmas.

Gritando.

Um oceano de luzes de trinta mil celulares.

THUD. THUD. THUD. THUD...

Cada batida do pé direito de Tommy em seu bumbo parecia um morteiro se aproximando.

Aí vem...

DDNNNNNEEEEEEEOOOOOOOWWWWWWWW...

A primeira nota de "Iron Man" sempre me encanta, cara. Você sente nos intestinos. Nos dentes. Nos ossos. É como se fossem os portões do inferno se abrindo. Como o gemido dos bombardeiros Heinkel mergulhando abaixo das nuvens para tentar destruir a fábrica de caças Spitfire de Castle Bromwich, noite após noite. Como o trovão de máquinas pesadas que nossos pais costumavam operar. E seus pais antes deles.

DDNNNNNEEEEEEEOOOOOOOWWWWWWWW...

THUD. THUD. THUD. THUD...

DDNNNNNEEEEEEEOOOOOOOWWWWWWWW...

"I... AM... IRON... MAN." Estou na plataforma subindo entre a névoa vermelha brilhante. Não me sinto apenas parte da multidão... Eu SOU a porra da multidão.

Projeções de vídeo piscam nas colunas de alto-falantes de 15 metros de altura dos meus dois lados.

DUUHG-NUUUUUGH, DUH-NUH-HUH...

D-N-D-N-D-N-DUH, DUH-NUH-NUH!!!

Colunas de fogo irrompem do palco enquanto Tony toca o riff. Estou olhando para Perry Barr... para Aston. Para o lugar onde cresci há sessenta ou setenta anos. Para uma multidão que parece se estender até Wolverhampton. Estamos ao vivo na BBC One. O príncipe Charles está aqui. Tudo o que posso pensar é: que honra. Que vida. Quais eram as chances de as coisas terminarem assim?

"LET'S GO CRAZY!!" Estou gritando.

Explosões por toda parte. Fogos de artifício explodindo de todos os cantos do estádio no céu noturno. Eles brilham tanto que parece que é dia. E começamos "Paranoid".

Memória muscular neste momento. Estou pulando para cima e para baixo. Estou com um sorriso enorme. Levantando meus braços. Batendo palmas com a multidão. Estou acertando as notas. Sem falsetes. Flashes ofuscantes de vermelho, laranja, branco e azul ao meu redor e acima de mim. Estamos cantando a música como se tivéssemos 23 anos de idade. Em seguida, Tony toca o solo. O cara é tão brabo como no dia em que o conheci. Blazer de couro. Óculos escuros. Detonando as notas, as mãos mal se moviam, fazendo com que parecesse a coisa mais fácil do mundo, mesmo que as pontas de seus dedos ainda sejam feitas de tampas de garrafas de Fairy Liquid.

Estamos no último verso. Acabou quase antes mesmo de começar. Estou zunindo, cara. Muito chapado. E tudo isso sem a ajuda de uma única droga ou gota de bebida.

"BIRMINGHAM FOREVER!" Estou gritando entre os estrondos e estouros dos fogos, enquanto o horizonte da cidade onde nasci brilha e vibra.

Então, terminou.

Uma última explosão de luz.

Depois, a escuridão novamente.

DING.

As portas do elevador se abriram no andar do estacionamento.

Isso foi talvez vinte ou trinta minutos após o show.

"Até mais, Tony", eu disse.

"Até mais, Ozzy."

Ele foi para um lado, eu fui para o outro. Não havia muito a dizer. Nós dois estávamos atordoados. O que não percebi no momento – mas Sharon me disse mais tarde – foi que eu havia deixado minha bengala no backstage. Tinha tanta adrenalina no corpo, que estava andando sozinho, sem pensar nisso.

Mais tarde, ao entrar na limusine que nos levaria ao aeroporto, Sharon me disse que Brian May, do Queen, tinha postado no Instagram que chorou ao ver o show. Eu mesmo derramei algumas lágrimas quando todos aqueles fogos de artifício explodiram. Tony provavelmente também, mas ele estava de óculos escuros, então não dava para notar. Foi total e completamente avassalador. Não há palavras que poderiam fazer justiça à sensação de estar lá em cima. *Eu estava em casa. Tinha conseguido.* Todas as merdas que enfrentei nos últimos anos... simplesmente desapareceram. Só gostaria de ter tocado mais músicas. Estávamos tão animados lá em cima que poderíamos ter feito meio show.

Ao sairmos do estacionamento, Sharon ficou contando sobre a parte do estádio que não podíamos ver do palco. O ponto central de tudo, segundo ela, era um touro mecânico gigante, com cerca de dez metros de altura, feito do que parecia ser metal queimado. Tinha sido criado por uma empresa de efeitos especiais para cinema, a Artem, com sede em Londres.

Ela não parava de elogiar esse touro. "Você deveria ter visto, Ozzy, ele andava e se erguia nas pernas traseiras, até soprava vapor pelo nariz!!!"

O touro era feito de metal para representar a indústria pesada de Birmingham, disse ela. E a razão de ser um touro era por causa da caça ao touro com cães que costumava acontecer na área verde onde estão os shopping centers Bullring e Grand Central agora. Era um esporte sangrento e horrível. Os pobres touros eram amarrados a uma estaca e depois atacados por cães até serem mortos ou ficarem muito ferrados. Mesmo se sobrevivessem à caça, eram abatidos depois. Foi para isso que os buldogues britânicos originais foram criados – para enfrentarem touros. É por isso que eles são tão resistentes. Creio que era tudo o que as pessoas tinham para se divertir naquela época.

Estava difícil prestar atenção no que Sharon dizia, porque saímos do estádio por um lugar diferente do que entramos, e assim que viramos à esquerda, eu falei, *porra, eu sei exatamente onde estamos!*

Estávamos a apenas um ou dois quarteirões da minha antiga escola, Birchfield Road Secondary Modern.

Agora que já tinha me orientado, pedi ao motorista que fizesse um pequeno desvio. De repente, eu estava olhando para o velho Methodist Mission Hall, onde costumávamos ensaiar, e passamos pelo Church Tavern logo na esquina. É um dos poucos pubs da época ainda existentes. A maioria deles já fechou, o que faz sentido porque Aston é uma área muçulmana agora. Então fomos ao Villa Park. Depois, ao virar a esquina, logo após a Witton Road – entramos na minha antiga rua, a Lodge Road.

Entretanto, a rua onde Tony morava – Park Lane – tinha sumido da face da Terra, incluindo a antiga loja de esquina de seus pais, a Iommi's. Há prédios novos lá agora.

Enquanto isso, o motorista disse que a fachada da antiga fábrica GEC onde meu pai trabalhava ainda estava lá – é um edifício tombado, ao que parece, mas a fábrica em si não existe há muito tempo. Agora é uma espécie de armazém de compras on-line. Os últimos lugares por onde passamos foram a Lizzie's, onde eu costumava comprar cigarro e fósforo, e a lavanderia, onde minha mãe lavava nossas roupas. Há um restaurante chinês e uma loja de celulares lá agora.

Em seguida, fomos para Heathrow, para pegar nosso voo de volta para Los Angeles. Enquanto isso, lá no estádio, eles já estavam começando a retirar os assentos extras e o touro mecânico, pronto para ser desmontado e enviado para reciclagem.

No avião, eu e Sharon concordamos em seguir em frente com algo que estávamos planejando há muito tempo. Queríamos retribuir a Birmingham de uma forma significativa. Sharon tinha o sonho de criar uma escola de música em um armazém reformado, mantendo as raízes do Sabbath. Eles não ensinariam apenas música lá, mas também teatro, cenografia, gravação. Haveria palestras de pessoas conhecidas. Uma coleção permanente de memorabilia de minhas turnês. Um museu interativo. Uma cafeteria.

"Parece incrível", eu disse a ela, "mas isso levará dez anos. Não tenho dez anos."

"Me dê três", disse ela. "E sabe de uma coisa, Ozzy", ela continuou, "já que você está se apresentando oficialmente de novo, por que não fazer um último show com o Sabbath para a abertura?"

Eu apenas ri. Na minha idade, com a lesão e o Parkinson, já era difícil planejar o próximo mês, menos ainda 2025.

Mas eu não ia me opor.

"Certo", eu disse, "mãos à obra."

Por um momento, após os jogos, parecia que eu poderia me ajustar a essa nova maneira de me apresentar. Quando *Patient Number 9* foi oficialmente lançado em setembro – exatamente um mês depois de minha viagem para os Jogos da Commonwealth –, fiz mais um show, tocando no intervalo do jogo de abertura da temporada do Los Angeles Rams. Eles tinham vencido o Super Bowl no ano anterior, então havia um clima bom no estádio. Zakk e Andrew estavam nas guitarras. Tommy na bateria. Chris Chaney, do Jane's Addiction, no baixo. Tocamos duas músicas, "Crazy Train" e o single principal, "Patient Number 9".

Nesse meio tempo, comecei a fazer uma coisa muito estranha chamada tratamento cibernético, que foi inventado no Japão, ao que parece. Basicamente, você usa um traje biônico enquanto faz fisioterapia. Eles chamam de Esqueleto Assistencial Híbrido, ou HAL. A ideia é que seu cérebro diga ao traje para se mover, então, quando seu corpo se move com a ajuda de todos esses motores e engrenagens, isso envia uma mensagem de volta ao seu cérebro. Com o tempo, ele ajuda a "regenerar o caminho neural"... seja lá o que isso signifique. Não é uma cura milagrosa, mas vou tentar de tudo.

O problema foi que, com as datas da turnê europeia cada vez mais próximas – a primeira data seria em Helsinque, Finlândia – percebi que a montanha era muito íngreme para subir. Especialmente quando o Dr. Bray disse que não conseguiria fazer minha última cirurgia antes disso. O tempo finalmente havia se esgotado. Tive que encarar a realidade. Nunca iria terminar a *No More Tours II*.

Em 1º de fevereiro de 2023, publiquei isso no Instagram:

Essa é provavelmente uma das coisas mais difíceis que já tive que compartilhar com meus fãs leais. Como vocês devem saber, há quatro anos, neste mês, sofri um acidente grave, no qual lesionei minha coluna vertebral. Meu único objetivo durante esse tempo foi voltar ao palco. Minha voz está ótima. No entanto, após três cirurgias, tratamentos com células-tronco, sessões intermináveis de fisioterapia e, mais recentemente, o inovador Tratamento Cibernético (HAL), meu corpo ainda está fisicamente fraco.

Sinceramente, fico lisonjeado pela forma como todos vocês guardaram pacientemente seus ingressos durante todo esse tempo, mas preciso reconhecer que não tenho capacidade física para realizar as próximas datas da turnê na Europa/Reino Unido, pois sei que não conseguiria aguentar as viagens necessárias.

Acreditem em mim quando digo que a ideia de decepcionar meus fãs realmente ME DEIXA PUTO DA VIDA, mais do que vocês poderão imaginar. Nunca pensei que meus dias de turnê terminariam dessa forma. Minha equipe está tentando imaginar onde eu poderia tocar sem precisar viajar de cidade em cidade e de país em país. Quero agradecer minha família... minha banda... minha equipe... meus amigos de longa data, Judas Priest, e, é claro, meus fãs por sua dedicação, lealdade e apoio sem fim, e por me dar a vida que eu nunca sonhei que teria.

Amo todos vocês.

"Você está pronto, Ozzy?", perguntou o Dr. Bray. "A última, eu prometo."

E eu estava em uma maca de novo. Isso aconteceu em setembro de 2023, mais de um ano após o show nos Jogos da Commonwealth.

Tudo parecia tão familiar agora. O roupão descartável. As meias de compressão. O cheiro do sabonete antibacteriano com o qual fui lavado na noite anterior. A fita no pulso com "John Michael Osbourne, nascido em 12/03/1948" escrito com caneta preta. O frasco de suco do Jackson pendurado sobre minha cabeça – "leite de amnésia", uma das enfermeiras chamava.

Em seguida, eles me levaram para o bloco cirúrgico... para minha sétima cirurgia em cinco anos.

Quem poderia imaginar?

Eu não, cara. Eu não. Mas dessa vez foi diferente. Eu não estava nervoso, para começar. Nesse ponto, entrar na faca era como ir cortar o cabelo. E como tínhamos matado oficialmente a *No More Tours II*, não precisava me preocupar com o tempo de recuperação, porque ninguém estava segurando um ingresso, esperando que eu melhorasse.

Até meus médicos tinham desistido de me ver andando novamente. "Depois disso", falou o Dr. Bray, "será o melhor que dá. Qualquer outra operação só causaria mais dor e sofrimento... e acho que você já teve muito disso."

De uma forma estranha, fiquei feliz quando ele disse que era o fim de tudo isso. É a esperança que nos mata, sabe? Às vezes, a melhor coisa do mundo é ouvir que não há luz no fim do túnel. Quero dizer, por mais desolador que tenha sido, não tenho do que reclamar. Estou vivo – ou pelo menos estou vivo enquanto escrevo estas palavras. Tenho minha Sharon. Tenho minha família. Ainda estou batendo bem da cabeça, pelo menos até onde sei. E a loucura é que minha voz está ótima. Ninguém vai me impedir de cantar. Eu cantarei até meu último suspiro.

Houve pelo menos *algumas* boas notícias antes da cirurgia.

Tudo começou com uma ligação de alguém do City Council de Birmingham. Disseram para Sharon que havia uma petição para salvar o touro dos Jogos da Commonwealth. Ela teve que me lembrar do que estavam falando, porque eu nunca tinha visto a coisa. Não consegui nem mesmo dar uma boa olhada no estádio. Passei a noite inteira no palco ou embaixo dele.

Fiquei feliz em saber que o touro poderia não terminar no ferro-velho, mas, fora isso, nunca mais pensei no assunto.

Então, alguns dias depois, Sharon me disse: "Sabe aquela petição? Funcionou!".

"Tudo bem", disse. "O que isso significa?"

Ela disse que isso significava que o touro seria levado de volta para a oficina da empresa de efeitos especiais que o produziu, onde eles o modificariam para torná-lo uma instalação permanente. Em seguida, levariam de volta para Birmingham até o meio do saguão da estação de New Street e deixariam ali. Ele não poderia mais se mover, mas seus olhos ainda se iluminariam. Seria uma das maiores peças de arte pública no país.

Quando dei por mim, Sharon estava correndo de volta para o quarto, com um sorriso enorme no rosto, dizendo: "E eles vão votar para dar um nome ao touro!!!".

Eu falei: "Certo, isso é muito interessante... mas por que está tão empolgada? Eles podem chamá-lo do que quiserem. Provavelmente vão dar um nome estúpido como Bully McBullface, como sempre fazem".

"Não, não, Ozzy, você não está entendendo", disse ela. "Eles já elaboraram uma lista de três nomes, com base em sugestões do público."

"Certo."

"O primeiro é Brummie."

"Faz sentido."

"O segundo é Bostin. Que significa 'brilhante' em..."

"Sou um Brummie, Sharon, porra, eu sei o que significa. Mas ninguém mais vai saber..."

"E o terceiro é..." Ela ficou ali, sorrindo para mim.

"O quê?"

"Ozzy!"

"O quê?? O que eu fiz?"

"Não, Ozzy!!!"

"Estou bem aqui, o que você quer?"

"O NOME 'OZZY' ESTÁ NA LISTA DE FINALISTAS!"

Finalmente, entendi o que ela estava dizendo.

Eu fiquei feliz, é claro. Mas era óbvio que não dariam o meu nome a um grande marco histórico. Quero dizer, havia mais de um milhão de Brummies. Só existe um Ozzy. Então, obviamente, Brummie ia ganhar.

Mas, um ou dois dias depois, os votos foram contados... e puta que pariu... o nome Ozzy ficou em primeiro lugar.

"Os outros não chegaram nem perto", disse Sharon. "Você ganhou de lavada."

Os telefones de casa explodiram assim que o resultado foi divulgado. Era inacreditável. Mas, sinceramente, foi só quando Ozzy, o touro, foi finalmente colocado no lugar e revelado ao público que a ficha caiu. Não pude ir à cerimônia, infelizmente, porque era muito difícil viajar naqueles dias. Mas Sharon embarcou e foi vê-lo com minha irmã mais velha, Jean. Ela vai a todas as coisas, Jean, sempre está comigo, não importa o que aconteça. Ela até foi assistir a um balé do Black Sabbath. Achei que ela estava brincando quando me contou isso pela primeira vez. Mas era sério. O Balé Real de Birmingham fez isso. Eles estão até fazendo turnês agora, se apresentaram no Kennedy Center em Washington DC.

Sharon e Jean me ligaram da estação de New Street depois que a cerimônia terminou. Não que elas conseguissem dizer muita coisa, porque as duas estavam chorando bastante. "Você não entende, Ozzy", Sharon me dizia, "é enorme. Ocupa metade da estação! E as pessoas adoram. Vai ficar aqui por muitas gerações."

Quando desliguei, fiquei meio em choque por um tempo. Então, quando vi as imagens do noticiário mais tarde, pensei, caralho, eu não fazia ideia. Sharon continuou tentando me contar como aquela coisa era grande. Achei que ela queria dizer que era apenas um pouco maior do que um touro comum. Mas é do tamanho de um prédio de três andares.

O fato de terem batizado o touro com meu nome, de eu ter vencido o concurso, de ter tocado na cerimônia de encerramento dos Jogos da Commonwealth com Tony, de o Sabbath agora ser tão importante em Birmingham – é inacreditável para mim. Aos 76 anos, fazer parte do que torna Birmingham Birmingham, o banco, a ponte, o balé – até mesmo a Calçada da Fama de Birmingham antes de tudo isso... não sei o que dizer. Fiquei um pouco assustado com tudo isso depois que Sharon e Jean me ligaram, para ser honesto. Eu só ficava andando pela casa radiante, sem saber o que fazer.

Tudo o que eu conseguia pensar era: tenho muito em comum com esse touro. Fabricado em Birmingham. Cheio de metal. Não consigo mais andar. Ainda atraio multidões, mesmo que meu show principal tenha acabado. Enquanto isso, minha cabeça está baixa, os olhos brilham, ainda tenho muito por que lutar. Ah, e o mais engraçado é que, de acordo com Sharon, depois que o touro foi instalado, eles encontraram um parafuso solto em sua cabeça.

Quando ouvi isso, pensei: Tudo bem, agora é oficial.

Eu realmente sou esse touro.

E o touro é *definitivamente* o Ozzy.

Outro

Verão de 2025

Bom... Consegui.

Voltei para a Inglaterra.

Voltei para Birmingham.

Back to the beginning, como foi chamado meu último show.

Por um tempo, eu estive convencido de que minha última viagem para casa seria numa porra dum caixão.

Quero dizer, tenho que ser honesto com você, quando Sharon mencionou pela primeira vez a ideia do show Back to the Beginning para mim, na época dos Jogos da Commonwealth, não achei que houvesse muita chance de conseguir fazer isso em 2025. Também pensei: ninguém vai querer fazer isso, e ninguém vai assistir. Mas ela é imparável, minha esposa. Quando ela decide fazer algo, ela faz, e ponto final. Estava absolutamente determinada a me dar um último adeus aos fãs – com o Sabbath reformado para a ocasião e shows de uma série de outras bandas –, com os lucros doados para o Hospital Infantil de Birmingham e para as organizações Cure Parkinson's e Acorns Children's Hospice. Ainda não acredito que ela tenha conseguido.

Depois de minha última cirurgia com o Dr. Bray, as coisas só pioraram na minha coluna, se é que dá para acreditar nisso. Deveríamos deixar Los Angeles rumo à Inglaterra no início de dezembro de 2024, assim eu teria uns bons sete meses para me preparar para minha grande despedida no Villa Park. O plano era voltar a morar em Welders House e Sharon levaria as crianças e os netos para ver o Papai Noel na Lapônia. Enquanto isso, eu teria a bunda chutada por um fisioterapeuta todos os dias, para desenvolver a resistência necessária para realizar dois shows inteiros, primeiro com minha própria banda, depois com o Sabbath.

Mas, dois dias antes de embarcarmos, de repente eu estava sofrendo muito novamente. Eram as minhas costas desta vez. Eu não tinha ideia do que havia dado errado, mas sentia tanta dor que quase chorei. E lá fui eu de volta ao Dr. Bray, que me colocou em um equipamento de raio X, depois me sentou e me contou o problema. A vértebra que ele tinha fixado em 2023 estava ótima, disse ele. Mas a vértebra abaixo dela estava completamente fodida, para usar o termo técnico. Eu estava literalmente caindo aos pedaços. Seja por causa da idade, seja por causa do acidente de quadriciclo, ou o fato de eu não ter sido muito gentil com meu corpo ao longo dos anos, não sei. Mas eu não tinha condições de viajar.

Enquanto o Dr. Bray elaborava um plano, Sharon foi para a Lapônia e fiquei no hospital. E então tive pneumonia. O que já é ruim para uma pessoa normal, imagine para alguém com Parkinson.

Portanto, é claro que Sharon teve que interromper sua viagem e voltar para Los Angeles. Todos se prepararam para o pior, mas me recuperei para sair do hospital pouco antes do Natal. E quando eu estava pensando, puta que pariu, essa foi por pouco, de repente não conseguia respirar. Foi aterrador, aquela sensação de não estar recebendo ar suficiente, como se estivesse me afogando em terra firme.

A pneumonia havia voltado. Só que, dessa vez, tinha desencadeado um enfisema, fazendo com que um de meus pulmões colapsasse. Todo o meu corpo estava falhando. Eu tinha saído do hospital um ou dois dias antes. Então, de repente, eu estava de volta, em pior estado do que antes. Que Natal foi aquele.

Como ou por que eu continuava tendo pneumonia, realmente não sei. Parece ser algo que acontece em hospitais. Também sou um pouco rato de sofá e, quando estou deitado, a comida desce de forma errada e isso pode começar uma infecção e, como meu sistema imunológico está fodido, vou de estar totalmente bem para a porta da morte em cerca de cinco segundos.

Depois da segunda vez que tive pneumonia, o Dr. Bray disse que não havia nada que ele pudesse fazer com relação às minhas costas. Ele se recusou terminantemente a me operar. Disse que eu estava muito fraco, que a recuperação poderia me matar. Mas eu não queria ouvir aquilo. Nem a Sharon. Então fui buscar uma segunda opinião, depois uma terceira, até que finalmente uma equipe do Cedars disse que tentaria.

Meus coágulos sanguíneos complicaram as coisas. Para minha última cirurgia, tive aquele coador de chá instalado ao lado de minha bola esquerda para reter os coágulos antes que eles chegassem ao coração. Mas o filtro precisa ser substituído de tempos em tempos. E quando eles o tiraram, não conseguiram colocá-lo de volta, e entre cada tentativa, eu ficava apenas com anticoagulantes como proteção.

Foram necessários três procedimentos para que eles finalmente conseguissem colocá-lo de volta no lugar.

Foi em meados de janeiro que fiz a cirurgia. Eles me anestesiaram. Abriram minhas costas. Em seguida, encheram as rachaduras em minha vértebra com cimento ósseo ou algo assim. Bom, já tenho tantas placas e parafusos dentro de mim, por que não colocar uma laje de concreto também?

Quando acordei, senti como se alguém tivesse me pegado e batido contra uma rocha. A dor era absurda. Não ajudava o fato de que tudo o que eu podia tomar era Tylenol, caso contrário eu iria flutuando para a Terra do Nunca e nunca mais voltaria. Foi tão ruim que voltou aquela paranoia de que Sharon estava escondendo algo de mim. Eu dizia: "Diga a verdade, eu posso aguentar. Estou morrendo, não estou?".

"Ozzy, estou contando tudo", ela dizia. "Você *não* está morrendo."

Foi quando tive sepse. Causada pelo cimento ósseo, Sharon me disse. Naquele momento, ninguém fingia que tudo estava bem. Era tudo muito incerto. Quero dizer, na minha idade, com Parkinson, coágulos sanguíneos e todas as outras merdas que estavam acontecendo, eu tinha quase a mesma chance de sobreviver a uma infecção séptica grave quanto de ganhar a próxima temporada de *Love Island*. E, é claro, quando me deram antibióticos para o tratamento, aquilo agitou tanto minhas entranhas que eu não conseguia ingerir nenhum alimento, então estava ficando cada vez mais fraco. A Sharon não me contou na época, mas toda a família basicamente pensou que eu estava perdido. Eles se sentaram no final da escada e choraram muito. Quanto a mim, eu estava pensando: "Tudo bem, tive uma vida boa, agora é o fim do jogo".

Mas o jogo ainda não tinha acabado. Após dois meses de tratamento com antibióticos – intravenoso, duas vezes por dia – eu de alguma forma me recuperei. Não conseguia acreditar naquilo. A sepse não tinha me matado. Eu viveria para fazer meu último show.

Comemorei pegando pneumonia novamente.

Foram dias desesperadores, cara.

Tudo o que eu queria era chegar ao último show. E caminhar novamente, eu acho. Simplesmente não conseguia imaginar que passaria o resto da minha vida em uma cadeira de rodas ou agarrado a um andador.

Mas o problema de estar desesperado é que as pessoas tentam tirar vantagem de você – especialmente quando se trata de médicos desonestos vendendo curas milagrosas.

Não me orgulho de dizer que fomos enganados por alguns charlatões. Primeiro foi um cara no Canadá, que disse que se pagássemos 170 mil dólares ele me submeteria a um novo tipo de tomografia computadorizada que poderia mostrar tudo o que estava errado comigo. Então Sharon enviou o dinheiro e fomos até a clínica dele. Mas a máquina era apenas uma porra de um raio X normal. Em seguida, ele me deu uma caixa de "remédios especiais", mas era apenas um monte de ervas e outras coisas, o mesmo material que você pode comprar na Amazon.

Que golpista.

Pelo menos recebemos nosso dinheiro de volta depois que Sharon brigou feio com ele.

Depois, fomos enganados novamente, pagando cem mil dólares para outro curandeiro milagroso que tinha algo chamado máquina PAPIMI, que supostamente pode curar qualquer coisa com ondas eletromagnéticas. Passei seis dias naquela coisa, três horas por dia, apenas para descobrir mais tarde que não era comprovadamente seguro e é ilegal nos EUA.

Depois de tudo isso, pensei: foda-se, vou continuar com o Tylenol.

Era o final de maio quando finalmente partimos para a Inglaterra. Eu estava me sentindo muito melhor, mas não tinha ideia se ficaria bem o suficiente para fazer o show. Não que houvesse muito que eu pudesse fazer a respeito disso. A decisão cabia aos deuses.

Éramos cinco pessoas viajando. Eu, uma enfermeira, Sharon, Aimee e nosso segurança particular. E é claro que foi um grande caos, como em geral são as coisas na nossa família. Ironicamente, tínhamos reservado uma dessas suítes privadas no LAX, que são como terminais separados, onde você pode passar pela segurança em paz, tomar alguns drinques e comer alguma coisa, e depois pegar um carro para levá-lo até o avião. Deveria facilitar as coisas. Até parece.

O principal problema era que não sabíamos quando ou se iríamos voltar. E Sharon tinha colocado na cabeça que, como as pessoas sabiam que estaríamos na Inglaterra para o show, tentariam roubar nossa casa enquanto estivéssemos fora. Já havíamos sido roubados antes – há mais de vinte anos – quando morávamos na Inglaterra. Eu tinha agarrado um dos filhos da puta no ato, prendido-o com uma chave de braço enquanto ele tentava sair por uma janela aberta, mas não tive força para puxá-lo de volta. Então, eu o deixei cair dez metros no gramado abaixo. Ele saiu mancando com o comparsa e nossas joias no valor de dois milhões de libras em uma bolsa. Nunca foram pegos. Mas duvido que o cara tenha conseguido andar em linha reta.

De qualquer forma, por causa dessa experiência, Sharon achou que deveríamos levar todos os nossos bens mais valiosos no avião. Literalmente, tudo o que tínhamos no cofre estava em minha bagagem de mão. Todos os tipos de relógios, correntes, anéis de diamantes etc. E mais 25 mil em dólares americanos.

Mas é claro que as pessoas que cuidam da segurança nas suítes são apenas funcionários públicos normais da segurança aeroportuária. E eles quase se cagaram quando olharam para as máquinas de raio X e viram as joias da coroa dos Osbourne passando. Assim, a esteira transportadora foi interrompida, tudo teve que ser retirado e eles começaram a repassar todas as joias, contar todo o nosso dinheiro, certificando-se de que tudo era permitido.

Enquanto isso, Sharon percebeu que alguém havia feito besteira na reserva, portanto não estávamos todos sentados juntos. O que era mais complicado do que parece, porque eu não podia pedir a uma pessoa aleatória sentada ao meu lado para me ajudar a me levantar e me acompanhar até o banheiro a cada cinco minutos durante o voo. Então, é claro que a Sharon foi brigar com as moças do atendimento, gritando como uma *banshee*[15], e elas ficaram apenas olhando para ela como se fosse louca. Mas no final conseguiu resolver tudo – bem quando os funcionários da segurança declararam que iriam confiscar 15 dos nossos 25 mil, porque o limite é de dez mil por pessoa.

"Mas somos *cinco*!", Sharon disse para o cara.

"Sim, mas estava tudo na bolsa de uma pessoa."

"ENTÃO DIVIDA ENTRE NÓS!"

A cereja do bolo foi quando me obrigaram a levantar da cadeira de rodas e "caminhar" pelo scanner corporal. Eu quase me esborrachei quando passei por essa coisa. Mas como eu tinha algo em meu bolso, eles tiveram que me revistar. Quando me

15 Criatura feminina mitológica irlandesa. (N.T.)

dei conta, estava com a mão de um cara de 200 kg no meio da minha bunda, enquanto ele sussurrava em meu ouvido – "Estou em suas nádegas agora, senhor, e indo para sua coxa" –, tudo isso enquanto Sharon começava a gritar novamente, e os demais funcionários da segurança fizeram outra contagem das notas, porque perderam a conta na primeira vez.

Bom... uma hora vai, pensei.

Consegui passar três dias em Welders antes de ir para o hospital novamente. Dessa vez, porém, não foi uma emergência. Foi apenas a mudança do sistema de saúde americano para o inglês. Foi Robbie Williams que me ajudou, por incrível que pareça. Ele é muito amigo da Sharon. Quando soube que eu estava voltando, ele disse: "Ozzy deveria consultar com meu amigo". Então, o médico do Robbie veio até a casa, um homem muito simpático, e olhou meu histórico médico. Ele disse que a melhor maneira de criar um plano seria indo até a clínica dele e fazendo uma série de testes. Logo depois, fui internado no Wellington Hospital em St. John's Wood, norte de Londres.

Fiquei lá oito dias. Tudo parecia sob controle, exceto minha pressão arterial. Poderia cair ou subir a qualquer hora, era uma loucura. Só me levantar muito rapidamente poderia me fazer desmaiar. Isso se chama "hipotensão ortostática" ou algo parecido. É comum em pessoas com Parkinson, aparentemente, porque todas as coisas que seu sistema nervoso deveria fazer no piloto automático ficam desreguladas.

A essa altura, faltavam apenas algumas semanas para o show. Sharon ficou apavorada de que divulgassem que eu estava no hospital, mesmo que fosse apenas para testes, porque as pessoas pensariam que isso significava que o show seria cancelado. Inicialmente, nós achamos que minha viagem a Wellington seria apenas uma rápida estadia. Mas, à medida que os dias se arrastavam, começamos a nos arrepender muito de ter feito o registro como John Osbourne. Quero dizer, não era preciso de um inspetor Morse[16] para descobrir que era eu. Todos os dias, Sharon *implorava* à equipe que não falasse nada e impedisse qualquer vazamento. Então, no quinto ou sexto dia recebemos uma ligação telefônica da recepção. "Temos uma mensagem para John Osbourne", disse a recepcionista. "Seu irmão está aqui para vê-lo."

Naquele momento, o pânico se instalou. Quero dizer, tudo bem, eu tenho um irmão, Paul... mas ele não tinha ideia de onde eu estava. Portanto, era um fã ou um repórter tentando se infiltrar. Quase certamente um repórter. O que significava que a notícia já tinha se espalhado. Quando vi o fogo nos olhos de Sharon, quase senti pena do cara. Eu pensei, puta merda, esse cara não tem a *menor ideia* do que está prestes a cair sobre sua cabeça.

Em vez de ir até lá pessoalmente, Sharon enviou nossa equipe de segurança. Ex-militares, todos eles. Um dos rapazes tem mais de dois metros de altura. Todos com braços como os do Popeye. Então eles pegam esse cara, gritam na cara dele, exigem saber quem era, o que ele quer, revistam completamente, assustam muito o sujeito e, no final, tudo o que encontram é um prato de frutas da Tesco e um cartão de melhoras. E quando verificam a carteira de motorista dele, descobrem que o nome dele é Bob Osbourne ou algo assim. Ele realmente *tinha* vindo ver seu irmão. Que realmente se *chamava* John.

Quais as chances de dois John Osbournes estarem no mesmo hospital?

---

16 Série de mistério inglesa. (N.T.)

Se estiver lendo isso, Bob, sinto muito.

Mande um abraço ao John.

Depois que os testes foram feitos, tive que lidar com meu medo de palco.

Não conseguia decidir o que era pior: a ideia de *não ser* capaz de fazer o show ou o estresse de tocar depois de Guns N' Roses, Metallica, Steven Tyler, Ronnie Wood e Sammy Hagar, tudo isso após quebrar meu pescoço e ficar seis anos sem fazer turnês. Enquanto isso, o show continuava crescendo cada vez mais. Sharon estava fazendo um trabalho incrível. Assim como Tom Morello, que atuava como diretor musical, decidindo quem iria tocar o quê e em qual ordem. Com todos esses grandes nomes sendo anunciados, eu pensava: "Puta merda, vai competir com o concerto tributo ao Freddie Mercury". Ou como uma resposta do metal ao Live Aid.

Não ajudou o fato de que, durante meus oito dias no hospital, eu não tinha nada a fazer a não ser me preocupar.

Depois de toda a merda que aconteceu no início do ano, eu ficava pensando, *o que vai acontecer agora?* Sempre parece que pego alguma coisa nos hospitais. Eles estão cheios de germes, esses lugares. Mais uma pneumonia, eu pensei, e é adeus Ozzy, sem contar o fim do show.

Não me entenda mal – quando eu conseguia me acalmar, eu acreditava que ia dar tudo certo. Mas deitado na cama à noite, eu pensava: "*Não posso ir, não posso fazer isso*". Ficava repetindo para Sharon que era melhor fazermos um vídeo, porque haverá um palco vazio. Ela só olhava para mim como se eu estivesse doido. Ela me conhece melhor do que eu mesmo. Quando fico todo doidão, ela simplesmente me deixa reclamar.

Ela sabia que eu estava apenas com medo.

Por um tempo, tentei sintonizar meus aparelhos auditivos em meu iPhone para que eu pudesse ouvir música, para que minha cabeça parasse de pregar peças em mim. Mas não funcionou. Um dia eu dizia para Sharon: "Não posso fazer dois shows, vou fazer apenas o Sabbath". Então, no dia seguinte, eu falava: "Foda-se o Sabbath, vou fazer o solo". Eu ia e voltava. Eu ficava me torturando.

Por fim, Sharon disse: "Olhe, não vai ter plano B. Nada de vídeo. Nada pré-gravado. Se não puder cantar naquela noite, apenas converse com a multidão e agradeça. Tudo o que você precisa fazer é ir até lá e ser o Ozzy".

Os ensaios com o Sabbath começaram cerca de três semanas antes do show. Fomos a um estúdio de propriedade de um dos caras do Prodigy, em algum lugar no interior. Ninguém sabe onde ele fica, então é muito silencioso.

Foi ótimo ver os rapazes novamente. E é incrível pra caralho que ainda estejamos todos aqui – quantas bandas podem dizer isso depois de 57 anos? –, mas é claro que todos nós temos nossas merdas acontecendo. Eu não consigo andar. Bill tem problema no coração. Tony tem a coisa dele no ombro. O mais saudável de todos é o Geezer – talvez porque ele seja vegetariano. Demorou um pouco para tirar as teias de aranha e começar a tocar como antigamente. Mas acabamos chegando lá. E estávamos nos divertindo, brincando como se ainda fôssemos jovens em Aston.

O que tornou tudo ainda melhor foi o fato de nossa antiga equipe de turnê estar lá. Foi como uma grande reunião de família. E, claro, todos eles também envelheceram. Todos nós temos barriga de cerveja agora. Todos estamos encolhendo a cada dia que passa. O lado triste é que um dos roadies que mais tempo trabalhou com a gente, Bobby Thompson, um escocês, não está mais por aqui. Quando ele morreu, o convite para seu funeral foi feito na forma de uma credencial de backstage com sua foto. O que realmente me tocou foi que muitos vieram para o ensaio com essa mesma credencial no pescoço. Foi realmente especial, cara.

Com minha banda – Zakk na guitarra, Adam Wakeman nos teclados, Tommy Clufetos na bateria e Mike Inez, do Alice in Chains, no baixo – só ensaiamos por um dia. O som ficou muito bom.

Então chegou a hora de ir para o Villa Park. E é lógico que o tempo fechou e começou a chover muito. Tinha sido um clima de verão inglês estranhamente adorável até o momento. Eu fiquei pensando: Ah, Deus, aqui vamos nós. Mais alguns dias assim e estarei tossindo um pulmão. Mas os deuses deviam estar sorrindo para mim, porque no dia seguinte estava agradável e quente novamente, e assim permaneceu até a data do show.

Os portões foram abertos às 11h da manhã do sábado, 5 de julho, algumas horas antes de a primeira banda começar a tocar. Enquanto isso, eu estava no hotel com meu treinador vocal, tentando manter a cabeça no lugar. Nunca consigo assistir às bandas que tocam antes de mim. Talvez isso seja feio da minha parte, mas se eu me distrair, esquecerei o que tenho que fazer. E é claro que o show inteiro estava sendo gravado, então eu sabia que poderia assistir mais tarde.

Cheguei ao local às 18h. A sensação era simplesmente incrível. No camarim, as pessoas entravam e saíam o tempo todo. Toda a minha antiga equipe de turnê agora trabalha para o Metallica, então foi ótimo vê-los, assim como a Martha, a adorável senhora responsável pelo guarda-roupa. O Slash estava lá, eu me lembro, e todos os meus filhos. Todos chorando. Mas eram lágrimas de felicidade, sabe? Eu derramei algumas também.

Fiquei pensando como era louco que a casa onde eu cresci, no número 14 da Lodge Road, estivesse a apenas quinhentos metros dali. Sharon me contou que havia uma fila de fãs na porta da minha antiga casa, esperando para tirar uma selfie em frente a ela. Até o pessoal de algumas bandas tinha ido lá. A campainha deve ter tocado muito. Meu pai teria ficado puto – ele costumava dormir durante o dia, porque fazia o turno da noite na fábrica.

O palco do show era giratório – como no Live Aid – portanto, foi fácil me posicionar. Bem mais fácil do que o elevador que tive que pegar nos Jogos da Commonwealth. Mas como tinha perdido ainda mais mobilidade desde então, não havia como ficar de pé como fiz nos Jogos – mesmo com um suporte –, então eles me colocaram sentado num enorme trono negro.

Era um mal necessário, o trono. E eles fizeram o melhor que puderam, com uma caveira em cada apoio de braço e asas de morcego na parte de trás. Em um determinado momento, falaram em fazê-lo voar sobre o palco e atirar água na multidão, mas felizmente nada disso aconteceu porque, conhecendo minha sorte, ele teria caído.

Quando o palco começou a girar, tudo o que eu conseguia pensar era: será que a minha voz está *realmente* pronta para isso? A doença de Parkinson mexe com suas cordas vocais, e isso só piora com o passar do tempo. Se eu não tivesse feito terapia constante de voz e fala, não seria capaz de manter nenhum tom. Tenho sorte de a Sharon ter me forçado a fazer isso ao longo dos anos, mesmo quando eu não queria.

Mas assim que a cortina se abriu, esqueci todo meu nervosismo.

De repente, eu estava olhando para 42 mil rostos, com outros 5,8 milhões assistindo on-line... não que eu tenha pensado muito sobre a transmissão ao vivo quando estava lá em cima. E aí a emoção realmente me atingiu. Nunca havia verdadeiramente imaginado que tantas pessoas gostassem de mim – ou mesmo soubessem quem eu era.

Foi impressionante, cara, realmente foi.

Tocamos "I Don't Know", "Mr. Crowley" e "Suicide Solution" sem nenhum problema. O show tinha como tema a "volta ao início", então é por isso que escolhemos essas músicas. Alguém disse que tocar "Suicide Solution" deve ter parecido uma vingança, depois de tudo que aconteceu na década de 1980, quando tentaram me julgar pela letra, acusando-me de incentivar as pessoas a se matarem. Mas não pensei nisso quando estava lá em cima. Eu só toquei a música. E estava me divertindo muito.

Mas me engasguei muito quando comecei "Mama, I'm Coming Home". É a música da Sharon, sabe? Uma das favoritas dela. E, é claro, Lemmy a escreveu pensando em nós dois. Só isso já foi suficiente para encher meus olhos de lágrimas. Mas a sensação que eu tinha era maior do que isso. Era o meu último grito de alegria. Eu tinha chegado ao palco após seis anos traumáticos, depois de perder a capacidade de andar ou fazer qualquer coisa sozinho. Foi tudo isso junto.

Eu simplesmente não conseguia mais conter minhas emoções.

Todos na multidão apontavam as lanternas dos celulares para mim. Alguém disse nos jornais que era como se eu estivesse participando do meu próprio velório, o que seria algo muito metal. Mas não parecia um funeral. Parecia uma celebração. Havia tanto amor naquele estádio, cara. Eu podia sentir como ele vinha em ondas. Foi como imaginei que o primeiro festival de Woodstock deve ter sido. As lágrimas escorriam pelo meu rosto, mas eu me senti muito animado com tudo isso. E é claro que a multidão percebeu minhas dificuldades, e começou a cantar a letra. Tive muita sorte de ter tantos fãs maravilhosos. Que Deus abençoe todos vocês.

No final da música, graças a Deus, eu tinha conseguido me recuperar.

Em seguida, uma última volta no "Crazy Train" e chegou a hora do show do Sabbath.

Os caras do Sabbath estavam tão nervosos quanto eu com essa ideia de fazer dois shows seguidos. Eles não sabiam se eu conseguiria. Também ficaram nervosos com o palco giratório. Durante a última turnê do Sabbath, tocamos em um palco giratório na Califórnia, e toda vez que ele girava os nossos amplificadores caíam. Ou isso, ou os cabos eram desconectados. E, acredite, você não quer estar perto do Tony quando esse tipo de merda acontece.

O maior problema que tive com o Sabbath foi o trono. A parte de trás era tão alta que eu não conseguia ouvir o backline – a fileira de amplificadores na parte de trás do palco, se você não conhece o termo, então tive que contar com os monitores. Nunca tinha feito um show como esse antes. Em um lugar menor, em um palco diferente – ou se eu estivesse sentado em um banquinho –, eu poderia ter sentido que fazia parte da banda. Em vez disso, senti como se estivesse lá sozinho. E tirei meus aparelhos auditivos, porque estava preocupado que as frequências iriam se confundir e eu acabaria cantando fora do tom, o que tinha acontecido algumas vezes quando fizemos a turnê *The End*, em 2017.

Mas não poderia ter sido melhor. A multidão cantou o riff de "War Pigs" como se estivesse torcendo pela Inglaterra na Copa do Mundo, e isso foi simplesmente eletrizante. Então tocamos "N.I.B.", "Iron Man"... e "Paranoid".

As pessoas me perguntam o que eu achei de Bill Ward ter tirado a camisa e tudo o que posso dizer é que eu teria ficado preocupado se ele não tivesse tirado. Tudo bem, ele não é exatamente o Mr. Universo, é um cara de 77 anos. Mas é o Bill, isso é o que ele faz. Em todos os shows desde 1968. Então, por que caralhos ele não iria tirar agora?

A única coisa realmente frustrante é que eu queria pular e correr pelo palco. Tentei algumas vezes. Dá para ver isso na filmagem. Eu queria *muito* me levantar daquele trono. Mas minhas pernas estão muito fracas agora. E meu equilíbrio foi por água abaixo. Meu fisioterapeuta tinha avisado: se você colocar as pernas em uma determinada posição, poderá dar um impulso e ver o que acontece. Mas nada aconteceu, e fiquei muito puto. Mas o que se pode fazer? Todo o resto no show foi perfeito. Quero dizer, aqueles fogos de artifício depois de "Paranoid" – eles foram os melhores que eu já tinha visto.

Geezer me deu um bolo no final, como você provavelmente viu se estava assistindo a transmissão. Mas o problema é que nenhum de nós mudou desde que tínhamos vinte anos de idade. Somos um bando de brincalhões. Nunca paramos de zoar. Eu tinha certeza de que Geezer iria enfiar na minha cara ou algo assim. Ele apareceu do nada segurando o que parecia ser uma torta de creme e disse: "Olha, aqui está". E tudo o que eu conseguia pensar era: "Que porra você está fazendo?". Eu estava convencido de que era algum tipo de conclusão. Então, quando o show terminou, eu não conseguia ver o que estava acontecendo atrás do meu trono, parecia que eu estava sozinho ali no palco. É por isso que você consegue me ver gritando "GIREM A PORRA DO CENÁRIO!" para quem pudesse ouvir.

Foi um caos, como sempre.

Mas isso é rock 'n' roll para você.

Eu não gostaria que fosse de outra forma.

Back to the Beginning foi o melhor remédio que tomei desde que todos os meus problemas médicos começaram em 2019. Uma noite mágica. Não poderia ter sido melhor.

Sharon se esforçou muito para que isso acontecesse. Por dois anos, sem descanso. Ela é como o novo Bob Geldof. Fez um trabalho fenomenal. Assim como Tom e o exército de outras pessoas envolvidas. Eu fiquei com a parte mais fácil – tudo o que precisava fazer era cantar. Não tive quase nada a ver com o planejamento. Tantas coisas deram errado com minha saúde desde aquela última grande cirurgia em 2023, sentia que simplesmente acordava, fazia o que me mandavam e depois voltava para a cama. Toda a minha vida era andar de um lado para outro numa cadeira de rodas. Eu mal sabia que horas eram, muito menos o dia.

Back to the Beginning foi o maior show de metal na história, pelo menos é o que me disseram. E, embora os primeiros números na imprensa falassem em 140 milhões arrecadados para as três instituições de caridade, isso estava errado – afinal, o Live Aid arrecadou 40 milhões no dia em que foi realizado –, deve ter ficado na casa das dezenas de milhões. O show até acabou antes da hora programada. Nada na história do rock 'n' roll acaba antes da hora programada. Foi tipo uma operação militar. Tudo o que posso dizer é obrigado e que Deus abençoe a todos que participaram. Nenhuma das bandas recebeu cachê, e todos se esforçaram muito. Quanto à banda que Sharon expulsou da lista por exigir pagamento, eu não quero saber. Quero dizer, *acho* que sei... mas prefiro não comentar.

Eu me diverti muito ao ver tudo de novo mais tarde.

Quando Sharon me disse que Yungblud iria tocar, nunca imaginei que ele tivesse uma amplitude vocal tão incrível. Mas, puta que pariu, o cara sabe cantar. Todos ficaram encantados com sua versão de "Changes". Foi fenomenal. Ele cantou muito bem, cara. Vai ser lançada como single, aparentemente, com os lucros destinados à caridade.

Também fiquei muito feliz ao ver Jake E. Lee no palco, parte do supergrupo montado pelo Tom. Como eu disse anteriormente, ele deixou minha banda em 1987 em circunstâncias infelizes. Depois disso, ficou voando por um tempo. Mas o cara já teve muito azar. Ele perdeu a esposa, depois o vocalista de sua banda, Badlands. Depois, é claro, foi baleado em Las Vegas – o que aparentemente aconteceu porque ele entrou em confronto com dois caras que tentavam roubar uma motocicleta de um de seus vizinhos. Ele ficou muito mais ferido do que eu imaginei. Uma das balas atravessou seu pulmão. Ao que parece, a arma que eles usaram estava ligada a alguns assassinatos, então a boa notícia é que os caras que fizeram isso provavelmente ficarão presos por um bom tempo. Eu fiquei sem falar com o Jake por 38 anos, quando o vi naquele show. Havia uma grande multidão ao meu redor no momento, então só conseguimos trocar algumas palavras, mas mandei uma mensagem para ele depois, e disse que, quando eu me recompusesse, deveríamos nos encontrar. Ele disse que adoraria.

As mensagens de vídeo durante o show também significaram muito para mim. Muito obrigado a todos que reservaram um tempo para gravar algo. Fiquei impressionado com as palavras gentis. Elton John, os caras do AC/DC, Billy Idol, Cyndi Lauper, Def Leppard, Jonathan Davis, Marilyn Manson e até Dolly Parton. Gostaria de ter algumas lindas histórias da Dolly para contar, mas sou apenas um fã, como todo mundo. Eu me encontrei com ela no elevador uma vez. Não conseguia acreditar como ela era pequena para alguém com uma voz tão gigante. Enquanto isso, Ricky Gervais me fez rir ao gravar sua mensagem no banho. Nunca vou me esquecer quando nós dois fomos ao *The Graham Norton Show*. Eu sussurrei no ouvido de Sharon que precisava mijar – porque *sempre* preciso mijar –, então Sharon perguntou a Graham, e depois Ricky disse que também precisava ir. Esse clipe se tornou um clássico no YouTube.

O outro vídeo brilhante foi o de Jack Black cantando "Mr. Crowley". Ele é um cara muito talentoso. Fui à estreia de seu filme *Escola de Rock*, na época. Eu adorei. E as crianças que tocaram "Mr. Crowley" com ele, me surpreenderam. O filho de Tom Morello, Roman, usou uma das guitarras de Randy Rhoads, e foi simplesmente fabuloso.

Não pude deixar de notar que o público não gostou quando Marilyn entrou no palco. Mas ele é um bom amigo meu, e um cara legal. Só pensei: deem uma chance ao cara.

A grande surpresa após o show foi o Sid pedindo a Kelly em casamento. Não sabia que ele faria isso. Fico feliz por ter acontecido, porque eles têm seu pequeno Sid. E ele, Sid, é um cara legal. É como um membro da família agora. Quando ele começou dizendo: "Kelly, você sabe que te amo mais do que qualquer outra coisa no mundo", percebi imediatamente o que ele ia fazer, então disse: "Vai se foder, você não vai se casar com minha filha!". Eu estava apenas brincando. Foi tão bom ele tê-la pedido em casamento. E ele não pode desistir agora, com seis milhões de testemunhas, porra.

Depois de mais de trinta anos vivendo entre os mesmos círculos de pessoas, também pude finalmente conhecer Axl Rose. É incrível que nunca tenhamos nos cruzado antes, dado o tempo que passei com Slash e Duff McKagan.

É engraçado, você constrói uma imagem mental com base no que ouve falar de alguém, mas Axl não é nada disso. Na época em que ficou famoso, as pessoas diziam que ele era estranho – assim como diziam, oh, o Ozzy é doido. Mas ele era apenas uma criança. E quando você ganha fama nessa idade, é uma droga bastante tóxica. Assim como o dinheiro. E o Guns N' Roses ganhou mais dinheiro do que provavelmente eles sabiam administrar. É algo que fode muito sua cabeça, ir do nada para o tudo. Eu fui sortudo, pois tive um pouco de ajuda com os problemas causados pelo dinheiro, afinal me casei com minha manager. Nem todo mundo tem isso. De qualquer forma, conhecer o Axl foi um grande momento, ele é um cara muito legal. Espero que possamos nos encontrar mais vezes no futuro.

A parte final do show foi o *meet-and-greet* que fizemos no fim de semana seguinte na Comic Con Midlands no NEC de Birmingham. Isso foi muito especial para mim, porque, como eu disse antes, adoro conhecer os fãs pessoalmente.

O que mais me chama a atenção é que tantos jovens gostem da minha música. Eles sabem tanto sobre o Sabbath e meus álbuns solo quanto seus pais e avós. Quero dizer, se meu pai tivesse dito para mim: "Ah, esse cara, Al Jolson, você tem que ouvi-lo, ele é ótimo" – só o fato de meu pai gostar dele já teria me desanimado. Mas eu recebo esses caras de vinte anos com meu rosto tatuado em cada parte do corpo. Ou querem que eu dê um autógrafo para que possam tatuá-lo. E vêm de todas as partes do mundo. Uma família viajou vinte horas de avião desde a Malásia. Havia pessoas da Arábia Saudita, da Austrália, da América do Sul, do Canadá, França, de todos os lugares.

Obrigado a todos que vieram, e que Deus os abençoe. Isso significou muito para mim.

Agora estou de volta a Welders, ainda nas nuvens depois do show.

É apropriado que Welders já tenha sido uma casa de convalescença. Eles enviavam oficiais da Segunda Guerra Mundial para cá para se recuperar depois de perderem membros em batalha. Agora há um tipo muito diferente de paciente aqui – eu.

O engraçado é que o principal motivo pelo qual Sharon quis comprar essa casa foi porque ela ficava muito distante do pub mais próximo. Mas, agora que finalmente nos mudamos, poderia existir um pub na entrada da garagem que eu precisaria de uma porra de um guindaste e um reboque para chegar lá.

Mas me sinto confortável aqui. Tenho minha cabine telefônica vermelha na entrada. Sid comprou um fabuloso e antigo Land Rover Série I de 1948 que fica estacionado ao lado dela. E tenho meus dois amigos de quatro patas, Wesley e Pickles, que vieram de Los Angeles em uma companhia aérea especial só para cães. O que eles mais gostam de fazer é cagar nos tapetes favoritos da Sharon. E o melhor de tudo é que tenho um andador banhado a ouro com um morcego usando uma coroa, e duas bolas de tênis pretas na parte inferior para evitar que ele arranhe o piso. Há uma cadeira de rodas combinando a caminho.

Embora eu não vá me apresentar novamente, já tive uma ideia para um novo álbum. Enquanto isso, o primeiro manager do Sabbath, que já está na casa dos 80 anos, agiu pelas nossas costas e está planejando lançar uma demo nossa de 1968, sem a nossa permissão. Ele também está vendendo camisetas e todo tipo de merdas com nossos rostos. É inacreditável. Não há muito que possamos fazer legalmente, graças às leis de direitos autorais do Reino Unido, mas é engraçado como, 57 anos depois, nada mudou. Entendo que as pessoas precisam ganhar a vida. Mas ele não poderia ter falado com a gente primeiro?

Não voltarei a Los Angeles por um tempo. Talvez nunca mais volte. Hoje em dia, é muito chato voar. Eu preciso de uma semana de testes apenas para obter permissão para entrar em um avião. Além disso, Los Angeles não é exatamente um lugar para se aposentar. Estou ensurdecido pelo silêncio aqui no interior da Inglaterra. Não há helicópteros de polícia sobrevoando o local. Nenhuma sirene tocando. Nenhum engarrafamento. Eu gosto. Tive uma vida barulhenta. Estou pronto para um pouco de silêncio agora.

Dito isso, onde quer que Sharon vá, eu irei. Mas tudo bem se ela quiser ficar aqui. A comida na Inglaterra é melhor, na minha opinião. A questão médica é melhor, porque você não sente que está sendo extorquido. E a Inglaterra é tão exuberante e verde em comparação com a Los Angeles seca e marrom. É engraçado, como eu sempre fiz turnês mundiais no verão, há décadas não ficava na Inglaterra quando o tempo estava bom. É uma revelação ver como ela é bonita quando não está chovendo e ventando. Já somos donos de Welders há mais de trinta anos, e só agora estou começando a apreciá-la plenamente.

Ontem, saí para o jardim sob o sol. Comprei um veículo off-road – chama-se Polaris –, então o zelador da casa pode me levar por toda a propriedade.

Temos mais de 120 hectares aqui, se você consegue acreditar. Um dos fazendeiros locais pasta seu gado nos campos. Quando minhas pernas ficarem um pouco mais fortes, vou pescar em meu lago. É um lago artificial – a Sharon mandou cavar e depois o encheu de peixes. Lago Ozzy, é como o chamo.

Também tenho uma grande academia novinha em casa, cheia de aparelhos. E estou malhando – vinte minutos de exercício, duas vezes por dia. Estou usando a bicicleta ergométrica. Pesos diferentes. Pernas num dia. Braços no outro. Enquanto isso, Sharon diz que minha pressão arterial já está mais baixa. Não que eu esteja sem nenhum problema de saúde, é claro. O Parkinson é uma doença progressiva. E essa é apenas uma das várias coisas erradas comigo.

Todo dia eu penso: o que vai acontecer a seguir? Nunca são coisinhas bestas. É sempre algo de vida ou morte. Meu último problema é uma válvula cardíaca defeituosa, causada pela sepse. A válvula está 80% bloqueada, aparentemente. A sepse também me deu algo chamado arritmia – quando o coração não consegue acompanhar o tempo, como um baterista em uma banda de pub ruim –, então, brindemos a isso.

Os médicos operariam, mas para fazer o procedimento eu teria que parar de tomar meus anticoagulantes, e isso poderia ser muito perigoso. Enquanto isso, os anticoagulantes significam que se eu cair, sangrarei até morrer em cerca de cinco segundos. Honestamente, já perdi a conta das maneiras pelas quais envelhecer é uma merda.

Além de tudo, estou literalmente me desintegrando. Tomo injeções para tentar aumentar minha densidade óssea, mas é apenas uma questão de tempo até que outra vértebra se desfaça. Eu me sinto como uma estátua em ruínas. Problemas de coluna, Parkinson, enfisema, arritmia, coágulos sanguíneos, a válvula no meu coração... tudo isso está me desgastando aos poucos. Se eu fosse para a cama hoje à noite e não levantasse amanhã, ninguém ficaria surpreso. A morte tem rondado minha porta nos últimos seis anos, cada vez mais perto. E, em algum momento, terei que deixá-la entrar.

O engraçado é que eu costumava me preocupar mais com minha mortalidade quando era mais jovem. É estranho. Você se aproxima do fim – exatamente aquilo de que você teve medo a vida toda – e, de repente, isso não pesa mais tanto. Não que eu esteja pronto para ir. Mas tive uma boa vida. Acho que deixei uma marca no mundo. E sou grato por não ter feito o check-out cedo demais, como muitos outros.

É impressionante a rapidez com que uma vida passa. Eu digo para meus filhos: saiam por aí, viajem, façam suas coisas, porque quando você começa a descer a ladeira, o mundo muda completamente, acredite em mim. A vida é muito curta. As pessoas dizem que você ainda tem suas lembranças. Mas isso vale para os dois lados, é claro. Da forma como fui criado, tenho a tendência de me lembrar das coisas ruins, como a morte de Randy e Rachel. Isso está gravado para sempre em meu coração.

Quando o fim chegar, não quero ser cremado. É como se você nunca tivesse estado aqui. Você é apenas um saco de pó. Isso não é para mim. Quero fazer as flores crescerem. Minha família odeia que eu fale sobre a morte. Sempre que o assunto vem à tona, eles começam a agitar os braços, dizendo: "Não! Não! Não fale sobre isso!". Eles não querem nem *pensar* nisso. A única conversa que tive com Sharon foi quando decidimos que queríamos ser enterrados juntos. Eu também disse para a Sharon: não *ouse* ir antes de mim. Esse é o meu maior medo agora, a Sharon deixar este mundo antes de mim. Se isso acontecer, não demorarei muito para segui-la. Eu vivo para essa mulher. Quando ela começou sua grande dieta há algum tempo, fiquei apavorado de que desse errado. Ela perdeu tanto peso que achei que fosse desaparecer. Enquanto isso, falaram sobre a possibilidade de termos algum tipo de pacto suicida, mas isso é besteira. Apenas não queremos um final enfiado em um tubo de respiração. Falei para a Sharon: se isso acontecer comigo, *por favor*... desligue a coisa. Ou me leve de avião para a Suíça, me dê um último gole do suco alegre e me mande embora como um viking.

As pessoas me perguntam o que eu acho que vai acontecer na vida após a morte. Eu digo a elas que não tenho ideia, mas não vai demorar muito para saber agora. Se você ficar por aqui um pouco, talvez eu possa assombrá-lo e dar a resposta. Quanto ao que eu quero em minha lápide, esse é um dos assuntos que minha família definitivamente não me deixa discutir.

Mas, cá entre nós, estou pensando em algo curto e divertido. "Eu disse que não estava me sentindo bem" deve ser suficiente.

A única grande bênção hoje em dia é que meus vícios estão finalmente sob controle. São tantos médicos e tantas enfermeiras me vigiando o tempo todo, não há nem mesmo a oportunidade. Veja, lá em Los Angeles – nos meses antes de irmos para a Inglaterra – fiquei viciado em maçãs por um tempo.

Não qualquer maçã, veja bem. Tinham que ser maçãs Pink Lady. Nada dessa besteira de Granny Smith. E tinham que ser do Erewhon, o elegante mercado de Los Angeles. O problema com as maçãs Pink Lady é que não são muito doces, mas também não são muito azedas. São um meio-termo. Cheguei ao ponto de comer 12 delas algumas noites. Até contratei um cara para ir ao Erewhon e comprá-las. Eu não queria que fossem entregues em casa, para evitar de receber as marrons ou amassadas.

De qualquer forma, esse cara estava comprando tantas que começaram a racioná-las. Chegou a um ponto em que precisei entrar no Pink Ladies Anônimos. É uma maravilha que eu não tenha acordado um dia com uma macieira brotando do meu traseiro.

Mas é estranho: assim que cheguei à Inglaterra, eu simplesmente parei de querer comê-las. Talvez tenha sido um dos medicamentos que causou o vício. Ainda outro dia, me deram duas fatias de maçã com meu almoço, e não fiquei tão interessado. Acho que sou um viciado em maçãs em recuperação.

O que percebi é que o único lugar onde sou livre de todos os meus demônios é no palco. No Back to the Beginning, sentado naquele trono, me senti em casa, me senti em paz... Eu me senti confortável. Vou sentir falta de fazer isso, de subir no palco. Foi o único mundo que conheci durante 57 anos. Não há *nada* melhor que um bom show. O rugido de uma multidão, cara, é tão contagioso, tão viciante. Essa é a mágica, bem por aí. É engraçado, passei a vida inteira tentando ficar chapado de todas as substâncias conhecidas pelo homem. Mas olhando para trás agora, percebo que tentava apenas recuperar a sensação de quando eu estava no palco, fazendo meu trabalho.

A arena lotada.

A batida do bumbo que você sente no estômago.

Quarenta ou cinquenta mil vozes cantando suas letras.

O tempo todo, *era isso* que eu estava buscando.

Foi a melhor droga que já tomei.

Depois de Eu Sou Ozzy, *nem em um milhão de anos imaginei que escreveria outro livro de memórias. Como já disse várias vezes, minha memória não é muito aguçada, especialmente quando se trata da minha saúde e das minhas muitas consultas médicas. Obrigado a todos que ajudaram a lembrar todos os detalhes na ordem certa e fizeram com que este livro fosse muito mais do que apenas um diário médico... vocês sabem quem são. Uma coisa é certa:* NÃO ESCREVEREI OUTRO.

Deus os abençoe.

Amo todos vocês,

Ozzy

Agradeço às seguintes pessoas...

Minha família: Sharon, Aimee, Jack, Kelly, Louis, minhas irmãs Jean e Gillian, meu irmão Paul e meu sobrinho Terry. Meus netos, Pearl, Andy, Minnie, Maple, Sidney, Maia e Elijah. Gina, Dean, Ollie e Amelia Maszlin.

Minha equipe de saúde: Dr. Randy Schnittman, Dr. Robert Bray, Dr. Luke Macyszyn, David Wexler, Dra. Dominique Fradin-Read, Dra. Michele Tagliati, Dr. Lawrence D. Piro, Natalia Rusadze e Gary Viles.

Minha equipe leal (que está comigo há muito tempo): Lynn Seager, Michael Guarracino, John Fenton e Melinda Varga.

Meus amigos: Zakk e Barbaranne Wylde, Billy Morrison, Slash, Jonathan Davis, Colin e Mette Newman, Adam Wakeman, Robert Trujillo, Tony Iommi, Geezer Butler, Bill Ward, Tommy Clufetos, Andrew Watt, Chad Smith, Steve Hewlett, Eddie Mendoza, Bill e Tani Austin, e todos na Starkey Hearing e todos os meus amigos da Utah Airguns.

Por fim, aos meus fãs: vocês estiveram ao meu lado nos bons e nos maus momentos. Estão sempre no meu coração.

Leia o QR Code e conheça outros
títulos do nosso catálogo

@editorabelasletras
www.belasletras.com.br
loja@belasletras.com.br
54 99927.0276

Este livro foi composto em Bembo MT Pro e impresso pela gráfica Maistype, em dezembro de 2025.

O ÚLTIMO RITUAL

JOHN MICHAEL
"OZZY" OSBOURNE
1948-2025